国家级高等示范院校应用型规划教材——旅游与酒店管理系列

旅游应急处置

主 编： 王 兰

副主编： 李 博 郭 锦 杨成玉

天津大学出版社
TIANJIN UNIVERSITY PRESS

内容提要

本教材介绍了旅游应急的基本知识和必备的急救技能。注重理论联系实际和实际能力培养，突出实用性、可操作性。内容简单易懂，图文丰富。重点强调了现场应急的时间性和紧迫性，及时有效地实施应急措施是现场处理的关键。本教材共有八章，第一章介绍了现场急救的原则、流程和应急处理的注意事项。第二章详细介绍了心搏骤停的现场急救——心肺复苏术，从心搏骤停的识别，到心肺复苏术的实施作了重点描述。第三章和第四章是创伤现场急救的四大技术的操作方法以及常见创伤的现场急救。第五章介绍了常见意外伤害和灾难事故的现场急救识别和应急方法。第六章主要介绍了在日常生活中常见和突发急病的应急处理。第七章阐述了急性中毒的急救措施。第八章重点讲解了旅游安全问题和应对措施、野外求生技能。

通过学习本教材，可以帮助提高学生的应急知识和技能，普及现场急救知识，在危急情况下开展自救与互救，减轻痛苦、减少伤残、延续和挽救生命。

该教材适合在公共场合工作的一线人员使用，可作为旅游、酒店、空乘专业学生的教材，也适合非医学专业人员在日常生活和工作中遇到突发意外时进行自我救护知识的学习。

图书在版编目(CIP)数据

旅游应急处置 / 王兰主编. -- 天津 : 天津大学出版社, 2017.1（2023.1重印）
国家级高等示范院校应用型规划教材. 旅游与酒店管理系列
ISBN 978-7-5618-5756-4

Ⅰ. ①旅… Ⅱ. ①王… Ⅲ. ①旅游业－突发事件－应急对策－高等学校－教材 Ⅳ. ①F590.1

中国版本图书馆CIP 数据核字(2017)第009150号

出版发行 天津大学出版社
地　　址 天津市卫津路92号天津大学内（邮编：300072）
电　　话 发行部：022-27403647
网　　址 www.tjupress.com.cn
印　　刷 北京虎彩文化传播有限公司
经　　销 全国各地新华书店
开　　本 185mm×260mm
印　　张 17.5
字　　数 424 千
版　　次 2017年1月第1版　2021年8月第2版
印　　次 2023年1月第5次
定　　价 38.00元

编 委 会

主　编： 王　兰

副主编： 李　博　郭　锦　杨成玉

编　委：（按姓氏笔画排序）

王　兰　李　博　杨成玉　郭　锦

主　审： 李庆云

前　言

随着我国经济的快速发展，人们生活水平的提高，越来越多的人选择外出旅游。旅游活动丰富了人们的精神生活，但在旅游活动中也存在各类风险，游客突发急病、意外伤害、灾害事故等随时可能发生。在事发现场，伤病者能否存活或治愈的关键在于在发病的短时间内能不能得到及时有效的急救。如果能及时地给予正确的紧急救治或自救，将在很大程度上保证游客和导游自身的安全，而现场的导游人员起着举足轻重的作用。

目前急救教材虽然很多，但有的内容覆盖面广，医学专业性强，适合有一定医学基础知识的人使用。还有一些内容虽然较浅显，但涉及面较广，其中许多内容不是在旅行中常见的急需救助伤病情况；且所需教学时间较长，不适应高职旅游专业的教学特点。本教材针对旅游中常见急症、意外伤害及灾难事故和急救处置方式（如心脑疾病突发、外伤、溺水、中毒、动物咬伤、火灾、地震），实用性强，适合高职高专旅游专业、空中乘务专业教学，可以填补目前高职旅游专业和空中乘务专业教学相关急救教材的空缺。

本教材的设计以旅游工作一线人员技能培养为导向，以培养其掌握现场所需服务技能为核心。针对专业特点，围绕发生医疗情况时需要采取的现场急救处置技术，本教材按照简明、易懂和突出实用性、时间性的原则，从旅游中常见的急症、突发意外及灾难事故时患者的症状和特点入手，使学生掌握在现场实施及时有效的自救和紧急救治处置方法。

旅行途中不仅地理环境复杂，空间环境也往往受到诸多限制，一旦发生意外或危及健康的情况，掌握现场急救知识和技术非常重要，在事发现场，往往只需一双手就能挽救一个人的生命。本教材不但适合旅游专业、酒店专业和空中乘务专业等的教学需要，也适合非医学专业人员在日常生活和工作中遇到突发意外时进行自我救护知识的学习。

本教材的编写工作在编委的不懈努力下终于完成了。李庆云老师担任主审，王兰担任主编，郭锦、李博和杨成玉担任副主编，其中王兰负责第一、三、五、七、八章的编写和全书的统筹工作，郭锦负责第四、六章的编写工作，李博负责第八章的编写，杨成玉负责第二章的编写。

编者在编写过程中得到了同行专家的指导和鼓励，在此谨向关心、帮助、支持笔者的朋友致以崇高的敬意和衷心的感谢！

由于编写水平有限，教材中难免出现一些不当之处，敬请批评指正。

编者

2016 年 8 月

目　录

第一章
旅游应急处置概论

【学习目标】

通过本章节的学习，应了解和掌握以下内容。

1. 能说出应急救护的特点。
2. 能遵守应急救护的原则。
3. 能正确实施应急救护的流程。
4. 能正确实施检查伤病员的方法。
5. 能按照检伤分类的原则识别伤病员轻重缓急。
6. 能根据伤病员的具体情况采取合适的体位。

第一节　旅游应急基本知识

随着现代经济的快速发展及人们生活水平的提高，旅游活动日渐成为人们日常生活的重要组成部分。旅游在提高生活质量、增加幸福指数的同时，也有助于人们陶冶情操、增长知识、增进沟通，促进人的全面发展与和谐社会的构建。但在旅游活动过程中，意外伤害事件和突发疾病时有发生，游客生命安全受到威胁。安全是旅游的生命线，在我国旅游业高速发展的今天，安全工作尤显重要，而导游作为引导旅游活动一线工作者，其所具备的安全知识和救护技能至关重要，旅游一线工作者针对旅游现场突发情况，及时采取有效的应急行动，以挽救生命，减轻伤残，将危害降低或消除，为游客提供安全保障，是旅游服务中重要的不可或缺的工作。

一、旅游现场安全问题

旅游活动是开放性活动，极易发生安全问题，常见如下几种。

（一）突发急症

突发急症主要是心脑血管疾病，如脑出血、心肌梗死、脑卒中等。

图 1-1　突发急症

（二）意外伤害

意外伤害主要是交通事故，如车祸、飞机失事等。

飞机失事　　车祸　　踩踏

图 1-2　意外伤害

（三）自然灾害

自然灾害如地震、泥石流、雷击等。

地震　　泥石流　　雷击

图 1-3　自然灾害

二、旅游现场安全特点

旅游活动中突发急症、意外伤害和自然灾害事故等安全问题，具有以下特点。

（一）危害性

旅游安全问题造成的危害性和破坏性十分巨大，不仅使游客蒙受巨大的经济和财产损失，遭受生命威胁，而且还可能造成旅游企业的财产损失，严重的还会影响旅游企业的发展。

（二）复杂性

旅游是在一种开放性场所进行的活动，涉及面广，人员和地理环境复杂，伤员数量多，病情复杂，因此旅游安全表现出极大的复杂性。

（三）突发性

旅游活动中安全问题常常是在极短的时间内、毫无防备的状态下发生的，发生的地点存在随机性、不确定性。如火灾、地震、交通事故等突发事件。

（四）紧急性

突发意外事故后，伤者可能会出现多器官同时受损，病情危及生命。对于发生心搏骤停的患者而言，超过医学上的“救命黄金时间”4分钟，便会失去最佳急救时间，将迅速发生不可逆的生物学死亡。

三、旅游应急处置

旅游应急处置强调的是应急救护。在旅游过程中，旅途劳累、气候变化、水土不服、饮食起居不适应，特别是老年人和小孩，出现各种身体不适，会诱发疾病或患病，甚至危及生命等。突发意外不可预料，并且伤情病情复杂，救治条件和救治人员有限，一旦发生危急情况，专业急救人员往往不能在有效救治时间内到达现场，因此，导游作为现场目击者，要担当起现场救护的责任，积极主动采取应急行动，对伤患者进行及时有效救助。所以导游必须具备现场救护能力，关爱游客的健康及安全，在带团前做好充分的准备工作，了解游客年龄及身体情况和所到旅程的地理概况，做到心中有数，选择适合各年龄段游客的游览路线，在游览项目选择上要根据游客的情况有针对性，安排活动张弛有度，随时关注旅客的生理和心理状态，发生紧急情况时拨打急救电话，并报告旅行社，严禁擅自给患者用药。旅游过程中伤情病情复杂，救治条件和救治人员有限，所以导游必须具备现场应急救护能力，一旦发生危急情况，导游要担当起现场救护的责任，积极主动，冷静救助。同时实施合理的处置，以确保旅游安全。在旅游应急处置中，应做到“早发现、早报告、迅速处置”，预防与应急相结合、常态与非常态相结合。

四、应急救护的含义

应急救护不同于医疗救治。实施应急救护的群体是所有社会公众，或从事公共服务人员如导游、酒店人员、空中乘务、教师、警察、司机等，实施医疗救治的是专业医护人员，应急处置强调的是事发现场，属地救护，就地处置，及时报告，以挽救生命、减轻痛苦为目的，并迅速将其送往医院做进一步救治。使用的资源要根据现场条件而定。医疗救治是从医疗专业角度进行分析评估，采用专业的救治措施，使用各种医疗器械。

应急救护是指在突发疾病或灾害事故的现场，在专业人员到达现场前，为伤病员进行先期处置，组织和帮助遇险或受灾人员开展自救和互救活动，提供初步、及时、有效的应急救援和紧急救护措施。这些救护措施不仅是对伤病员受伤的身体和疾病的初步救护，也包括对因经历或目睹灾难事故而情绪困扰的人提供心理救助，以挽救病人的生命，减少伤残和痛苦，为医院下一步救治赢得时间，缩短病人病程，降低后期救护成本，减轻病人经济负担。

图 1-4　现场应急救护

五、救护者的法律保障

有相当一部分群众因担心承担责任而不敢从事救助行为，所以应加强对见义勇为、乐于助人的救助行为的鼓励和保护。《中华人民共和国民法典》第一百八十四条规定，因自愿实施紧急救助行为造成受助人损害的，救助人不承担民事责任。

第二节　救命黄金时间

意外伤害和灾难事故特别是心搏骤停的发生，87.5%以上是在医院外。当心跳停止时，会影响到人体一系列反应及脏器损伤。

表 1-1　心跳停止时间与病人的反应

心跳停止时间	病人反应
3 秒	病人感到头晕
10~20 秒	发生昏厥或抽搐（不省人事）
60 秒	呼吸停止、瞳孔放大
4~6 分钟	大脑细胞发生不可逆损害
10~15 分钟	生物学死亡（真死）

当心跳停止 4~6 分钟时，会发生如图 1-5 和图 1-6 所示症状。

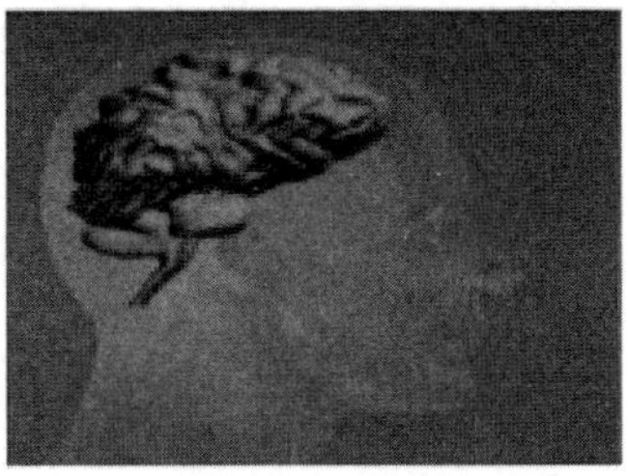

图 1-5　脑细胞开始坏死

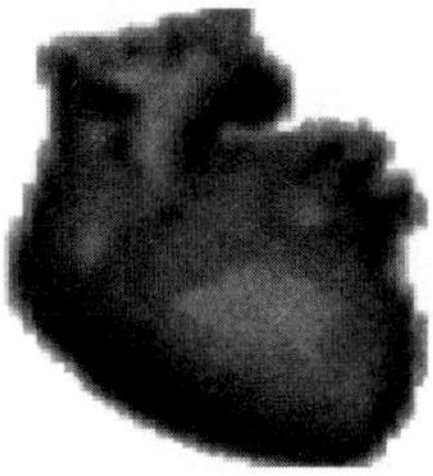

图 1-6 心脏开始坏死

当心跳停止 30 分钟时，会发生如图 1-7 和图 1-8 所示症状。

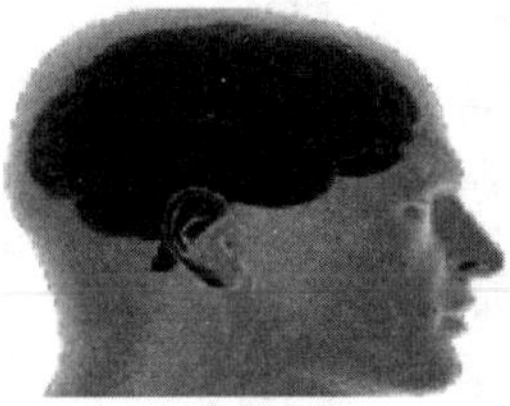

图 1-7 大脑完全坏死

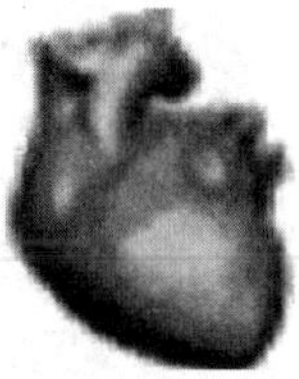

图 1-8 大脑完全坏死

如果在病人发病的 4 分钟内，现场的救护者对其进行心肺复苏抢救，其复苏的成功率要比等医生到来高 5~6 倍。超过 6 分钟，大脑就会发生不可逆死亡。心搏骤停急救中每延迟 1 分钟，病人存活率就直降 10%。因此这 4 分钟被称作挽救生命的“救命黄金时间”，也就是决定生命的重要时间。救护者抓住黄金抢救时间（4 分钟），采取正确的方法进行自救互救，非常重要。

第三节　应急救护目的和原则

【相关知识】

一、急救概念

急救是对突发疾病和受伤的人或意外伤害、灾难事故等采取有效及时的处置。

二、急救分类

急救分为院前急救和院内急救。院前急救包括现场急救、途中急救。院内急救是指医院内急诊科急救。应急救护是院前急救的重要部分。

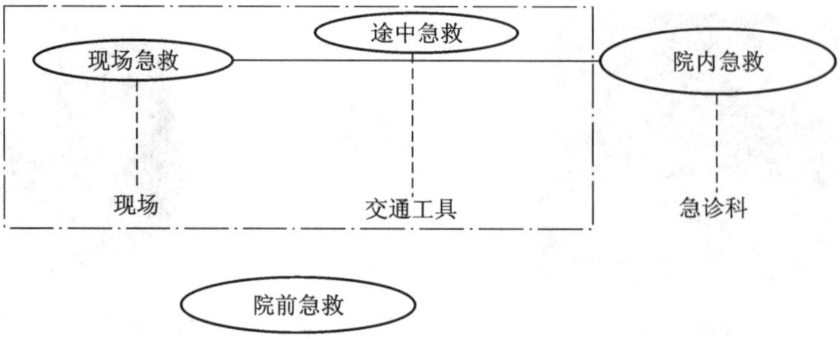

图 1-9　急救分类

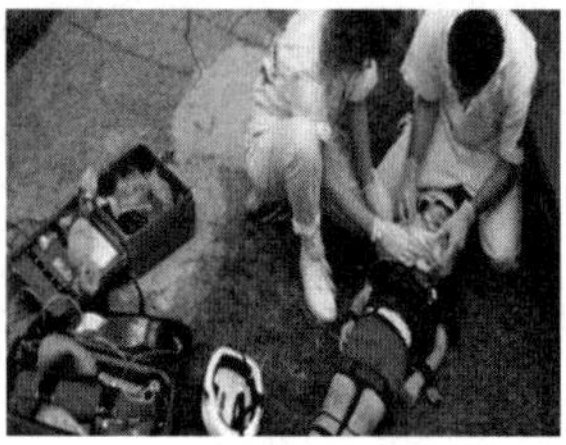

图 1-10　现场急救

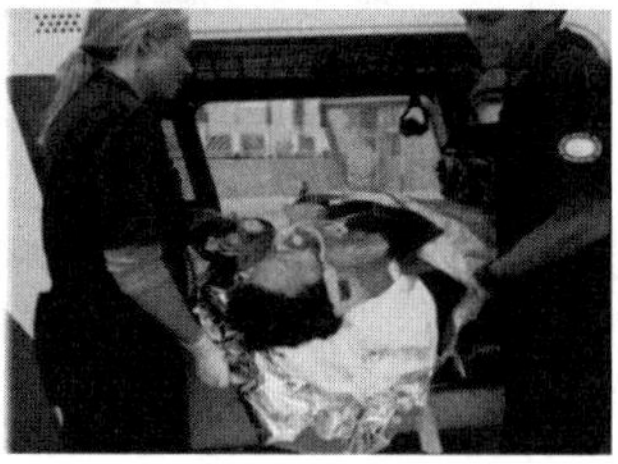

图 1-11　途中急救

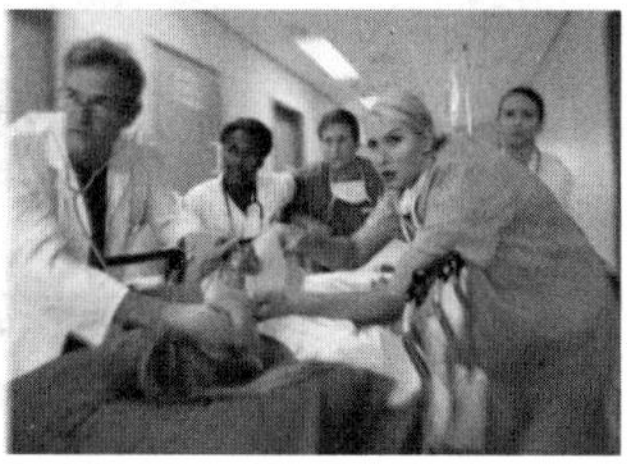

图 1-12　院内急救

三、应急救护目的

1. 挽救病人生命，降低死亡率。通过及时有效的急救措施，如对心跳呼吸停止的伤员进行心肺复苏，以挽救生命。给予外伤病人止血包扎固定和安全搬运。

2. 减少伤残率，稳定病情，减轻痛苦。发生事故特别是重大或灾害事故时，不仅可能出现群体性中毒，往往还可能发生各类外伤，诱发潜在的疾病或使原来的某些疾病恶化，现场急救时正确地对病伤员进行止血、包扎、固定、搬运及其他相应处理可以大大降低伤残率。

3. 为医院专业救治赢得时间，缩短病人病程，降低后期救护成本，减轻病人经济负担。在现场对伤员进行相应的急救处置，使病情稳定，为下一步的抢救打下基础。

4，增进心理救助，在救护过程中，通过对伤者的心理辅导和人文关怀，促进其战胜疾病的信心和勇气，有助于康复。

四、应急救护原则

在事发现场，救护者首先要评估现场环境是否安全，以确保自身和伤员的安全。防止伤员受到二次伤害和感染，根据不同的病情施行就地救治，在救治过程中应分清轻重缓急，遵循“三先三后”原则，果断实施救护措施。

（一）先抢后救

对严重损伤或危急重症者，特别是危及生命的病人，应就地实施急救。但对处于危险境地的伤员应尽快将其移至安全地带后再救治，做到先抢后救，抢中有救。

（二）先重后轻

对外伤大出血、呼吸异常、脉搏细弱或心搏骤停、神志不清的伤员，应立即采取急救措施，挽救生命，再救治生命没有受到威胁的病人。也就是遵循轻伤者适当处理，重伤者及时处理，危急伤者立即处理原则。

（三）先救后送

对事发现场的病人要立即施救，然后安全转送医院。

（四）心理支持

伤病员由于疾病或意外伤害，常会出现紧张、恐惧、焦虑、忧郁等心理反应，救护员要冷静有序地进行救护，使伤病员产生心理慰藉和信任，同时关心和安慰伤病员，使其能以积极的心态配合现场救护。

五、救护现场的协作

在救护现场，为保证安全和实施救护，救护者要尽量争取周围人的帮助。

1. 请人拨打急救电话，并将结果反馈。
2. 使用急救设备，如自动体外除颤器（AED）等。
3. 维护现场环境安全，如安放安全指示牌、疏散旁观者。
4. 帮助控制出血，如压迫止血、固定伤肢等。

第四节　应急救护流程

在事发现场，由于现场复杂，病情多变，为了更好地开展救护，在确保环境安全的前提下，在短时间内有序有效地救护患者，按以下流程进行检查和救护。

一、现场评估

（一）评估环境

救助过程中，要评估现场环境，通过看、听、闻来判断现场情况，用大脑思考，做出综合判断。

首先要判断环境是否安全，应注意可能对救护员本人、伤病员或旁观者造成伤害的隐患及进入现场的安全性。其次是对各种疾病和损伤的原因进行判断。最后确定受伤者人数和受伤程度。

要清除现场不安全因素，根据现场情况对导致事故现场的危险因素采取措施，把伤病员转移到比较安全地方。确保无危险因素存在的情况下或者将伤病者转移到安全环境中，才能对伤病者施救，以保证伤病者和施救者自身的安全。如现场不安全不能贸然进行急救处置。特别是在火灾、电击、溺水、交通事故、爆炸等现场，一定要确认环境安全。

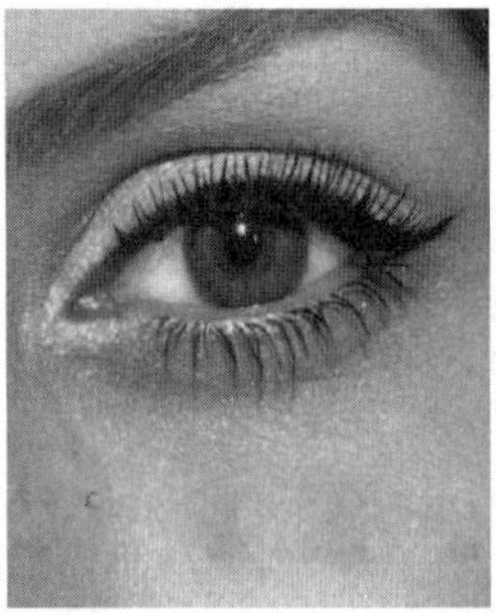

看

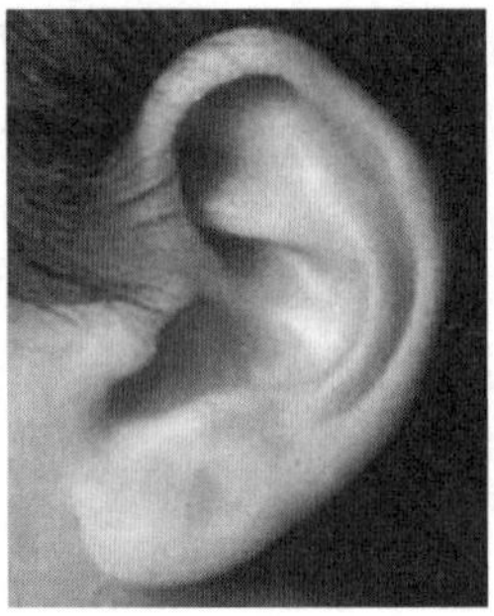

听

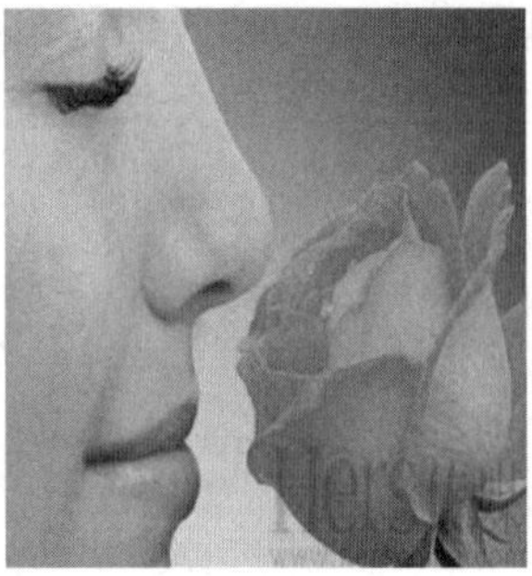

闻

思考

图 1-13　现场评估方法

（二）保障安全

尽量确保自身和伤病员的安全。如果现场危险因素未消除或可能存在隐性的危害，则要做好病人的保护工作，以免伤员继续受到伤害。在可能再次发生事故或引发其他事故的现场，如失火可能引起爆炸的现场，应先抢后救，抢中有救，尽快脱离事故现场，以免发生爆炸或有害气体中毒等险情，确保伤病者和施救者自身的安全。要清楚了解自己能力的极限，在不能消除现场存在的危险的情况下，应尽量确保自身安全，做到安全救护。

评估环境

保障安全

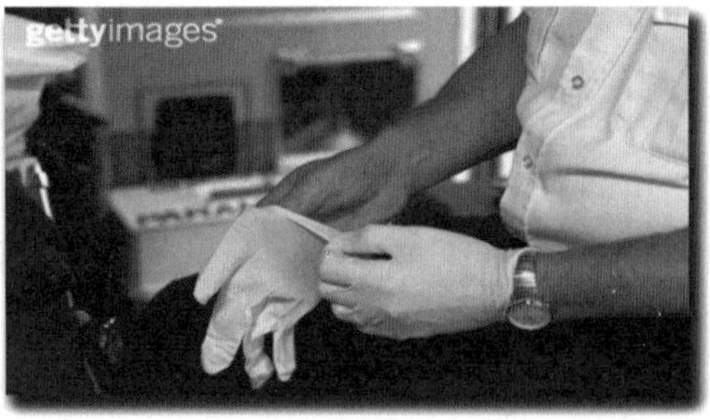

个人防护

人文关怀

图 1-14　现场评估四步骤

（三）个人防护

做好个人防护。对外伤出血，要防止交叉感染，应使用个人防护用品，阻止病原体感染。如有可能，应尽量使用呼吸膜、呼吸面罩、一次性手套、眼罩、口罩等。

（四）人文关怀

给予病人心理支撑，消除病人紧张情绪，增强病人战胜伤病的信心。

二、病情判断

在意外伤害的事故现场，情况复杂，场面混乱，救护者应沉着镇静地观察伤者的病情，在短时间内快速地对伤情进行判断，以先抢救生命后减少伤残的急救原则，了解现场伤员的基本情况，掌握病情，先对伤者的生命体征进行观察判断，包括意识、呼吸、脉搏、心跳、瞳孔、血压，然后再检查局部有无创伤、出血、骨折畸形等变化。但在急救现场一般无良好条件，此时不能按部就班地进行检查，应根据现场和伤员情况进行判断，重点救助急症、重症患者，尤其是对表清木然、无声无息、一动不动的患者。其具体检查内容如下。

（一）判断意识

通过观察病人的反应，以了解其意识状态。

首先双手轻拍病人双侧肩部，呼唤伤员，在其两耳分别大声呼叫，以免因病人听力障碍影响判断。5~10 秒钟内无任何反应视为无意识。如表情木然、反应迟钝，或者烦躁，都提示伤情可能严重。病人如能回答或能睁开眼，如能发出声音即使没有回答问题，如有四肢的活动或咳嗽、呛咳，这些都可视为有反应。除此之外就是没反应。

在检查病人反应时，不能拍病人的脸部和头部，因为可能会造成头部震动，如果病人有颈椎损伤，就会给病人带来二次损伤或医源性损伤，加重原有的伤情。观察患者意识，判断神志是否清醒，观察伤员对外界的刺激是否有反应。如伤员对问话、拍打等外界刺激毫无反应，则为神志不清，提示病情严重。

图 1-15　检查意识（反应）

（二）检查气道

1. 清除口腔异物。

口腔有异物，容易阻塞气道，气道不通畅，导致呼吸异常，甚至呼吸停止。应检查口腔异物，对口腔分泌物或假牙、食物等异物应及时清除。清理口腔异物的方法如下。

（1）将病人头偏向一侧。

（2）食指勾出口腔异物：一手拇指和其余四指压住患者舌头，下压下颌，另一手食指沿口腔颊部，深入口腔咽部，然后移向口腔另一侧。当食指回收弯曲时顺势将异物勾出。在清理异物时要注意保护手指，最好戴手套或手指缠纱布。

2. 开放气道。

采取仰头抬颏法、双手推颌法等打开气道。

（1）仰头抬颏法打开气道。

患者无颈椎受伤时用仰头抬颏法开放气道。具体方法为：用靠近患者头顶部的手的小鱼际用力将患者额部往下压，用另一手的食指、中指和无名指托住患者下巴向上抬起，使其下颏经耳垂连线与地面垂直。

（2）双手推颌法打开气道。

怀疑患者颈椎受伤时用手推颌法打开气道。具体方法为：抢救者跪在患者头顶部，双手掌心相向分开，双手食指按住患者下颌角向上提，双手大拇指按住患者嘴边两旁的下颌骨用力往前推，打开气道。

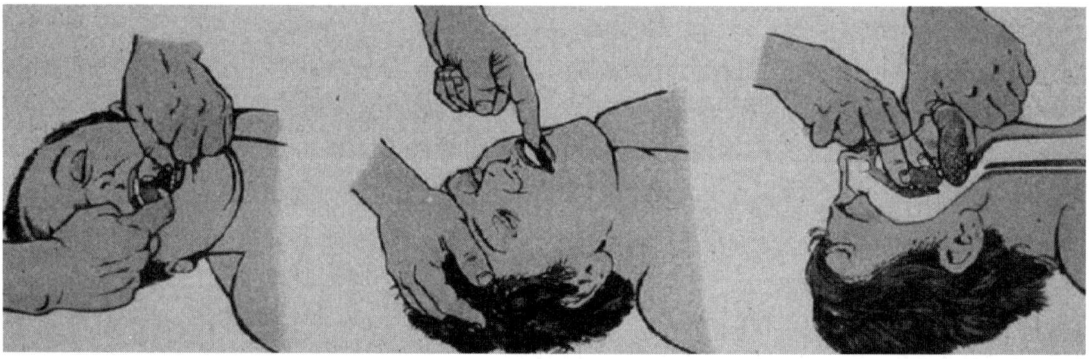

图 1-16　清除口腔异物

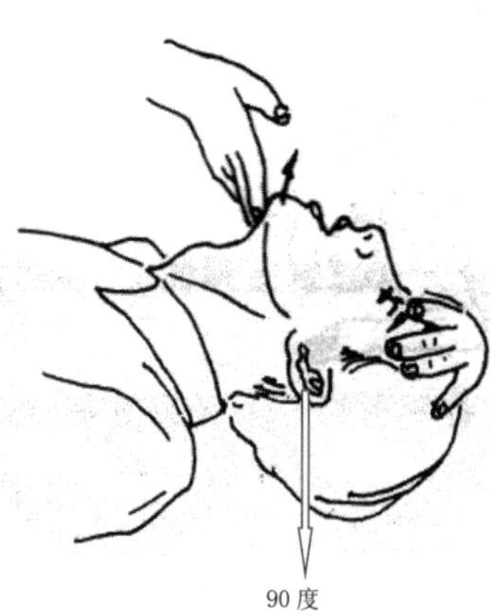

图 1-17　开放气道——仰头抬颏法

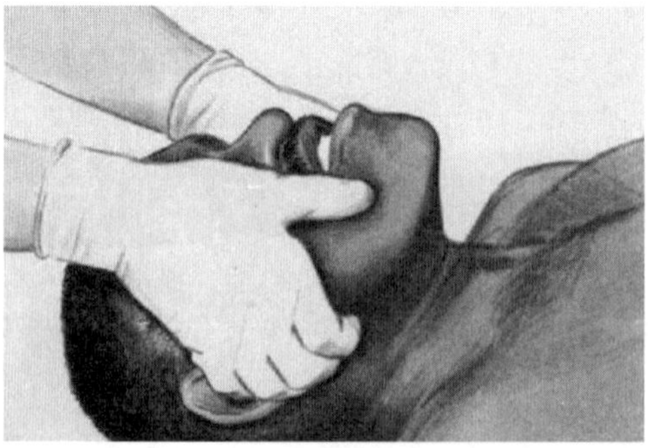

图 1-18　开放气道——双手推颌法

（三）检查呼吸

呼吸是人体内外环境之间的气体交换，主要是吸入氧气，呼出二氧化碳。正常成人每分钟呼吸 16~20 次。观察呼吸是否正常主要是看病人胸腹部的起伏，检查时间不超过 10 秒。症情危急时出现鼻翼扇动、口唇发绀、叹息样呼吸、张口呼吸等呼吸困难的情况，并有呼吸频率、深度、节律的异常，甚至时有时无。

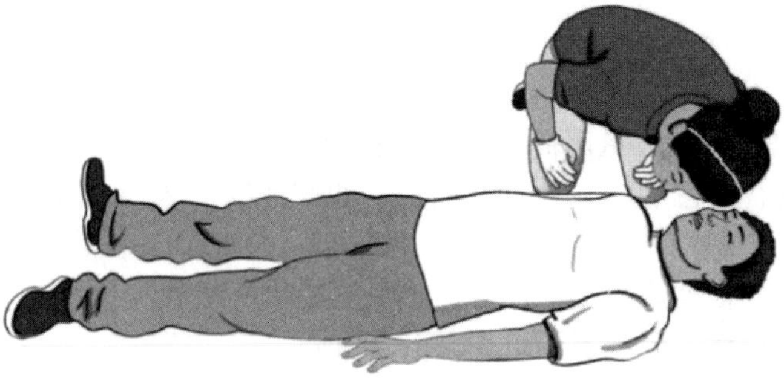

图 1-19　检查呼吸

（四）检查脉搏

脉搏是动脉血管随着心脏节律性地收缩和舒张引起血管壁相应地出现扩张和回缩的搏动。手腕部的桡动脉，颈部的颈动脉，大腿根部的股动脉是最容易触摸到脉搏的地方。正常成年人心率为 60~100 次/分，一般以手指触摸脉搏即可知道心跳次数，对于危重病人检查脉搏时，可触摸颈部动脉，颈动脉位于喉结旁开两横指。检查方法是一手食指和中指并拢，放在病人喉结处然后向一侧滑动 2~3 厘米，检查时间为 5~10 秒，力度适中。

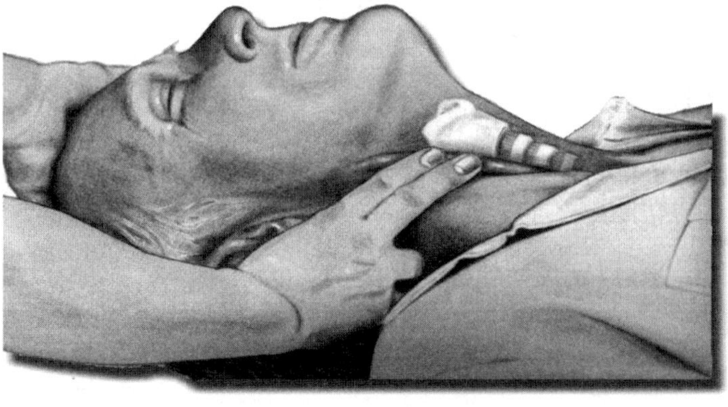

图 1-20　颈动脉检查法

（五）观察瞳孔变化

正常人两眼的瞳孔等大等圆，正常瞳孔直径 3~4 毫米。用光线直照，瞳孔迅速缩小。病情危重或颅脑损伤时瞳孔放大或两侧瞳孔不等大，对光线无反应或迟钝。

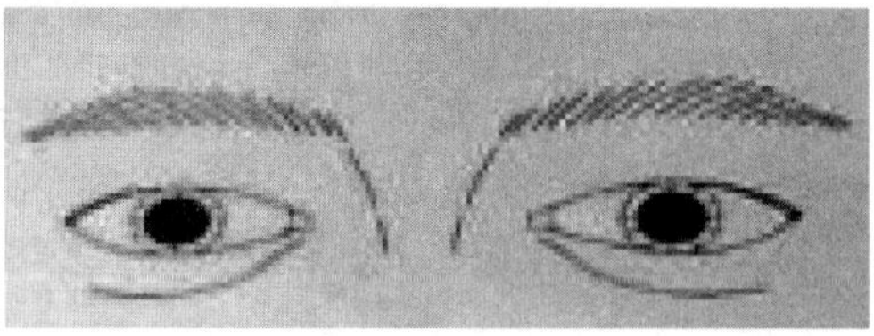
瞳孔放大

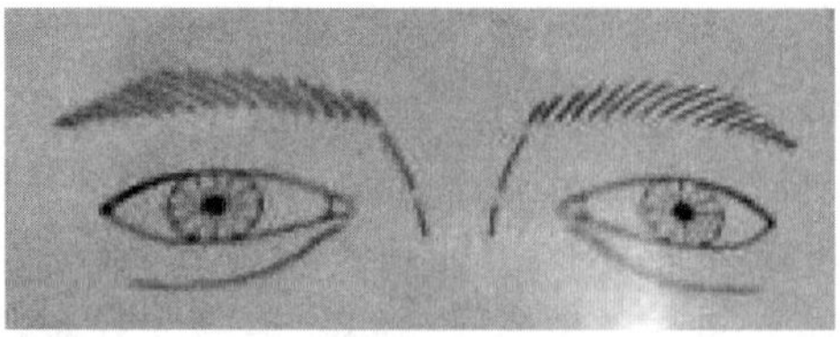
瞳孔缩小

图 1-21　瞳孔

（六）观察其他情况

1. 观察出血情况。伤口大量出血是伤情加重或致死的重要原因，应尽快发现伤员大出血的部位。若伤员有面色苍白、脉搏快而弱、四肢冰凉等大量失血的征象，却没有明显的伤口，应警惕内出血。

2. 观察是否骨折，根据病人受伤情况，出现的症状判断。

3. 皮肤及软组织损伤，皮肤表面出现淤血、血肿等。

意识

气道呼吸

循环

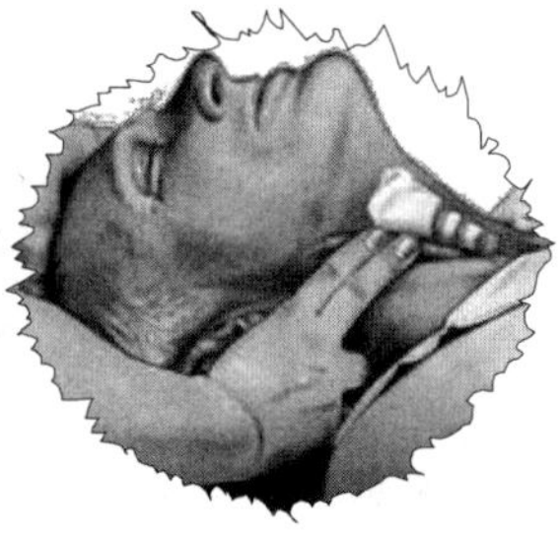
瞳孔

图 1-22　检查病人流程

三、紧急呼救

迅速判断病人的情况后，立即呼救，一是寻求周围人的帮助，尤其是游客中医生护士等专业救护人员的帮助；二是当遇到危重伤病员或突发灾难性事故，在进行现场紧急自救互救的同时，应及时启动院前医疗服务系统，寻求急救中心的专业医疗救助。我国的统一急救电话号码为“120”，接通急救电话后，要沉着、冷静，语言清晰、准确、精练，也可向附近人群高声呼救，请求旁观者及时拨打 120 急救电话。打电话时要注意以下几点。

1. 病人或伤员目前所处的详细地址，最好选择有明显醒目标志处。呼救后应派人在路口等候救护车。

2. 病人或伤员致伤（病）原因及目前最危急的状况，如昏倒在地、呼吸困难、大出血等，发病的时间、过程及与本次发病有关的因素。

3. 患病、受伤人数。

4. 现场急救处置情况。

5. 呼叫者要留下自己的姓名和电话号码，等 120 先挂电话。

拨通急救电话后，如果不知道该说什么，一定要清楚、准确地回答 120 接线员的问话，并等对方告诉可以结束时，再挂断电话。当处于各种危险、紧急状态，需要公安机关帮助时，应立即拨打报警求助电话。在我国常用报警电话有三种：110 报警台、119 火警台和 122 交警台。

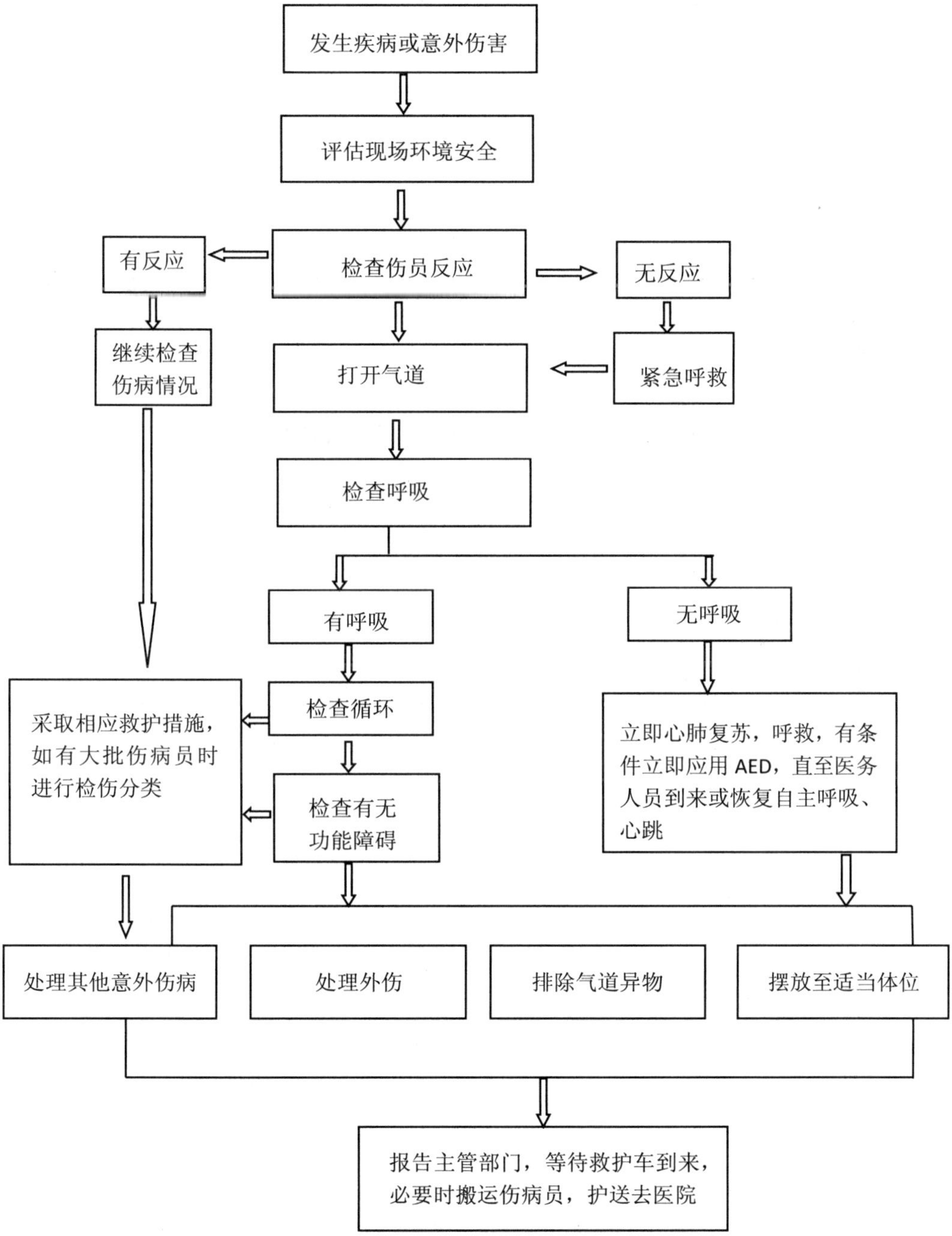

图 1-23 应急救护流程图

四、立即施救

根据现场病人的情况就地进行对症处理，如外伤病人采取止血、包扎、固定和搬运，对心跳停止和呼吸停止的病人进行心肺复苏。有大批伤病员时进行检伤分类。

五、安全转运

安全转运是将病人从事故现场送往医院或急救点，前提是经过现场施救后再进行转运，在运送途中要有专业人员负责救护，不能中断抢救，使病人能在较短的时间内获得救治。对危重病人应先在现场进行急救，病情稳定后进行转运。

六、报告主管部门

在病人病情稳定后，将现场情况报告给主管部门。做好记录，及时与病人沟通，安慰病人，让病人建立战胜疾病的信心。

第五节　重伤病员体位

为了救护伤病员的生命，利于伤病员的恢复，在专业人员到达前，应将重伤病员放置于适当的体位。

一、复苏体位

如果伤病员意识不清，且处于俯卧位，应将伤病员翻转为仰卧位（复苏体位）。对怀疑有脊柱损伤的伤病员应尽量保持其原体位不动。操作方法见【任务实施】任务七。

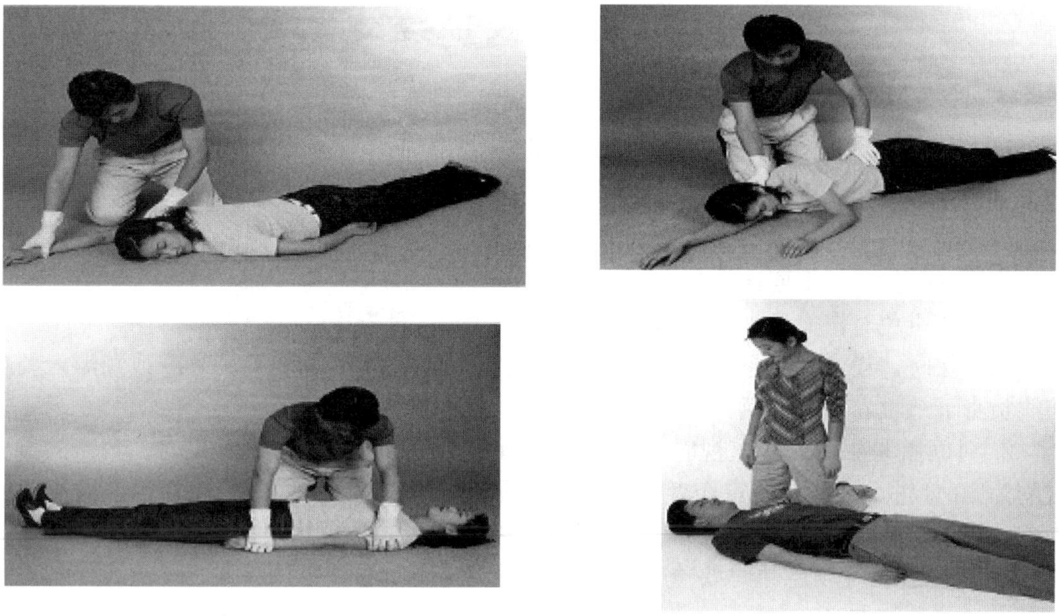

图 1-24　仰卧位（复苏体位）

二、复原体位

复原体位适合意识不清但有正常呼吸，且不怀疑有脊柱损伤的伤病员。操作方法见【任务实施】任务八。

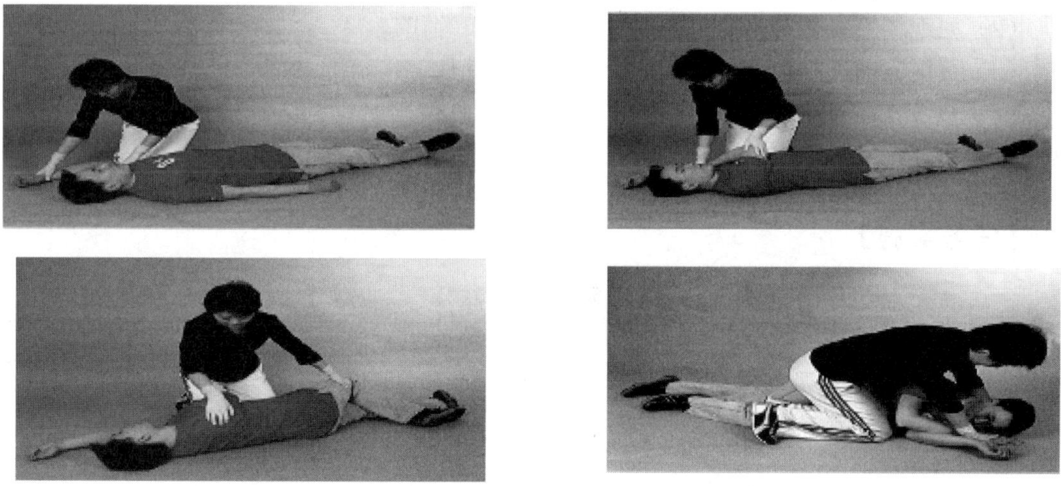

图 1-25　侧卧位（复原体位）

第六节　应急救护注意事项

在现场应急救护中，要注意以下几个方面。

1. 急救的进一步措施。为保证伤病者的安全，采取了上述紧急救治流程以后，应注意以下事项。

（1）为了安全起见，如无必要，不得移动伤病者。应使其处在最适合于其身体状况或受伤情况的位置，不要让他起身或走动。

（2）要避免对伤病员进行不必要的处理及干扰。

（3）保暖。设法用毛毯或被子盖住伤病员，避免受冻。如果天气寒冷或潮湿，要在伤病员身下垫上衣物或毛毯。

2. 时间就是生命。要重视时间的紧迫性和重要性。当意外伤害发生时，救命的黄金时间为 30 分钟，这就是决定伤者能否获救的关键时间。当发生急症时，救命的黄金时间为 4 分钟，这就是决定病人能否得到有效救助并直接影响预后恢复的关键时间。

3. 救护者在现场急救时要冷静、沉着，不要慌乱。不要生拉硬拽，要注意保护伤患头部、颈部和腰椎。

4. 评估现场情况，估计受伤人数、病人伤情轻重程度，决定救治先后顺序。

5. 尽早对心搏骤停者进行心肺复苏，挽救病人生命。

6. 在救治过程中，非专业人员不要给病人食物和药物，也不要宣布病人死亡。

7. 保留现场证物。

8. 现场抢救要因地制宜，就地取材。

（1）如现场没有夹板，可用健侧肢体、雨伞、木棍等代替。

（2）如现场没有绷带，可用衣服、袜子、毛巾等代替。

（3）搬运时如没有担架，可用床板、靠背凳等代替。

9. 人文关怀是对伤员及被救助者的人权的尊重，同时也是心理的救助，是重大灾难现场及善后处理工作当中不可缺少的部分。

【任务实施】

任务一　检查意识

任务名称	检查意识
实训时间	授课 2 学时，共计 90 分钟。其中，示范讲解和演示 30 分钟，学生练习 60 分钟
实训方法	1. 示范讲解 2. 学生分成 2 人一组，进行操作练习 3. 互换角色练习
操作方法	在病人右侧，用双手拍打病人双肩，分别在两耳进行呼叫。如果病人有反应，表现出能回答问题、能睁开眼睛、有肢体的活动、能发出声音或出现咳嗽等其中一项反应者，都叫有反应，也就是病人有意识。除此之外，就叫无反应
操作要点	不要摇动病人，而是拍打双肩，尤其是不要拍打病人脸部和颈部，以免引起二次损伤，加重病情

任务二　检查体温

任务名称	检查体温
实训时间	授课 1 学时，共计 45 分钟。其中，示范讲解和演示 15 分钟，学生练习 30 分钟
实训方法	1. 示范讲解 2. 学生分成 2 人一组，进行操作练习 3. 互换角色练习
操作方法（1）	测量部位：腋下测温
	检查体温计的水银柱是否在 35℃以下。若高于 35℃，则应捏紧体温计上端，使水银端朝下，用手腕向外下方快速甩动，使水银读数降到 35℃以下
	擦干腋窝汗液，把体温计水银端放于腋窝深处紧贴皮肤，曲臂过胸，5 分钟后取出体温计查看度数做记录
操作方法（2）	测量部位：口腔测温
	检查体温计的水银柱是否在 35℃以下。若高于 35℃，则应捏紧体温计上端，使水银端朝下，用手腕向外下方快速甩动，使水银读数降到 35℃以下
	将体温表的水银端放于舌下，让患者紧闭口唇，5 分钟后取出体温计查看度数做记录
操作要点	根据病情以选择合适的部位测量体温。给危重病人、躁动病人或婴幼儿测体温时，应专人守护，以防意外

任务三　检查脉搏

任务名称	检查脉搏
实训时间	授课 1 学时，共计 45 分钟。其中，示范讲解和演示 15 分钟，学生练习 30 分钟
实训方法	1. 示范讲解 2. 学生分成 2 人一组，进行操作练习 3. 互换角色练习
操作方法	部位：凡身体浅表靠近骨骼动脉，均可以用来检查脉搏，常用的为桡动脉，其次为颞动脉，在病情危急情况下检查颈动脉
	患者安静休息后进行
	患者手臂放于舒适位置，检查者以食指、中指和无名指（三指并拢）指端轻按桡动脉处，以清楚地感觉到动脉搏动为准。测量时间为一分钟

任务四　检查呼吸

任务名称	检查呼吸
实训时间	授课 1 学时，共计 45 分钟。其中，示范讲解和演示 15 分钟，学生练习 30 分钟
实训方法	1. 示范讲解 2. 学生分成 2 人一组，进行操作练习 3. 互换角色练习
操作方法	患者安静休息后进行
	检查脉搏后，将手仍按在诊脉部位，观察患者胸腹起伏，一起一伏为一次呼吸。检查时间为 1 分钟

任务五　检查瞳孔

任务名称	检查瞳孔
实训时间	授课1学时，共计45分钟。其中，示范讲解和演示15分钟，学生练习30分钟
实训方法	1. 示范讲解 2. 学生分成2人一组，进行操作练习 3. 互换角色练习
操作方法与要点	正常的瞳孔为圆形，黑色透明，两侧等大，直径3~4毫米，除了生理调节变化外，若瞳孔直径小于1.5毫米或大于5毫米，边缘不规则，色泽异常，对光反应迟钝或消失等，常常预示着一些疾病的发生
	直接对光反应：令患者对光而坐，两眼向正前方5米以外远处直视，检查者用手掌遮盖患者的双眼，撤去一手的遮盖，观察该眼瞳孔是否收缩，再遮盖此眼而撤去另一手以观察另一瞳孔是否收缩，并比较两瞳孔收缩的快慢及程度
	间接对光反应或称同感反应：令患者对光而坐，遮盖患者的一眼，在撤开遮盖时，观察另一眼瞳孔的收缩情况

任务六　启动急救系统（拨打120急救电话）

任务名称	拨打120急救电话
实训时间	授课1学时，共计45分钟。其中，示范讲解和演示15分钟，学生练习30分钟
实训方法	1. 示范讲解 2. 学生分成2人一组，进行操作练习 3. 互换角色练习
操作方法及要点	“120”是医疗急救专用电话。当有病人需要紧急救治时，在任何电话上均可免费拨打“120”专线
	拨通120急救电话后，语言要精练、准确，讲清重要的，无关的话不说，以免耽误宝贵的时间
	向救助人员说明事发地点，求助者电话，以及等候救援的确切地点及标志等
	说明患者或伤者目前的状况。比如休克、疼痛、呼吸困难、出血等。同时说明患者或伤者是否具有生命体征。比如是否有意识，心跳脉搏等是否正常等
	如果对患者或伤者熟悉，要告知姓名、性别和年龄
	如果是公共突发事件，要说明受伤人数，伤情严重程度，伤害性质，比如：车祸、火灾、地震等
	注意打急救电话时呼救人员不要先放下电话，要等救援医疗服务调度人员先挂断电话
	打完电话后，尽量能提前出去接车，见到救护车应主动上前接应，带领医务人员赶到现场

任务七　仰卧位（复苏体位）

任务名称	仰卧位练习（复苏体位）
实习目的	将病人置于仰卧位，其目的是为配合心肺复苏术和骨折病人，进行心脏按压和骨折固定以及其他创伤病人转运的需要
实训时间	授课1学时，共计45分钟。其中，示范讲解和演示15分钟，学生练习30分钟

续表

任务名称	仰卧位练习（复苏体位）
实训方法	1. 示范讲解 2. 学生分成 2 人一组，进行操作练习 3. 互换角色练习
操作方法及要点	将病人的双手向上放在头部两侧，将病人头偏向一侧，防止呕吐物流向气道，阻塞呼吸道，引起窒息
	将远端的腿搭在近侧的腿上，一手护住病人颈部，另一手伸向其腋下，用胳膊夹住病人，将其翻转成平卧位
	将病人的双手放在身体两侧，解开病人衣领、腰带等

任务八　侧卧位（复原体位）

任务名称	侧卧位（复原体位）
实习目的	将病人置于侧卧位，其目的是配合心肺复苏术成功后以及其他创伤病人转运的需要，便于呕吐物排出，利于呼吸道通畅
实训时间	授课 1 学时，共计 45 分钟。其中，示范讲解和演示 15 分钟，学生练习 30 分钟
实训方法	1. 示范讲解 2. 学生分成 2 人一组，进行操作练习 3. 互换角色练习
操作方法	救护者跪在病人的胸旁，将病人双腿放平
	将靠近自己一侧的病人上臂垂直弯曲放于病人头部一侧，手掌向上
	另一侧上臂横放在胸前，手搭在对侧的肩上
	一手握住对侧的踝关节，另一手从腘窝处将伤病者远离救护者一侧的腿部抬起，抓着腿部外侧，一手握着伤病者离救护者较远侧的肩，然后将伤病者向救护者方向翻转，使伤病者侧卧
操作要点	调整伤病者头部位置，用抬头仰颏法打开气道，保持呼吸道通畅
	在坚硬的平面上翻转病人时，要注意保护颈部，防止颈部受伤

【知识拓展】

现场急救处置策略如下。

（一）评估现场环境情况，确保伤病者和自身的安全

在事发现场，首先要评估现场环境的安全性，防止救护人员或伤员受到不安全或危险因素的威胁，以免造成二次损伤或加重病情。如环境不安全，不能贸然进行救护，特别是在火灾、电击、溺水、交通事故、爆炸等现场时一定要确认环境安全。对外伤出血伤员进行救护时，要防止交叉感染，做好个人防护。确定无危险因素存在或已脱离危险环境后，才能对病人进行施救。在可能再次发生事故或引发其他事故的现场，如失火可能引起爆炸的现场，应先抢后救，抢中有救，尽快脱离事故现场，以免发生爆炸或有害气体中毒等，确保伤病者和救护人员的安全。

（二）组织抢救，联合救治

旅游活动是一种开放性活动，具有复杂性、特殊性和突发性，危急情况常常在毫无防备、极短的时间内发生。在发生灾害事件或群体性伤害时，伤情复杂，情况混乱，大量伤员需要同时救治，因此要依靠当地部门的帮助，进行联合救治，整体配合，共同做好救治工作。救护者要服从指挥，听从命令，采取正确有效的急救措施救治病人，降低伤残率和死亡率，减轻病人的痛苦，挽救病人生命。

【练习题】

思考题

1. 在应急救护中，救护者如何保障自身的安全？
2. 在抢救现场“救命黄金时间”是多少？
3. 请简述应急救护原则和流程。

第二章

心搏骤停与心肺复苏

【学习目标】

1. 能识别心搏骤停。
2. 能对心搏骤停者实施有效的应急救护。
3. 能解释生存链的内容。
4. 能理解心肺复苏的原理。
5. 会心肺复苏操作。
6. 会正确使用自动体外除颤仪。
7. 能判断心肺复苏的有效指征和终止心肺复苏的条件。

【任务描述】

在旅游途中和日常生活中，各类创伤、触电、雷击、火灾、溺水、交通事故等意外伤害、突发疾病，都可以导致心脏、呼吸骤停。心搏骤停时，心脏没有血液供应给大脑及其他脏器，导致脏器缺血缺氧，而大脑细胞对缺血缺氧最为敏感，心脏停搏 3 秒时病人感到头晕，10 秒出现意识丧失，30~40 秒后瞳孔放大，60 秒后出现呼吸停止，4~6 分钟大脑发生不可逆的损伤。对心搏呼吸骤停的病人如在 4 分钟之内进行心肺复苏术，心搏骤停的人有 50%~60%可以获救。如超过这个时间，复苏成功率极低，即使经过各种抢救心肺复苏成功，也难免造成大脑细胞不可逆的损伤。如在现场能及时对病人进行心肺复苏，就有可能恢复其心跳和自主呼吸，从而挽救病人的生命。

【相关知识】

第一节 心搏骤停

一、心搏骤停的定义

心搏骤停是指各种原因导致的心脏突然停止跳动，有效泵血功能丧失，不能将血液泵向组织器官，造成全身各组织器官严重缺血缺氧，即刻出现意识丧失，大动脉搏动消失，呼吸停止。

心搏骤停是救护现场最紧急的情况，87%左右发生在医院外。如在现场给予紧急有效的施救，就有可能挽救病人的生命，甚至不留下任何后遗症。

二、心搏骤停的常见原因

1. 心脏疾病（冠心病最多见）。
2. 突发意外事件，如严重创伤、电击伤、溺水。
3. 中毒，如药物中毒、醉酒、昆虫或毒蛇咬伤等。
4. 窒息，各种气道的阻塞，如梗阻性窒息。

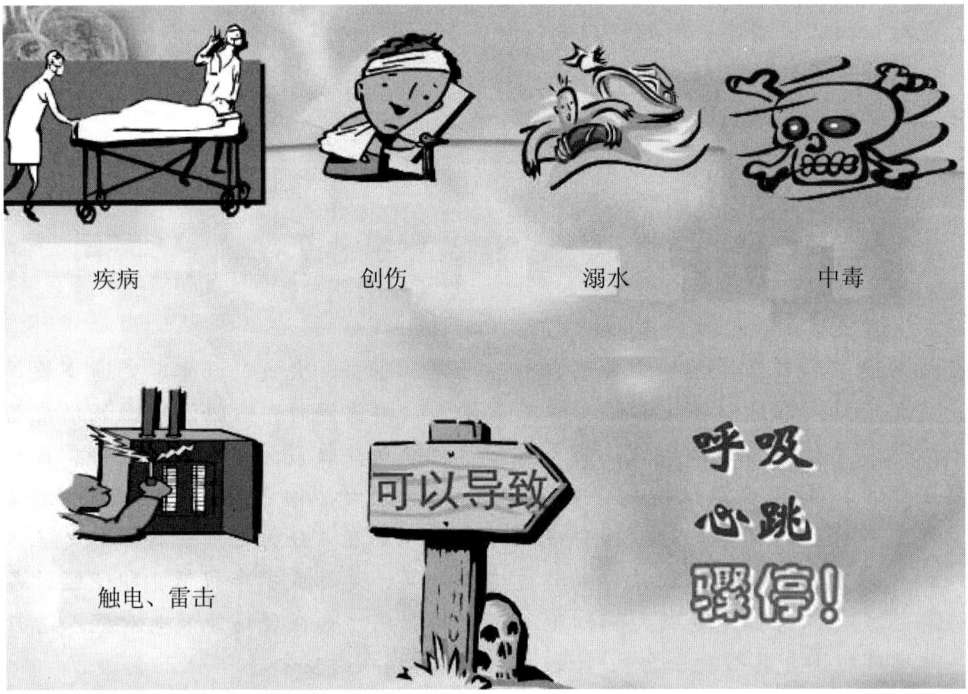

图 2-1　导致心搏骤停的常见原因

三、心搏骤停的表现

1. 意识突然丧失，四肢短暂抽搐，昏倒在各种场合。
2. 呼吸停止。部分病人可有叹息样呼吸。
3. 大动脉搏动消失。
4. 瞳孔放大。
5. 面色苍白或发绀。

四、心搏骤停的识别

1. 意识突然丧失。
2. 呼吸停止。
3. 大动脉搏动消失。

五、心搏骤停的救护

立即进行心肺复苏和快速除颤是抢救心搏骤停的关键。

六、心搏骤停心肺复苏开始的时间与存活率

1. 心搏骤停 1 分钟内实施心肺复苏的成功率大于 90%。
2. 心搏骤停 4 分钟内实施心肺复苏的成功率约 60%。
3. 心搏骤停 6 分钟内实施心肺复苏的成功率约 40%。
4. 心搏骤停 8 分钟后实施心肺复苏的成功率约 20%，且侥幸存活者可能已“脑死亡”。
5. 心搏骤停 10 分钟后实施心肺复苏的成功率几乎为 0。

时间每过一分钟，心肺复苏成功率将降低 10%！因此对心搏骤停的病人，时间就是生命，心肺复苏越早越快实施，生存的概率就越大。

第二节 心肺复苏

一、心肺复苏定义

心肺复苏（cardiopulmonary resuscitation，CPR）是对心跳和呼吸突然停止的病人采取胸外心脏按压和人工呼吸等措施，以恢复心脏自主循环和自主呼吸，达到延续和挽救生命的目的。心肺复苏是现场应急救护的核心内容，所实施的对象是心搏骤停的伤病员。

二、心肺复苏的内容

心肺复苏包括基础生命支持和高级生命支持两部分。

（一）基础生命支持的主要操作技术

C——Circulation，人工循环（胸外按压）。

A——Airway，开放气道。

B——Breathing，人工呼吸。

D——AED，自动体外除颤。

（二）高级生命支持

高级生命支持为心肺复苏的第二阶段，有经验的医护人员参与此时的抢救工作，并且常有明确的分工，协调处理呼吸、胸外心脏按压、辅助药物应用、输液、监护及必要的记录。

三、心肺复苏的原理

1. 心肺协同作用：含氧的空气经过口鼻进入肺部，血液通过心脏搏动，经过血液循环进入肺部，与肺部的氧气结合。氧合的血返回心脏，经心脏压向全身。

2. 心脏有规律地跳动，将血液压向全身脏器，提供人体需要的氧气，以维持人体的生命。当心脏停止跳动时，通过心脏按压，将血液压向全身，建立人工循环，使病人恢复心肺脑功能。利用人工呼吸吹送空气进入肺部，再配合心脏按压以促使血液从肺部交换氧气，再循环到脑部及全身，以维持脑细胞及器官组织的存活。

四、生存链

（一）生存链的概念

心肺复苏是由五个环环相扣的环节组成的，每一个环节紧密相连，我们称之为生命的生存链。在2010年美国心脏学会（AHA）和国际复苏联盟（ILCOR）发布最新心肺复苏和心血管急救指南，由2005年的四早生存链改为五个链环来表达实施紧急生命支持的重要性。包括第一环节立即识别心搏骤停启动急救；第二环节尽早心肺复苏，重点是心脏按压；第三环节快速除颤；第四环节有效的高级生命支持；第五环节心搏骤停后的综合治疗。其中前面三个环节是现场心肺复苏的内容，尽早心肺复苏和快速除颤是心肺复苏成功的关键。

1. 心搏骤停早期绝大部分是心室颤动，治疗心室颤动最有效的方法是尽早除颤。

2. 在现场即刻实施CPR，并在3~5分钟内实施电除颤，心源性猝死的存活率可达49%~75%。

（一）第一环节：尽早识别、求救

尽早发现心搏骤停的预兆，如胸痛、气短，一旦发生心搏骤停，必须快速采取行动，及时启动急救系统。

（二）第二环节：尽早心肺复苏

救护者发现心搏骤停后应立即开始心肺复苏，患者生存概率会成倍增加。对婴儿和儿童的心肺复苏的意义更大。

（三）第三环节：尽早电除颤

尽早电除颤是生存链各环节中提高生存率的有效手段。AED使用方便，操作简单，可自行分析患者的心率，一旦发现需要除颤，就自动开始充电，并提示救护者按键。

（四）第四环节：尽早高级生命支持

尽早高级生命支撑一般由专业人士进行，对心搏骤停者提供更有效的生命支持。在有条件的情况下用药物和辅助设备支持循环和呼吸。

（五）第五环节：心搏骤停后综合救治

即使已出现自主循环恢复，也要进行多学科综合优化救治，其过程从心搏骤停识别开始，经心肺复苏一系列救治，直至患者出院。

对应急救护而言，第一、二、三环节在事发现场非常重要和关键。后两个环节由到达现场的专业人员进行或在医院内进行。

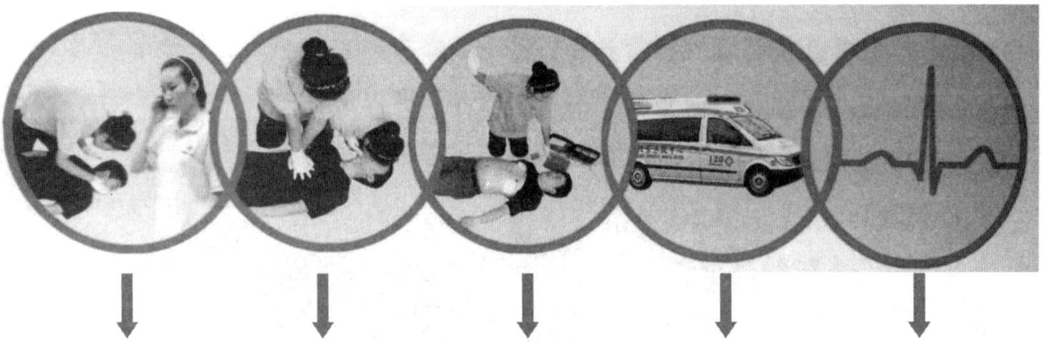

图 2-2　生存链

第三节　成人心肺复苏操作流程

心搏骤停常是骤然发生的，能否迅速有效地开始抢救是决定心肺复苏成败的关键举措。无论何种原因所致的心搏骤停，现场抢救时的基础生命支持措施是相同的。建立有效的人工循环，最迅速的就是胸外心脏按压。只要尽早胸外心脏按压，方法正确，同时配合有效的人工呼吸，就能达到现场复苏较好的效果。心肺复苏的核心方法是胸外心脏按压与人工呼吸。

一、立即识别判断心搏骤停，启动急救系统

（一）识别判断心搏骤停

确认现场环境安全。快速检查现场环境是否安全，如果现场危险，不可贸然进行抢救，应把病人转移到安全的地方。如果现场环境安全，可进行施救。

1. 判断意识。

（1）轻拍。拍打病人双肩。

（2）重唤。在病人两耳旁大声呼叫，问：“喂！你怎么了？”如果病人能说话、睁开眼睛、有活动反应等，则为意识存在，如没有任何反应，确定为意识丧失。

2. 判断呼吸和脉搏。

救护者食指和中指并拢，从患者气管正中部向旁滑移 2~3 厘米，触及颈动脉，检查有无搏动，同时观察病人胸部有无起伏或呼吸状态。时间为 5~10 秒。

3. 注意。

检查呼吸前，将病人置于复苏体位（仰卧位）去枕平卧，使其平躺在平硬的物体上，头、颈和躯干保持平直无扭曲。

美国心脏协会心肺复苏指南认为，对非专业急救人员，在判断病情时不再要求将查颈动脉作为一个必需的判断步骤，因此非专业急救人员只观察意识和呼吸即可。

（二）呼救，启动急救系统

发现病人无意识、无呼吸或叹息样呼吸时，应呼救，启动急救系统。

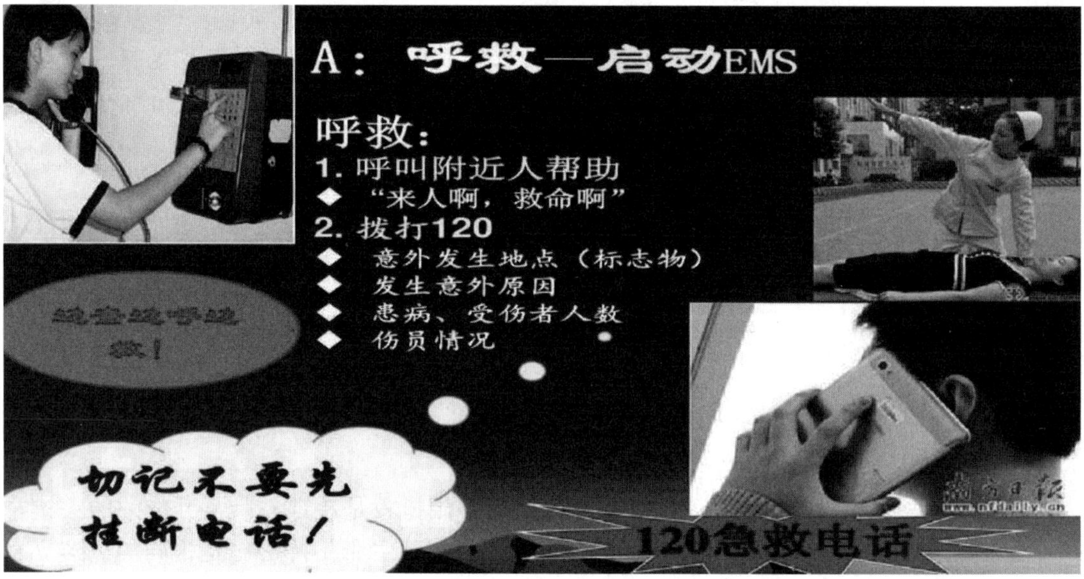

图 2-3　启动急救系统

1. 呼救。病人无意识、无呼吸或呼吸状态不正常时，立即呼叫周围人协助。

2. 启动急救系统，即拨打“120”急救电话，如果有条件取来除颤器（AED），可在有需要时立即进行除颤。

3. 注意：呼叫周围人协助时，应指定专人拨打“120”并反馈结果。拨打“120”时要详细说清地点和受伤人数，以帮助救援人员准确到达现场。

二、尽早心肺复苏

（一）胸外心脏按压

1. 体位。

（1）病人体位。如无意识、无呼吸或叹息样呼吸，将病人置于心肺复苏体位（仰卧位），去枕平卧，使其躺在平硬的物体上，使头、颈和躯干保持水平，无扭曲。

（2）救护者体位。根据现场病人的情况，一般跪于病人右侧，一侧膝关节平对病人肩部一侧，另一腿与自己肩同宽，保证按压时力量垂直于病人胸骨。

2. 按压部位：病人胸部正中，胸骨中下 1/3 处或两乳头连线的中点。

3. 按压手法：将一手的掌根部放在病人两乳头连线的中点，另一手重叠在该手背上，十指相扣，手指上翘。肘关节和手臂伸直，垂直于胸部，双肩位于手上方，以保证每次按压的方向与胸骨垂直。

4. 按压深度：向下按压至少 5 厘米，但不超过 6 厘米。

5. 按压频率：以每分钟 100~120 次的频率按压。按压和放松的时间相等，各占 50%。救助者按压时可用十位读数法掌握频率，喊出 1，2，3，…，28，29，30。

6. 按压次数：连续按压 30 次。

7. 按压间隔：每次按压后放松，保证胸廓完全回弹，但掌根不离开胸壁。

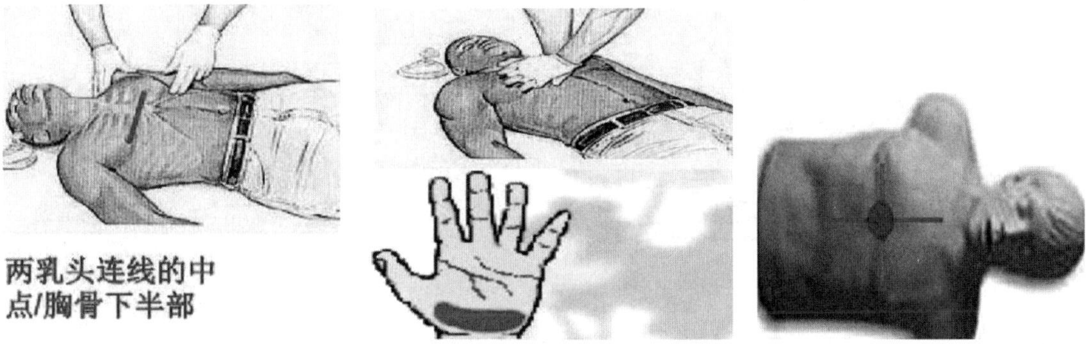

图 2-4　胸外心脏按压部位

8. 胸外心脏按压时注意事项：

（1）按压应有规律，按压与放松的时间应相等；

（2）按压时垂直用力向下，不能用冲击式的猛压；

（3）放松时定位的手掌根部不要用力靠在胸部上，要尽量放松，使胸骨不承受压力，保证每次按压后胸部充分回弹；

（4）单、双人心肺复苏，胸外按压与人工呼吸的比值均为 30：2，即 30 次胸外按压后再 2 次人工呼吸。

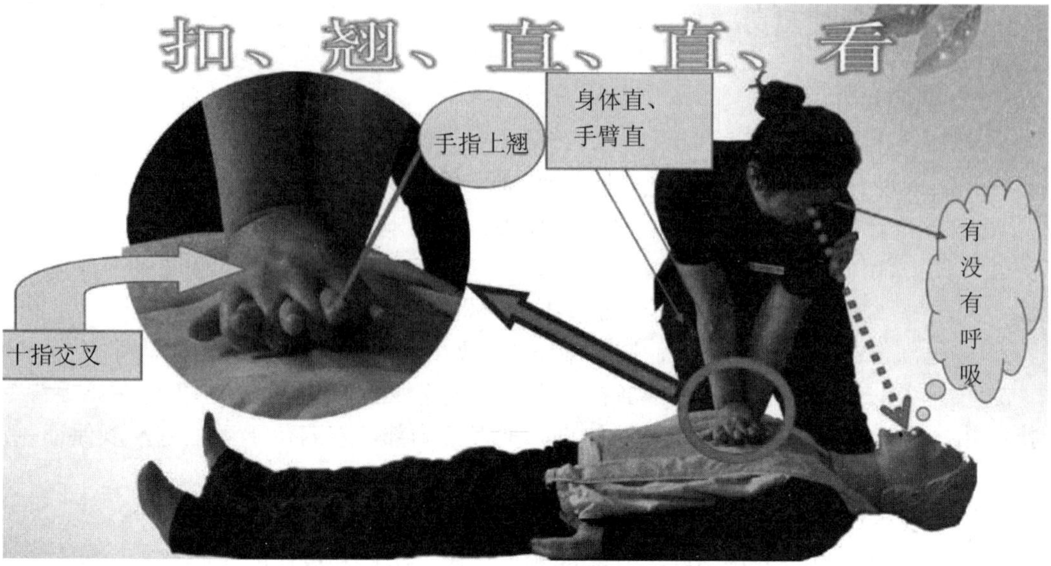

图 2-5　胸外心脏按压操作要点

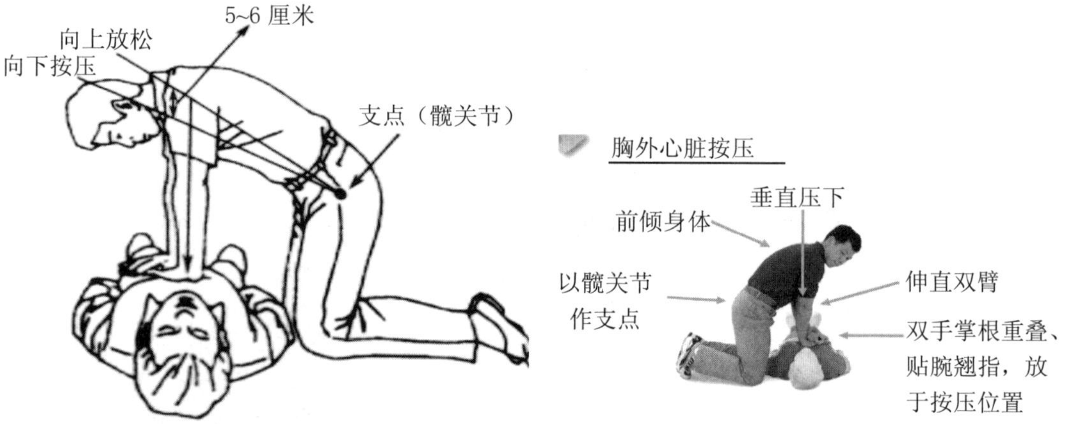

图 2-6　心肺复苏术按压姿势

（二）开放气道

心脏胸外按压 30 次后，立即开放气道进行 2 次人工呼吸。人工呼吸能保障机体氧气的供给和排出二氧化碳。人工呼吸的前提是开放气道。有意识丧失的患者，即使有微弱的自主呼吸，均可由于舌根回缩或坠落，而不同程度地堵塞呼吸道入口处，使空气难以或无法进入肺部，应立即打开气道，保持呼吸道通畅。当呼吸道通畅后，应立即进行人工呼吸。在急救现场，很难找到通气设备，应采用口对口、口对鼻或口对口鼻人工呼吸。

1. 清除口腔异物。

清除口腔异物。在开放气道前，检查病人口腔有无异物，如有异物，用手挖出，有假牙取出假牙，以保持呼吸道通畅。

2. 开放气道。

（1）仰头抬颏法（见第一章第四节）。患者取仰卧位，解开衣领和腰带，急救者将一手掌小鱼际（小手指侧）放在病人的额头上，向下压，使其头后仰，另一手食指中指并拢，向上提起下颏，使病人的下颏经耳垂连线与地面成 90 度，帮助其头部后仰。儿童下颏经耳垂连线与地面成 60 度，婴儿成 30 度。

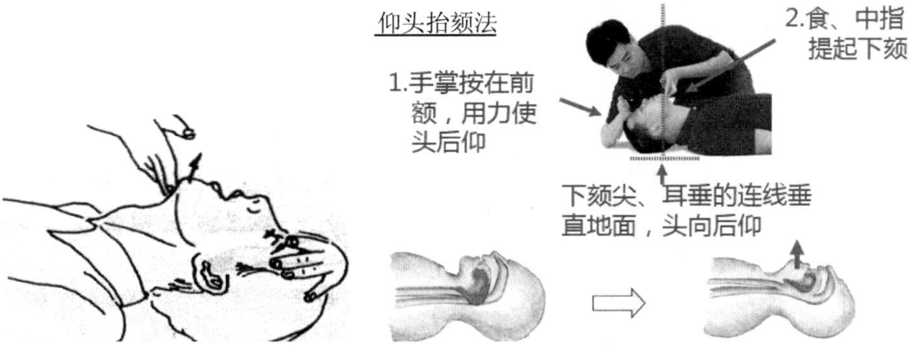

图 2-7　成人仰头抬颏法（90°）

（2）双手推颌法（见第一章第四节）。怀疑颈椎受伤时用双手推颌法打开气道。具体方法：抢救者跪在患者头顶部，双手掌心相向分开，双手食指按住患者下颌角向上提，双手大拇指按住患者嘴边两旁的下颌骨用力往前推，打开气道。

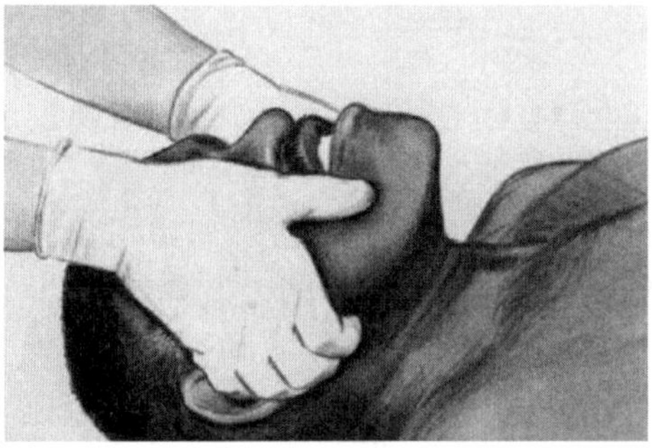

图 2-8　双手推颌法

3. 人工呼吸。

开放气道后，进行 2 次人工呼吸。

（1）口对口人工呼吸方法。

①一手掌侧压额头，拇指和食指捏住病人的鼻子，平静地吸一口气，用口包住病人的口，吹气，直到病人的胸部鼓起。给予人工呼吸前，正常吸气即可，无须深吸气。

②吹完气后，松开病人的鼻子，保持头部后仰，下颏抬起，再捏鼻，做第二次吹气。每次吹气时长应大于 1 秒钟，保证有足够量的气体进入并使病人胸廓起伏，两次吹气在 5 秒内完成。

（2）口对鼻人工呼吸法：适用于牙关紧闭，不能张口者；口腔有严重损伤时。

①清理并通畅伤病者的呼吸道。

②用仰头抬颏法保持气道通畅，同时用举颏的手将病人口唇闭合。

③急救者深吸气后，双唇包住病人鼻部同上法吹气，吹气时间要长，用劲要大。

④呼气时使伤者的口张开，以利气体排出。

（3）口对口鼻人工呼吸法：适合婴儿。

①将婴儿头后仰，轻抬下颌部。

② 使病人口鼻都张开。

③急救者深吸一口气，用口唇全包住病儿的口鼻用力向里吹气，观察胸廓有否起伏。用仰头抬颏法保持气道通畅，抢救者双唇包住病人口鼻吹气，吹气时间要短，用力要小。吹气时，捏闭患者鼻腔，口要完全封住患者口唇。

口对口人工呼吸动作要点：捏（鼻子）、吹（气）、看（胸部是否起伏）。

图 2-9　口对口人工呼吸

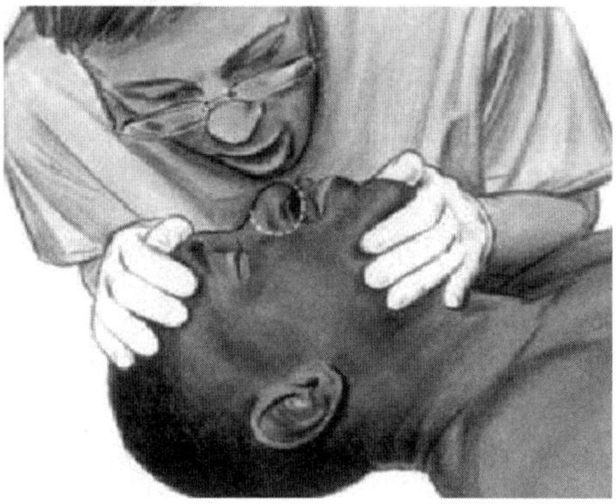

图 2-10　口对鼻人工呼吸

（4）人工呼吸的注意事项：

①急救者做好自我保护，进行口对口人工呼吸时，可垫上一层薄纱布作为隔离防护。

② 吹气量为 500~600 毫升，吹气以见到病人胸部起伏为度，避免迅速而强有力的吹气而导致过度通气。

③吹气时暂停按压胸部，以免肺部受损或气体进入胃内。

④吹气要缓慢，应 1 秒钟一次；当患者牙关紧闭、口腔严重受损或颈部有外伤时应慎用口对口人工呼吸。可用口对鼻人工呼吸。

⑤吹气时捏住患者的鼻子，放松时应将病人的鼻子松开。

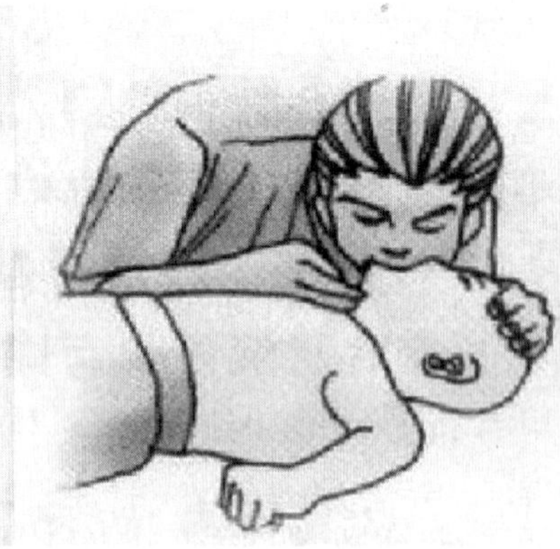

图 2-11　口对口鼻人工呼吸

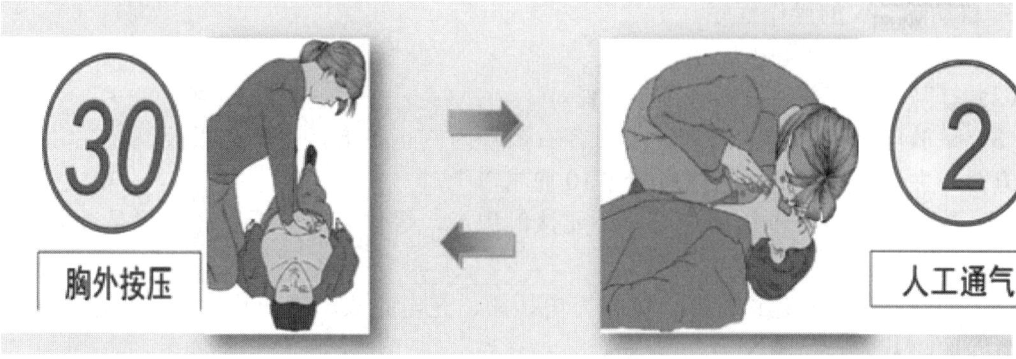

图 2- 12　胸外按压与人工呼吸

三、快速除颤

1. 电除颤是用除颤器对心脏进行体外电击，以清除心室的颤动，恢复正常心跳和血液循环。

当心搏骤停时，心肌的舒缩功能紊乱，发生心律失常。最常见也是最致命的心律失常是心室颤动，在发生心搏骤停的患者中约 80%为室颤，心脏不能泵出血液。胸外按压虽能为重要器官提供暂时的供血，但不能改变心室的颤动，要解除室颤，唯一有效的方法就是电击除颤。室颤可能在数分钟内转为心搏停止。因此，尽早快速除颤是生存链中最关键的一环。

2. 在心肺复苏的任何环节都可使用除颤，只要判断病人没反应没心跳即可立即使用。

自动体外除颤器（automatic external defibrillator，AED）可自动分析患者心律，识别是否需要除颤，除颤过程中，AED 的语音提示和屏幕显示使操作简单易行，大大方便了非专业急救医务人员的操作，为抢救争取了宝贵的时间。AED 使复苏成功率提高了 2~3 倍，AED 适用于无反应、无呼吸和无循环体征（包括室上速、室速和室颤）的患者。

图 2-13　自动体外除颤器

3. 自动除颤仪的操作程序。

（1）让患者平卧于硬板床上。

（2）打开电源开关，按语音提示操作。

（3）贴放电极片：一电击片置于患者右锁骨内侧正下方，另一电极板放在左乳头的左下方即心尖部，两个电极的距离应在10厘米以上。

（4）救护者用语言告知周边人员不要接触患者，等候AED分析患者心律是否需要电除颤。

（5）如除颤仪提示建议除颤，则按充电按钮，充电完成。告知其他人离开患者身体，并准备除颤。

（6）按压电击按钮进行除颤。

（7）除颤后，继续实施CPR 2分钟，AED再次自动分析心律。

（8）如果AED提示不需要电击除颤，应立即实施CPR。

（9）如此反复操作，直至患者恢复心搏和自主呼吸或者专业人员到达现场。

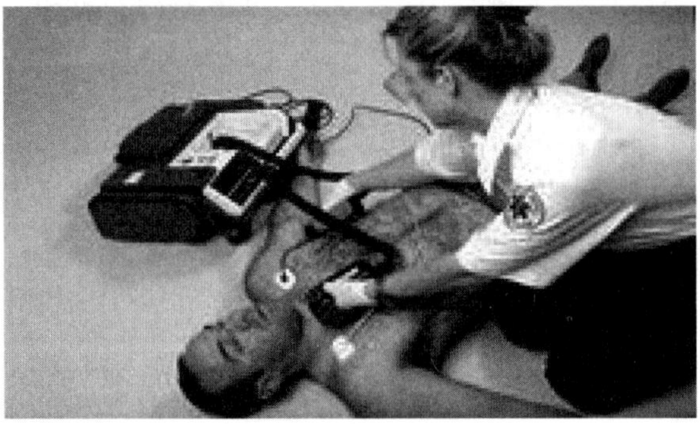

图2-14　除颤器

4. 电击除颤注意事项。

（1）只要判断没有反应，没有呼吸，尽早取用除颤器。

（2）除颤器分析时和给予电击时，要移走金属类物品，如项链、手表、纽扣等，所有人员不得接触病人，以防干扰或触电。

（3）电极片安放时要避开皮肤破损、皮下起搏器处等，如患者胸毛过多导致电极片不能和皮肤紧密贴合，则需先去毛。

（4）要迅速擦干患者胸部过多的水分或汗液，然后再贴放电极片。

（5）不能在水中或金属等导电物体表面使用AED，如果患者躺在水中，要先将患者抬出，擦干胸部再使用AED。

（6）避免将电极片贴在患者植入式除颤器、起搏器和药物贴片上。

5. 除颤与心肺复苏的配合。

患者心搏骤停，做心肺复苏，同时取除颤器，进行电除颤，电击除颤后立即恢复心肺复苏，再做心肺复苏2分钟（5个循环），如果仍然需要电除颤，继续电除颤，之后再次心肺复苏。如果不需要电除颤，直接继续胸外按压和人工呼吸。如此循环。

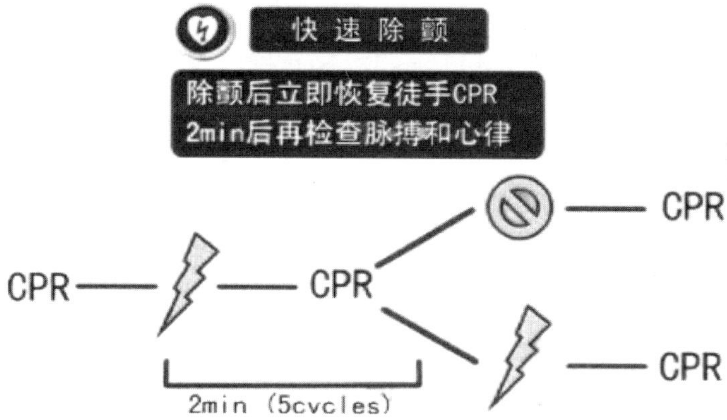

图 2-15　电除颤与心肺复苏的配合

6. 心肺复苏的循环。

（1）连续进行 5 个 30：2（30 次按压和 2 次人工呼吸）的循环后，再次判断病人意识、呼吸和脉搏，如未恢复，继续进行心肺复苏，直至专业人员赶到急救现场。

（2）如病人心肺复苏有效，将病人的体位置于侧卧位，这种体位可防止伤病者舌头后坠，阻塞呼吸道，同时口腔分泌物或呕吐物容易从口腔流出，减少气道阻塞或吸入异物的危险。

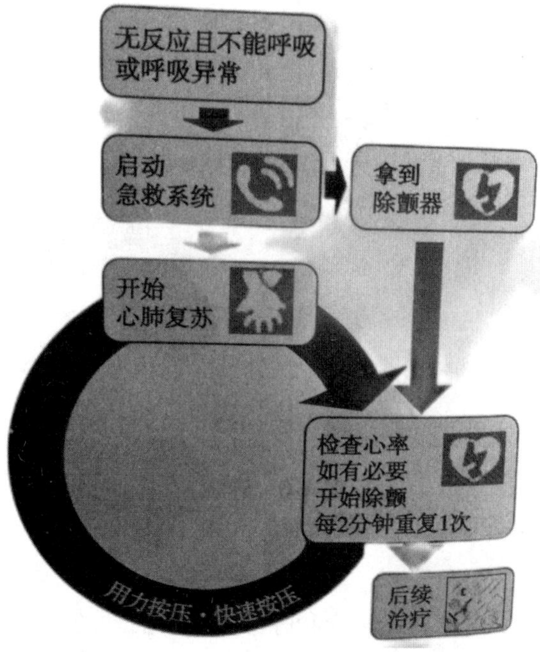

图 2-16　成人心肺复苏术操作流程图

第四节　儿童、婴儿心肺复苏操作流程

一、儿童心肺复苏操作流程（适用于 1~8 岁的儿童）

1. 判断环境安全。

2. 判断意识：拍患儿双肩，大声呼喊“喂，你怎么了”，如无应答，随即判断呼吸。

3. 调整患儿体位成平卧位。

4. 判断呼吸和脉搏：看患儿胸部有无起伏。同时检查颈动脉，判断时间 5~10 秒。

5. 启动急救系统：拨打 120，叫人取 AED。

6. 胸外心脏按压：用单手按压，深度为 5 厘米，按压频率 100~120 次/分钟。按压次数 30 次。按压部位为胸骨下 1/2 处。

7. 清除口腔异物，打开气道，方法与成人开放气道相同，用仰头抬颏法打开气道，将患儿的下颏抬高至下颏与耳垂的连线与地面成 60 度。

8. 人工呼吸 2 次。采用口对口人工呼吸。

9. 胸外心脏按压 30 次与人工呼吸 2 次为 1 个循环，做 5 个循环。

10. 5 个循环后，再次检查患儿意识、呼吸和脉搏。如无意识、呼吸和脉搏，继续做心肺复苏。

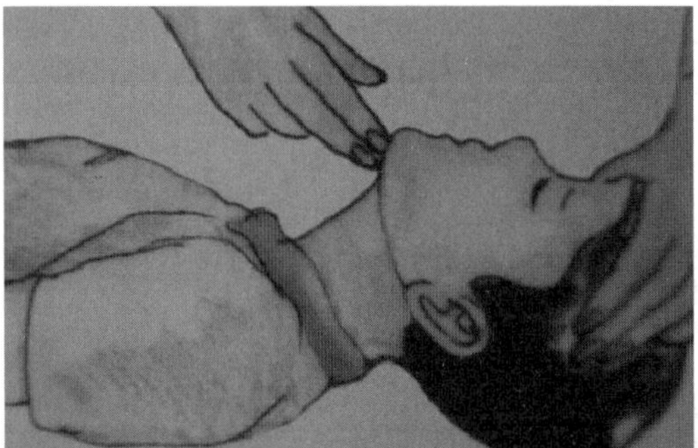

图 2-17　儿童仰头抬颏法（60°）

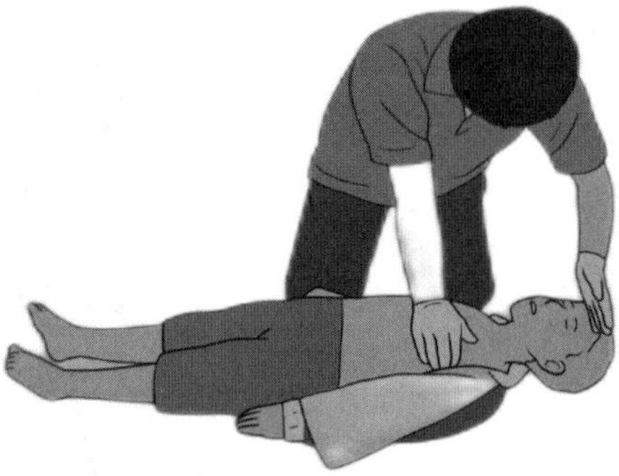

图 2-18　儿童心肺复苏

二、婴儿心肺复苏流程

适用于 1 岁以下的婴儿。

1. 判断意识和呼吸：边拍患儿足部，边大声呼喊“醒醒，醒醒”，如患儿无反应，随即观察患儿胸部起伏 5~10 秒。如无反应和呼吸，立即启动急救系统。

2. 启动急救系统：拨打 120，叫人取 AED。

3. 检查肱动脉。

4. 胸外心脏按压：用食指和中指两个手指按压患儿两乳头连线的中点正下方一横指

处，按压深度为 4 厘米，按压频率每分钟 100~120 次。

5. 清除口腔异物，打开气道，方法与成人开放气道相同，用仰头抬颏法打开气道，将患儿的下颏抬高至下颏与耳垂连线与地面成 30 度。

6. 人工呼吸。采用口对口鼻人工缓慢吹气 2 次，抢救者将婴儿的头部稍后仰，深吸一口气，用口唇全包住病儿的口鼻用力向里吹气，同时观察婴儿胸廓有无起伏。

7. 救护者按压与人工呼吸比例为 30：2，做 5 个循环。

8. 5 个循环后，再次检查循环与呼吸，如无意识、呼吸和脉搏，继续做心肺复苏。

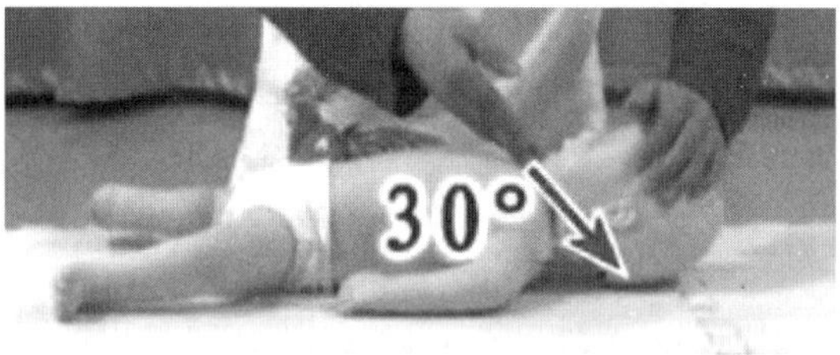

图 2-19　婴儿仰头抬颏法（30°）

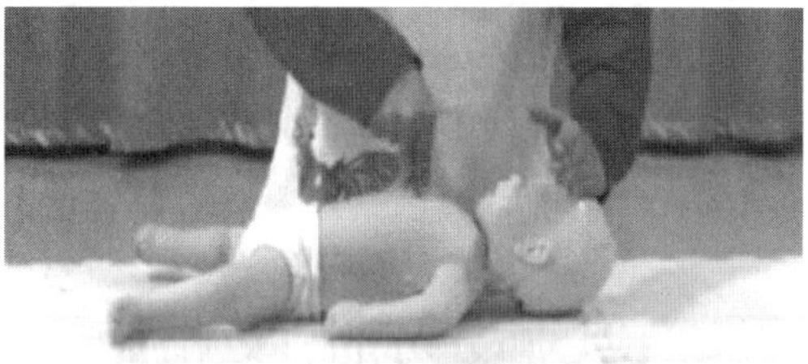

图 2-20　婴儿心肺复苏

三、成人、儿童和婴儿心肺复苏比较

表 2-1　成人、儿童和婴儿心肺复苏比较

内容	成人	1~8 周岁儿童	1 岁以下婴儿
意识	无反应		
识别心搏骤停	没有呼吸或没有正常呼吸（仅仅是喘气）	无呼吸或仅仅是喘气	
	10 秒钟内同时完成呼吸和脉搏的检查		
心肺复苏程序	胸外心脏按压—开放气道—人工呼吸		
按压频率	每分钟至少 100 次		
按压深度	至少 5 厘米	大约 5 厘米	大约 4 厘米
胸部回弹	保证每次按压后胸廓充分回弹		
按压方法	将双手放在患者两乳头连线的中点	将一只手放在儿童两乳头连线的中点	将两根手指放在婴儿两乳头连的中点正中下方一指
按压中断	尽可能减少胸外心脏按压的中断，尽可能将中断控制在 10 秒以内		
打开气道	仰头抬颏法		
人工呼吸	口对口	口对口	口对口鼻
按压与通气比例	30：2（1 或 2 名施救者）	30：2（1 施救者）	30：2（1 施救者）
		15：2（2 名施救者）	15：2（2 名施救者）
除颤	尽快使用 AED，每次电击后立即恢复心肺复苏		
检查循环	颈动脉	颈动脉	肱动脉

第五节 心肺复苏的有效指征和终止条件

一、高质量心肺复苏的标准

1. 按压频率为 100~120 次/分。

2. 按压深度，成人为 5~6 厘米，儿童至少为胸廓前后径的 1/3（约 5 厘米），婴儿至少为胸廓前后径的 1/3（约 4 厘米）。

3. 每次按压后胸廓完全回复原状。

4. 按压过程中尽量减少胸外按压的中断。

5. 避免过度通气。

二、心肺复苏的有效指征

心肺复苏 2 分钟后或按压通气 5 个循环后进行心肺复苏效果的评估，心肺复苏的有效指征如下。

1. 颈动脉搏动。

胸外心脏按压有效时，如果停止按压后脉搏仍然存在，说明病人心搏已恢复。检查脉搏的时间一般不超过 10 秒，如 10 秒内仍不能确定有无脉搏，应继续做心肺复苏。

2. 出现自主呼吸。

3. 面色（口唇）。复苏有效时，面色由发绀转为红润。

4. 瞳孔由大变小并有对光反应，甚至有眼球的活动及四肢抽动。

三、心肺复苏术的终止条件

急救者应持续心肺复苏直至获得 AED 和被医务人员接替，不应为了检查循环或检查反应有无恢复而随意终止心肺复苏。如符合下列条件者，现场抢救人员方可考虑终止复苏。

1. 患者呼吸和循环已有效恢复。

2. 有医生到场确定患者已死亡。

3. 有医务人员接手承担复苏或其他人员接替抢救。

【任务实施】

表 2-2 成人现场心肺复苏术的操作方法

任务名称	心肺复苏术（CPR）
实训时间	授课 2 学时，共计 90 分钟。其中，示范讲解和演示 45 分钟，学生练习 45 分钟
实训方法	1. 示范讲解 2. 用模拟人进行操作练习

续表

任务名称	心肺复苏术（CPR）
操作步骤及要点	评估现场环境安全，在安全的情况下进行心肺复苏
	判断意识：用双手轻拍病人双肩，在两耳呼叫：“喂！你怎么了？”查看有无反应
	调整体位（仰卧位），检查呼吸和脉搏：观察病人胸部起伏同时检查脉搏，判断是否有颈动脉搏动：用中指和食指从气管正中环状软骨探向近侧颈动脉搏动处，判断时间为5~10秒
	呼救：来人啊！喊医生！取除颤仪！
	胸外心脏按压：两乳头连线中点（胸骨中下1/3处），用左手掌根紧贴病人的胸部，两手十指交叉重叠，左手五指翘起，双臂伸直，用上身力量用力按压30次（按压频率100~120次/分，按压深度5~6厘米）
	打开气道：清除口腔分泌物，取出假牙。用仰头抬颏法打开气道
	人工呼吸： 口对口人工呼吸：一手掌侧压额头的拇指和食指捏住病人的鼻子，平静地吸一口气，用口包住病人的口，缓慢吹气，直到病人的胸部鼓起；吹气毕，松开患者鼻孔，再接着吹气，连续2次
	快速除颤： 1. 打开电源 2. 连接贴片 3. 救护者离开患者身体，分析是否需要进行电除颤
	如不需电除颤，持续5个循环的高效率心肺复苏后，判断复苏是否有效（看胸部有无起伏，同时触摸是否有颈动脉搏动）
	如需电除颤，1次电除颤后，继续5个30：2复苏循环后检查复苏是否有效

表2-3　成人心肺复苏术评分标准

姓名	项目	操作程序	分值	评分标准	减分	得分
	操作步骤	检查环境安全	4			
		（起步计时）判断意识： 1. 快步走到病人右侧，双腿跪在地上 2. 轻拍病人双肩 3. 在病人左右耳旁呼叫两次：“您怎么了？”	3	每项1分		
		调整体位	4			
		检查呼吸和脉搏：观察病人胸部起伏5秒，同时检查脉搏	2			
		判断是否有颈动脉搏动：用中指和食指从气管正中环状软骨探向近侧颈动脉搏动处，查看无搏动（数1001，1002，1003，1004，1005）判断5秒	3			
		呼救：来人啊！双人时请人拨打120；单人抢救时由抢救者自己拨打120	4			

续表

姓名	项目	操作程序	分值	评分标准	减分	得分
	操作步骤	1. 迅速将病人仰卧于硬板床或地上（或胸下垫胸外按压板）				
		2. 立即解开病人衣领、腰带				
		胸外心脏按压： 1. 在病人两乳头连线中点（胸骨中下 1/3 处） 2. 抢救者用一手掌根紧贴病人的胸部 3. 两手重叠，十指相扣，手指翘起 4. 双臂伸直，垂直按压，用上身力量，使胸骨下陷 5~6 厘米，而后迅速放松并使胸廓复原，掌根不离开病人胸壁 5. 按压 30 次（按压频率至少 100~120 次 / 分）	20	每项 4 分		
		清除呼吸道异物，取下活动性义齿	2	每项 1 分		
		开放气道： 1. 一手置于前额，向后加压，使头后仰 2. 一手的第二、三指置于病人的下颌骨下方，将颏上抬，下颏与耳垂连线与地面成 90 度	6	每项 3 分		
		一手保持病人气道开放，一手捏住病人鼻孔	4	手法正确 2 分，捏住病人鼻孔 1 分，始终保持气道通畅 1 分		
		双唇包绕病人口部，吹气，使胸廓起伏，无漏气	4	吹气方法正确 2 分，胸廓能起伏张 1 分，无漏气 1 分		
		操作者头部稍侧转，松开病人鼻孔使之被动呼气，观察病人的胸廓起伏情况	4	每项 2 分		
		重复吹气一次	12	吹气方法正确 2 分，胸廓能扩张 2 分，无漏气 2 分，松开鼻孔 2 分，头部保持稍侧转 2 分，气道始终保持开放状态 2 分		
		口述：按压与人工呼吸比例为 30：2，持续进行 5 周期 2 分钟 CPR（心脏按压开始、送气结束），再次判断，时间不超过 10 秒。如此反复进行共 5 次，必要时除颤	4			
		判断病人意识和颈动脉搏动及呼吸状况（同时判断）	4			

续表

姓名	项目	操作程序	分值	评分标准	减分	得分
	操作步骤	口述：如此反复进行，直至病人自主呼吸恢复或医生诊断为临床死亡	4	每项 2 分		
		边评估边口述：复苏的有效指征 1. 可触及周围大动脉搏动 2. 胸部有起伏，自主呼吸恢复 3. 颜面、甲床、口唇、皮肤色泽较红润 4. 散大的瞳孔缩小	4	每条口述 1 分		
		调整体位	4			
		操作熟练，动作连贯，口述流利	3	每项 1 分		
		全部操作时间在 3 分钟以内	1	每超时 30 秒扣 1 分，超时 1 分钟后面步骤不得分		

【任务小结】

1. 心搏骤停的判断：主要判断意识、呼吸、脉搏。
2. 心搏骤停的急救方法：实施心肺复苏。
3. 现场开展心肺复苏的方法：立即识别和紧急呼救、尽早心肺复苏、尽快除颤。
4. 高质量的心肺复苏要点。
5. 心肺复苏的有效指征和终止条件。
6. 不同年龄心肺复苏的特点。

【知识拓展】

一、循环系统

循环系统是一个密闭的管道系统，包括心血管（血液循环）系统和淋巴系统。

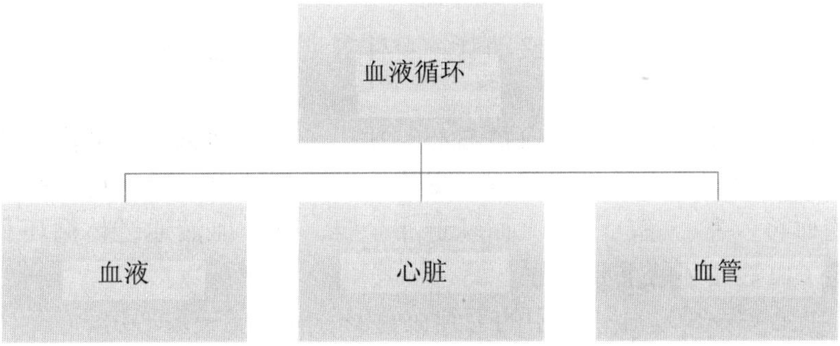

图 2-21　循环系统

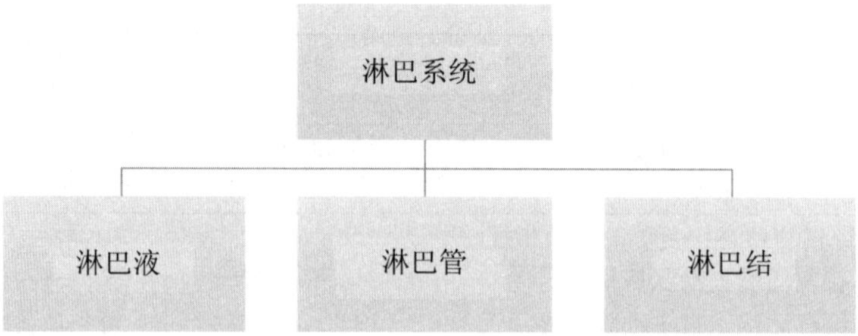

图 2-21　循环系统

1. 淋巴循环是指全身淋巴液进入血管，参加血液循环的过程。包括淋巴液、淋巴管和淋巴结。

2. 血液循环是指血液从心脏流向全身，再从全身回到心脏的过程。血液在循环的过程中，把携带的氧气和营养物质输送到组织和细胞，再把二氧化碳和代谢废物运送到肺和排泄器官。

（1）血液循环包括血液、心脏、血管，它是一个完整的封闭的循环管道，它以心脏为中心通过血管与全身各器官、组织相连，血液在其中循环流动。心脏是一个中空的肌性器官，它不停地有规律地收缩和舒张，不断地吸入和压出血液，保证血液沿着血管朝一个方向不断地向前流动。血管是运输血液的管道，包括动脉、静脉和毛细血管。动脉自心脏发出，经反复分支，血管口径逐步变小，数目逐渐增多，最后分布到全身各部组织内，成为毛细血管。毛细血管呈网状，血液与组织间的物质交换就在此进行。毛细血管逐渐汇合成为静脉，小静脉汇合成大静脉，最后返回心脏，完成血液循环。

（2）血液循环是由体循环和肺循环两条途径构成的双循环。

①人体的循环系统由体循环和肺循环两部分组成。体循环开始于左心室。血液从左心室搏出后，流经主动脉及其派生的若干动脉分支，输送入相应的器官。动脉再经多次分支，管径逐渐变细，血管数目逐渐增多，最终到达毛细血管，在此处通过细胞间液与组织细胞进行物质交换。血液中的氧和营养物质被组织吸收，而组织中的二氧化碳和其他代谢产物进入血液中，变动脉血为静脉血。此间静脉管径逐渐变粗，数目逐渐减少，直到最后所有静脉均汇集到上腔静脉和下腔静脉，血液即由此回到右心房，从而完成了体循环过程。

体循环：左心室→主动脉→各级动脉→身体各处的毛细血管网→各级静脉→上下腔静脉（体静脉）→右心房。

②肺循环自右心室开始。静脉血被右心室搏出，经肺动脉到达肺泡周围的毛细血管网，在此排出二氧化碳，吸收新鲜氧气，变静脉血为动脉血，然后再经肺静脉流回左心房。左心房的血再入左心室，又经大循环遍布全身。这样血液通过体循环和肺循环不断地运转，完成了血液循环的重要任务。

肺循环：右心室→肺动脉→肺中的毛细血管网→肺静脉→左心房。

（3）血液循环路线：

上下腔静脉→右心房→右心室→肺动脉→肺泡周围的毛细血管→肺静脉→左心房→

左心室→主动脉→全身组织处的毛细血管（除了肺）。

其中，从左心室开始到右心室被称为血液体循环，从肺动脉开始到左心房被称为血液肺循环。

（4）血液循环的主要功能。

①血液循环的主要功能是把体内的营养物质运输到各个组织器官，并将体内废物排出体外。当血液循环停止时，机体各组织器官因失去正常的物质转运而发生新陈代谢的障碍。同时体内一些重要器官将受到损害，尤其是对缺氧敏感的大脑皮层，只要大脑中血液循环停止 3~4 分钟，人就会丧失意识，血液循环停止 4~5 分钟，半数以上的人发生永久性的脑损害，停止 10 分钟，出现脑死亡，脑细胞很难恢复。医学上的体外循环方法就是在进行心脏外科手术时，保持病人周身血液不停地流动。对各种原因造成的心搏骤停病人，紧急采用胸外心脏按压等方法也是为了代替心脏自动节律性活动以达到维持循环和促使心脏恢复自主跳动的目的。

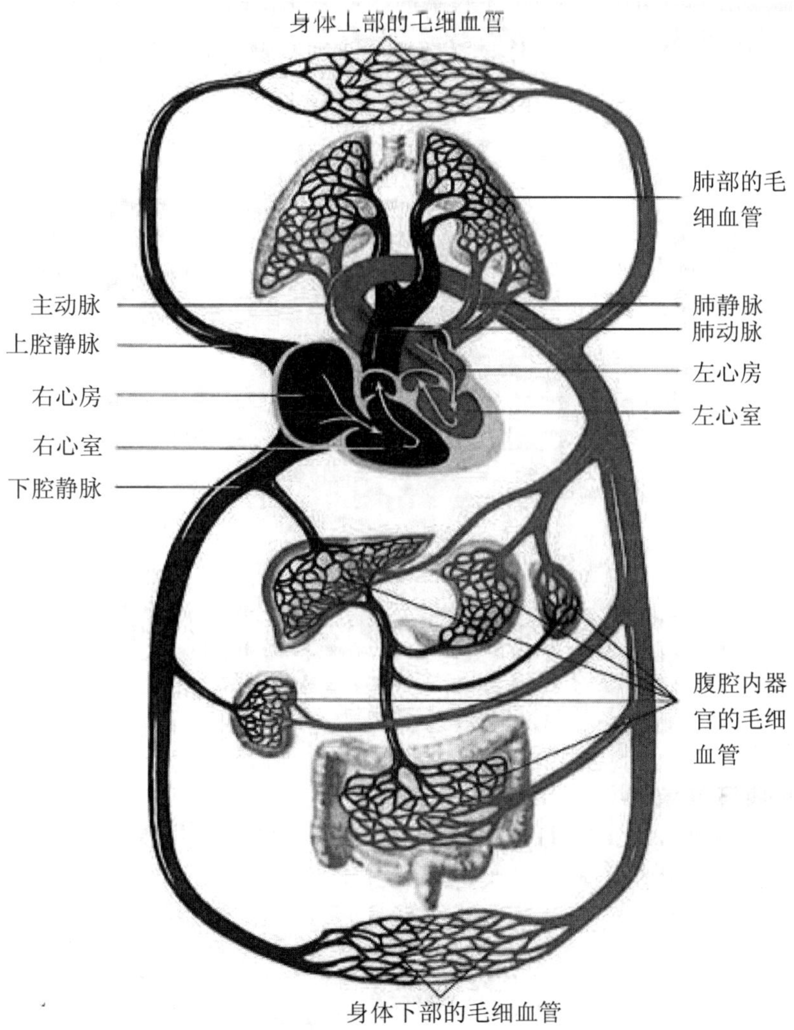

图 2-22　血液循环模式图

②体内各器官与组织细胞进行活动，需不断供给氧与营养物质，氧来自肺泡，营养物质来自小肠黏膜的吸收。而远离肺与肠的器官又如何能得到这些物质呢？这是因为体内有完善的血液转运系统，包括大循环（体循环）与小循环（肺循环）。血液自右心室到肺动脉、肺毛细血管、肺静脉入左心房，此为肺循环。经过此循环血液获得氧。血液自左心室到主动脉、大动脉、小动脉经毛细血管与静脉系统回到右心房，此为体循环。食入的营养物质在消化道内消化后被小肠吸收，经肠系膜静脉到门静脉入肝脏，再经肝静脉到下腔静脉而进入右心房与右心室。肺循环与体循环是相互衔接的，从左心室进入动脉的血液既含有丰富的氧也含有丰富的营养物质。经分布到全身各器官与组织的毛细血管，将动脉血输送给它们，以满足其需要，使其正常的机能活动得以维持。

（5）心脏是整个血液循环中推动血液流动的泵。通过节律性的收缩，把血液泵到动脉内。心脏位于胸腔的纵膈内，外面包以心包。心脏大小似各人自己的拳头，外形呈倒置的圆锥形。心尖朝向左前下方，如图 2-23 所示。

心脏是一个中空的器官，其内部分为四个腔。上部两个为心房，由房中膈分为左心房和右心房；下部两个为心室，由室中膈分为左心室和右心室。左右心房之间，左右心室之间互不相通，而心房与心室之间有房室口相通。

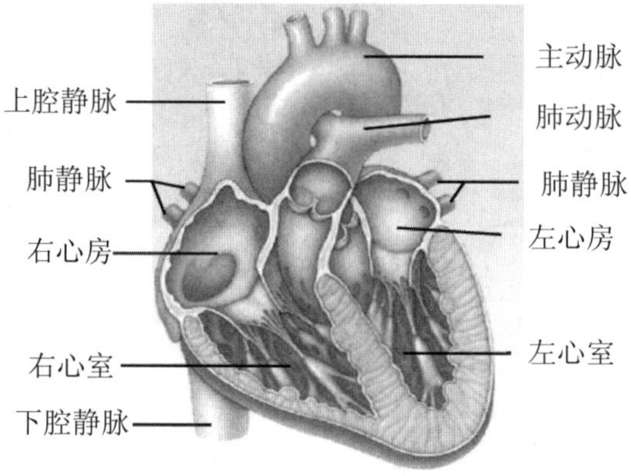

图 2-23　心脏结构

心的传导系统位于心壁内，能产生兴奋和传递冲动，以维持心正常的节律性舒缩。心的传导系统包括窦房结、房室结、房室束及其分支。窦房结位于上腔静脉与右心耳之间的心外膜的深面，呈椭圆形，是心自动节律性兴奋的发源地，即心的正常起搏点。房室结位于房间隔下部右侧心内膜的深面，冠状窦的前上方。房室结呈扁椭圆形，是心房和心室之间的特殊传导组织，是心房兴奋传入心室的通道。

房室束，又称希氏束，从房室结内发出后，在室间隔上部分为左束支和右束支，分别沿室间隔左右侧心内膜下行，到左右心室。左束支下行中又分为前上支和后下支。左右束支在右心室内逐渐分为许多细小的分支，最后形成浦肯野氏纤维网，与一般心膜相连。心的自动节律性兴奋由窦房结开始，一方面传到心房肌，使心房收缩；另一方面传到房室结，再经房室束、左右束支、浦肯野氏纤维网，至心室肌，使心室也开始收缩，这样一先一后，使心不断有节律地跳动。

心肌组织具有兴奋性、自律性、传导性和收缩性四种生理特性。兴奋性、自律性和传导性，是以肌膜的生物电活动为基础的，故又称为电生理特性。心肌组织的这些特性共同决定着心脏的活动。所有心肌细胞都具有兴奋性，即具有在受到刺激时产生兴奋的能力。组织、细胞能够在没有外来刺激的条件下，自动地发生节律性兴奋的特性，称为自动节律性，简称自律性。

心脏每收缩和舒张一次，称为一个心动周期。一个心动周期中，两心房首先同时收缩，继而心房舒张；心房开始舒张时，两心室几乎立即同时收缩，随后进入舒张期，这时心房也处于舒张期，所以这一时期称为全心舒张期。左右两侧心房或两侧心室的活动则几乎是同步的。

心脏有节律的跳动是生命重要的特征之一。一分钟内心脏搏动的次数称为心率。正常成人安静时的心率有明显的个体差异。正常范围为 60~100 次/分。心率的快慢直接影响到每个心动周期持续的时间；当心率加快时，心动周期缩短，收缩和舒张期均相应缩短，但舒张期缩短的比例大，这样就不利于心脏的休息。

血压是循环系统的一个重要指标。血压是指血管内血流对血管壁的侧压力，即压强。通常所说的血压，就是指体循环系统中的动脉血压，它是决定其他各类血管血压的主要动力。

在每次心动周期中，动脉血压随着心室的舒缩活动而发生明显的变化。

收缩压是心脏收缩期中动脉血压升高所达到的最高值，也称高压。

舒张压是心脏舒张期中动脉血压下降所达到的最低值，也称低压。

正常成人在安静状态下，收缩压为 100~120 毫米汞柱，舒张压为 60~80 毫米汞柱。血压过高或过低都会影响人的正常生活。血压持续过高会加重人的负担，长时间的高血压，会使小血管持续受到冲击，而发生破裂。脑部的血管破裂会造成脑出血。

（6）血液的作用。

血液是流动在血管内和心脏里，充满了血管系统的红色稠状液体，血液由血细胞和血浆组成。血细胞分为红细胞、白细胞和血小板。血液总量占体重的 7%~8%。

在人的体内循环流动的血液，可以把营养物质输送到全身各处，并将人体内的废物收集起来，排出体外。当血液流出心脏时，它把养料和氧气输送到全身各处；当血液流回心脏时，它又将机体产生的二氧化碳和其他废物，输送到排泄器官，排出体外。对于正常成年人，其血液总量大约相当于体重的 8%。血液把氧气、食物、营养素和激素运输到全身各处，并把代谢出来的废物运送到排泄器官。血液还能保护身体，它能产生一种叫“抗体”的特殊蛋白质。抗体能黏附在微生物上，并阻止其活动。于是，血液中的其他细胞会包围、吞噬、消灭这些微生物。血液也能够凝结成块，帮助我们堵住出血的伤口，防止大量血液流失以及微生物入侵。血液充盈在心血管系统中，在心脏的作用下不断循环流动。

红细胞中的血红蛋白是运输氧和营养物质的载体。如果流经体内器官的血流量不足，就可能造成组织损伤。人体大量失血或血液循环严重障碍，会危及生命。

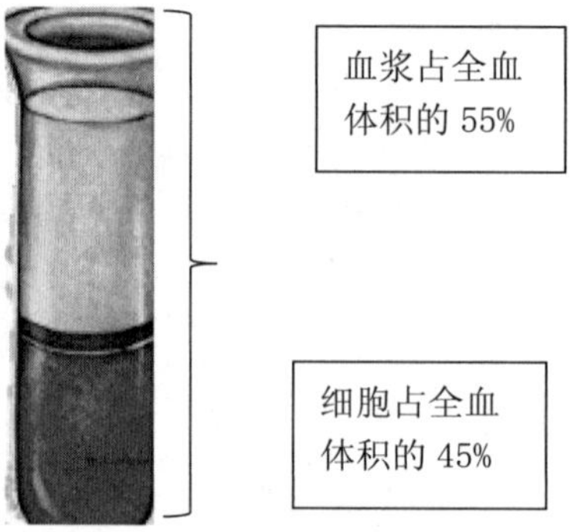

图 2-24　血液的组成

（7）血管。

血管是血液流经的血管。血管分为动脉、静脉和毛细血管三种。

①动脉是将血液从心脏输送到身体各部分的血管，包括肺循环的动脉和体循环的动脉两部分。动脉起自心脏，不断分支，最后管壁逐渐变细薄，分成大量的毛细血管，分布在全身各组织和脏器中。毛细血管再逐渐汇成静脉。动脉内血液压力较大，流速较快，动脉管壁较厚，富有弹性和收缩性。分布在身体较深的部位。

②静脉是将血液从身体各部分送回心脏的血管。静脉压力相对动脉小，管壁薄，弹性和收缩性较动脉弱。分布在身体内浅表部位。

③毛细血管管径极小、管壁很薄、血液流速慢。动脉和静脉是输送血液的管道，而毛细血管是连接最小动脉和静脉之间的血管，是血液与组织之间进行物质交换的场所。

动脉血与静脉血的主要区别是：动脉血含氧合血红蛋白较多，故呈鲜红色；而静脉血含氮离血红蛋白较多，故呈紫蓝色。经过毛细血管中的血液每 100 毫升含的氧离血红蛋白。运到心脏的血液与从心脏泵入动脉系统的血液是平衡的，这种进出心脏的血量为什么能取得平衡呢？心脏的泵血量取决于心室肌的收缩力量，而心肌的收缩力又取决于心室肌纤维的初长度。在一定范围内心室肌初长度增加，心肌的收缩力也增加，这个现象称为心定律。心室肌纤维的初长度与进入心室的血量有关，进入的血量多，则心室舒张末期的容积增大，此时心室肌的初长度即增加，故心室收缩时力量增大，泵出的血量自然增大。相反，当回心血量少时心室的充盈量也减少，故心室舒张末期容积减小，心室肌的初长度减小，收缩力减弱，被泵出的血量自然减少。可见进出心脏血量的平衡是通过改变心室肌纤维的初长度来实现的。它不受神经与体液因素的影响，只取决于进入心室的血量，所以进入量与泵出量能取得平衡。若这种平衡不能维持则出现病理状态。如果回心血量大于泵出血量，则静脉系统出现淤血，肝肿大，心衰的病人可发生这种情况。

颈动脉是供应脑部的血管，肱动脉是上肢主干血管，股动脉是下肢主干血管。

表 2-4　血管特点

血管类型	功能	分布	管壁特点	管腔特点	血流速度
动脉	把心脏中的血液输送到全身各处	大多分布在身体较深的部位	较厚，弹性大	较小	最快
静脉	把血液从全身各处送回心脏	有的分布较深，有的分布较浅	较薄，弹性小	较大	慢
毛细血管	进行物质交换	数量多，分布较广	非常薄，只由一层上皮细胞构成	非常小	最慢

二、呼吸系统

（一）呼吸系统的组成

呼吸系统由呼吸道和肺组成，是气体进出肺的通道。包括鼻、咽、喉、气管、主支气管和肺等器官。肺外呼吸道包括鼻、咽、喉、气管和主支气管。肺主要包括各级支气管和肺泡两部分。从鼻到喉这一段称上呼吸道；气管、支气管及肺内的各级支气管的分支这一段为下呼吸道。其中，鼻是气体出入的门户，又是感受嗅觉的感受器官；咽不仅是气体的通道，还是食物的通道；喉兼有发音的功能。肺泡是气体交换的场所。

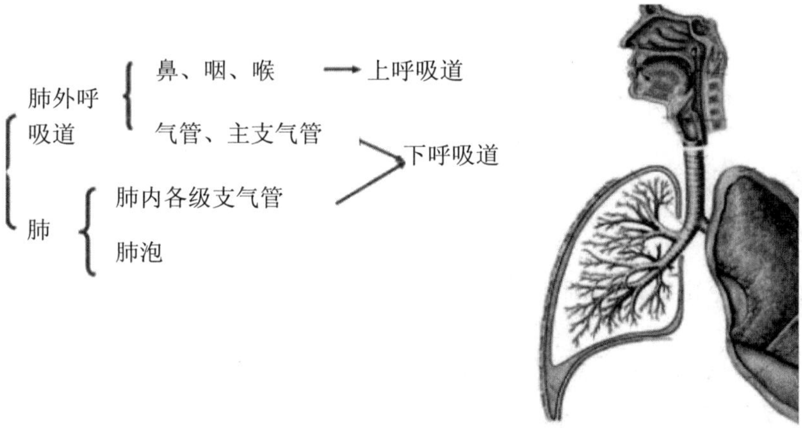

图 2-25　呼吸系统组成

（二）呼吸系统的功能

呼吸系统的功能主要是与外界进行气体交换，调节气道阻力，对呼吸道有加温湿润、清洁过滤作用。人体在受到机械、化学刺激时，可引起防御反射。呼吸道可吸进氧气，呼出二氧化碳。这种机体与外界环境之间的气体交换过程为呼吸。呼吸也是机体维持新陈代谢和其他功能活动所必需的最基本生理功能之一。人一旦呼吸停止，生命也将终结，呼吸是生命活动的重要指征。

（三）呼吸器官的特点

呼吸器官的特点是壁薄，面积大，湿润，有丰富的毛细血管分布。进入呼吸器官的血管含静脉血，离开呼吸器官的血管含动脉血。

（四）肺

肺是最主要的呼吸器官，它位于胸腔内，左右各一个，左右肺外形不同，左肺因心脏偏左，较右肺窄而长；右肺因膈下有肝，较左肺宽而短。每个肺的表面覆以胸膜，故平滑、湿润，有光泽。肺为锥形，分肺尖和肺底。肺尖向上经过胸廓上口突入颈根部，肺底位于膈上面。左肺分为上下两叶，右肺分为上、中、下三个肺叶。

肺为呼吸道的重要器官，呈海绵状。肺主要由反复分支的支气管及其最小分支末端膨大形成的肺泡共同构成，肺泡是人体与外界不断进行气体交换的主要部位，数目很多，外面缠绕着丰富的毛细血管和弹性纤维。肺泡壁和毛细血管壁都很薄，各由一层上皮细胞组成。这些都有利于进行气体交换。气体进入肺泡内，在此与肺泡周围的毛细血管内的血液进行气体交换。吸入空气中的氧气，透过肺泡进入毛细血管，通过血液循环，输送到全身各个器官组织，供给各器官氧化过程所需，各器官组织产生的代谢产物，如 CO_2，再经过血液循环运送到肺，然后经呼吸道呼出体外。

参与呼吸的肌肉主要有肋间肌和膈肌。肋间肌和膈肌能够使胸廓扩大或缩小。当肋间肌和膈肌收缩时，胸廓体积增大，肺随之扩张，这时肺内气压就低于大气压，外界空气通过呼吸道进入肺，完成吸气。相反，当肋间肌和膈肌舒张时，胸腔体积缩小，肺随之回缩，这时肺内气压就高于大气压，肺内气体通过呼吸道排出体外，完成呼气。通过呼吸运动，肺实现了与外界环境的气体交换，使肺泡内的气体不断得到更新。

【练习题】

一、填空题

1. 呼吸心跳停止后，脑细胞发生缺血、缺氧，超过________分钟，脑功能即不能恢复。

2. 终止 CPR 的决定取决于______，有效连续抢救超过______分钟以上的病人仍未出现自主循环，则可停止复苏。

3. 呼吸系统由______和______组成。

4. 肺是最主要的________器官。

5. 成人、儿童人工呼吸法最常用________法，其次为______法，婴儿为______法。

6. 胸外心脏按压部位，成人及儿童在______；婴儿在______。

胸外按压次数，成人每分钟______次，儿童每分钟______次，婴儿每分钟______次。

按压深度，成人______厘米，儿童______厘米，婴儿______厘米。

7. 单人心肺复苏时吹气与按压之比，成人为______，儿童及婴儿为______。

8. 开放气道时头后仰程度，成人为______度，儿童为______度，婴儿为______度。

9. 自动体外除颤器的英文缩写为______，一般使用于成人。心肺复苏术的英文缩写为______。

10. 一旦发现病人意识丧失，心跳呼吸停止，应立即开始______。

11. 进行现场心肺复苏时，病人的正确体位是______。

12. 现场心肺复苏操作程序包括______、______、______、______步骤。

13. 成人胸外心脏按压的正确位置是______。

14. “生存链”中的“五个环节”是：第一环______、第二环______、第三环______、第四环______、第五环______。

二、选择题

1. 进行口对口人工呼吸时，以下表述是错误的是（　　）。

A. 吹气时，要用手捏住伤者的鼻子　　B. 每次吹气之间应有一定的间隙

C. 每分钟吹气次数不得超过 10 次

2. 进行心脏按压时，应用（　　）放在按压位置。

A. 手背面　　B. 手掌掌根部位　　C. 手掌指端部位

3. 对成人进行心脏按压时，操作人员肘部要伸直，用身体的力量将伤者胸部向下按压（　　）厘米。

A. 1~2　　B. 3~5　　C. 5~6

4. 进行人工呼吸和心脏按压时，在以下（　　）情况下可以停止进行。

A. 操作人员疲劳　　B. 伤者有一定反应　　C. 呼吸和心跳均得到充分恢复

5. 对于呼吸、心搏骤停的伤病员现场救护的黄金时间是（　　）。

A. 15 分钟　　B. 10 分钟　　C. 4 分钟

6. 现场心肺复苏包括 C、A、B、三个步骤，其中 B 是（　　）。

A. 人工循环　　B. 人工呼吸　　C. 开放气道

7. 现场进行徒手心脏复苏时，伤病员的正确体位是（　　）。

A. 侧卧位　　B. 仰卧在坚硬的平面上　　C. 仰卧在比较舒适的软床上

8. 现场进行心脏复苏时，通常用下列（　　）方法打开气道。

A. 托颌　　B. 仰头举颏　　C. 迅速将口腔打开

9. 现场心脏复苏时，按压与吹气之比为（　　）。

A. 30：2　　B. 20：3　　C. 15：2

10. 现场进行胸外心脏按压的频率为（　　）。

A. 60 次/分钟　　B. 80 次/分钟　　C. 至少 100 次/分钟，不超过 120 次/分钟

11. 成人胸外心脏按压深度与频率为（　　）。

A. 1~2 厘米，100~120 次 / 分　　B. 3~4 厘米，100~120 次 / 分

C. 5~6 厘米，100~120 次 / 分

12. 呼吸心跳停止后，脑细胞发生缺血缺氧，这种情况持续时间（　　），脑功能即不能恢复。

A. 1~2 分钟　　B. 4~6 分钟　　C. 超过 10 分钟

13. 成人、儿童、婴儿打开气道时头后仰程度，分别是（　　）度。

A. 90、60、30　　B. 60、30、90　　C. 30、60、90　　D. 90、30、60

14. 心脏按压成年人、儿童、婴儿每分钟是（　　）次。

A. 60 次　　B. 80 次　　C. 100 次　　D. 100~120 次

15. 下列不属于“生命链”环节的是（　　）。

A. 早期通路　　B. 早期心肺复苏　　C. 早期转送　　D. 早期心脏除颤

E. 早期高级生命支持

16. 心搏骤停早期诊断的最重要指标是（　　）。

A. 意识丧失、瞳孔散大

B. 意识丧失、呼吸停止、颈动脉搏动消失

C. 意识丧失、测不到血压

D. 意识丧失、面色苍白、口唇发绀

E. 意识丧失、体温下降

17. 心搏骤停缺氧时，首当其冲是对（　　）。

A. 心脏的损害　　B. 肺脏的损害　　C. 肾脏的损害　　D. 肝脏的损害

E. 脑的损害

18. 关于胸外按压术（　　）是错误的。

A. 单人复苏 30：2　　B. 双人复苏 30：2　　C. 按压深度成人 4~5 厘米

19. 关于胸外心脏按压术（　　）是错误的。

A. 下压比向上放松的时间长一倍

B. 按压部位在胸骨中下 1/3 交界处

C. 按压部位的定位先确定胸骨下切迹

D. 按压频率为至少 100 次/分，不超过 120 次/分

E. 按压与放松时，重叠的掌根不能离开胸骨定位点

20. 下列（　　）情况不宜采用胸外心脏按压。

A. 心跳停止并有肋骨骨折的　　B. 触电后心跳停止的

C. 心肌梗死病人

21. 施行人工呼吸时，当患者出现极微弱的自然呼吸时，应（　　）。

A. 继续进行人工呼吸，且人工呼吸应与其自然呼吸的节律一致

B. 继续进行人工呼吸，但人工呼吸应与其自然呼吸的节律相反

C. 立即停止人工呼吸

22. 成人口对口人工呼吸每分钟应为（　　）次。

A. 10~12 次　　B. 16~20 次　　C. 18~24 次

23. 无意识的病人，造成呼吸道阻塞最常见的原因是（　　）。

A. 会厌部痉挛　　B. 异物吸入　　C. 气道狭窄　　D. 舌根后坠

E. 痰液壅塞

24. 现场对成人进行口对口吹气前应将伤病员的气道打开（　　）为宜。

A. 90 度　　B. 120 度　　C. 60 度

25. 对成人进行口对口吹气时，吹气的频率为（　　）。

A. 5~6 次/分钟　　B. 20~24 次/分钟　　C. 胸部隆起，500~600 毫升潮气量

26. 现场对成人进行胸外按压时的部位是（　　）。

A. 胸骨下 1/2 段　　B. 胸部正中乳头连线水平　　C. 胸骨上 1/3

27. 对呼吸、心搏骤停的病人应立即（　　）。

A. 人工呼吸　　B. 胸外心脏按压　　C. 心肺复苏术　　D. 除颤

28. 进行胸外心脏按压时，应将病人置于（　　）。

A. 平地或硬板床上　　B. 软床上　　C. 沙发上　　D. 以上都可以

29. 病人没有意识，但有呼吸和循环，为了防止呼吸道被舌后坠或黏液及呕吐物阻塞引起窒息，对伤病人应采用（　　）。

A. 仰卧体位　　B. 俯卧体位　　C. 侧卧体位　　D. 平卧体位

三、简答题

1. 绘出成人、儿童、婴儿实施心肺复苏的比较表。
2. 自动除颤器使用的先决条件是什么？
3. 写出心肺复苏的流程。

四、实际操作练习

1. 成人、儿童、婴儿人工呼吸法。
2. 成人、儿童、婴儿胸外心脏按压。

第三章

创伤的现场急救技术

在旅游途中和日常生活中，常常会发生各类创伤，受伤程度和表现各种各样，情况复杂，现场救护任务重。导游必须掌握外伤的现场急救技术，帮助游客减轻痛苦，减少伤残，挽救生命。导游或救护者也要能进行自救和互救。创伤的现场急救技术包括止血、包扎、固定和搬运四大技术。

止血　　包扎　　固定　　搬运

图 3-1　创伤现场急救四大技术

第一节　创伤概述

【案例引入】

某旅游团在西藏遭遇重大交通事故，3 人死亡，12 人受伤。如果你在现场，如何快速检伤？如何按照伤情进行分类？分别标记什么颜色？

【学习目标】

学会判断伤情，了解创伤现场急救的目的，掌握检伤分类。

【任务描述】

通过创伤急救基本知识的学习，掌握检伤分类的方法和急救流程。遵循创伤急救原则，有助于迅速准确判断伤情，选择恰当的救护方法，及时、有效、正确地救助伤员。

【相关知识】

创伤是当今的一大公害，约占全球死亡原因的 7%。没有人人都得的疾病，但人人都会遭遇创伤。近年来，我国交通业和建筑业快速发展，随之而来的是创伤的发生率高速增长。创伤所造成的死亡大多发生在现场，部分发生于运送途中，仅不到1/5发生在医院。因此，现场抢救至关重要，而现场的急救能力是提高抢救成功的关键所在。

一、创伤黄金一小时

据统计，创伤导致的死亡更多地发生在事故现场。

创伤后的三个死亡峰值：

即刻死亡（数秒到数分） 50%；

早期死亡（2 ~3 小时） 30%；

后期死亡（伤后数周内） 20%。

创伤后一小时内能否得到有效救治，对伤员的预后起着至关重要的作用，因此人们称为“创伤黄金 1 小时”。

二、创伤的定义

创伤是在各种创伤因素作用下，人体组织发生损伤和功能障碍。轻者体表损伤，出现疼痛或出血；重者功能障碍、残疾，甚至死亡。在旅游中常见的创伤有裂伤、擦伤、刺伤、切割伤、砸伤和肢体毁损、骨折等。

三、常见的创伤原因

交通伤占创伤的首位，常造成严重的多发性损伤。

坠落伤。以直接摔伤和传导伤为损伤特点，容易导致脊髓损伤和脊柱、骨盆的骨折。

机械伤。以绞伤、挤压伤为主，常造成断肢、骨折和神经、血管、肌腱的损伤。

锐器伤。伤口深，易出现深部组织损伤，胸腹部锐器伤可导致内脏或大血管出血，直接危及伤员的生命。

跌伤。常见于老年人，最易造成前臂、骨盆、股骨和脊柱的骨折。

火器伤。一般表现为伤口小、深，常损伤深部组织器官，也可为穿透伤，表现为入口伤轻，出口伤重。

四、 创伤的分类

1. 开放性创伤。是指体表有伤口，皮肤及皮下组织均受到损伤。多见锐器伤和其他严重创伤，出血较多，伤口易感染。如果是大血管出血，血液呈喷射状流出，如刺伤、切伤、砍伤、撕裂伤、火器伤。

2. 闭合性创伤。是皮肤完整而皮下组织受到损伤。多见于钝器伤、跌打损伤、撞伤等。受伤处肿胀、青紫、疼痛，伴有骨折及内脏损伤，严重者出现休克，如挫伤、扭伤、挤压伤、骨折、闭合性内部器官损伤。

3. 多发性创伤。同一致伤因素使人体两个或两个以上部位或脏器受损。多发性创伤使组织或脏器严重受损，死亡率高。

4. 复合伤。两个或两个以上的致伤因素引起的创伤。复合伤增加了创伤现场的复杂性，如原子弹爆炸产生物理、化学、高温、放射等引起的损伤。

5. 多处伤。同一部位或脏器有两处或两处以上的创伤，如一个肢体有两处以上的骨折，一个脏器有两处以上的裂伤。

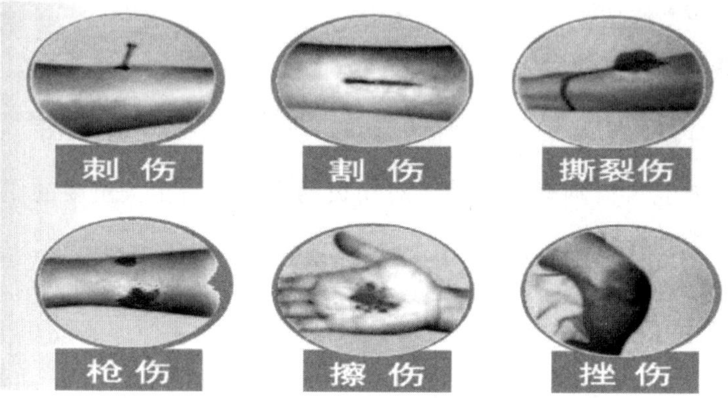

图 3-2 常见伤口类型

五、创伤现场急救目的

创伤现场环境各种各样，创伤多突然发生，现场条件差，急救难度大，这些都给救护带来困难，因此明确创伤现场急救目的，有助于迅速选择恰当的救护方法，从而正确救护，防止惊慌失措。

1. 创伤现场急救是指对伤员在送入医院之前的现场紧急救护。创伤死亡多发生在现场，要本着“就地施救”的原则立即在现场进行救治。

2. 挽救病人生命，降低死亡率，减少伤残率。创伤病人由于可能会出现重要脏器损伤及颈部、脊柱损伤，甚至出现大出血休克，呼吸循环功能障碍，在现场要立即对伤员采取相应措施，维持病人生命，为得到进一步治疗赢得宝贵时间。

3. 减少出血，防止休克的发生。严重创伤或大血管损伤时，现场应立即止血，有效止血是现场救护的基本任务。

4. 保护伤口的创面不受污染，防止感染。开放性伤口要恰当地进行包扎，防伤口及深部组织进一步损伤。

5. 固定骨折。现场对骨折病人使用简便而有效的方法进行固定。骨折固定能有效地减少骨折端对神经和血管等组织的损伤，同时能缓解疼痛。对颈椎骨折的病人采取妥善的固定，能防止搬运中加重脊髓的损伤。妥善固定在创伤的现场急救中具有重要的意义。

6. 防止并发症。现场救护中要防止脊髓损伤、包扎过紧造成缺血坏死、胸外按压用力过猛造成肋骨骨折，以及骨折固定不当造成血管神经损伤和皮肤损伤等并发症。

7. 快速转运。用最短的时间将伤者安全地转运到就近有条件的医院得到进一步治疗。

六、创伤现场急救原则

创伤现场救护要根据不同病情和现场条件采取不同救护措施。根据创伤现场的特点，需要掌握以下原则。

1. 确保现场环境安全，做好防护措施，保护自身和病人的安全。
2. 全面了解伤情，避免遗漏。
3. 先抢救生命，后治伤，先重后轻。
4. 先包扎头部、胸部、腹部伤口以保护内脏，后包扎四肢伤口。
5. 先固定颈部，后固定四肢。
6. 操作要快、准、轻、牢，防止损伤加重。
7. 注意创伤现场急救存在的隐性危险，如有无火灾余火、带电电线、有害物质、 自然灾害、受损汽车等，这些潜在的危险，容易给病人造成二次损伤。
8. 施救。在现场，先判断病人的生命体征，根据病人情况进行施救。

七、创伤救护流程

创伤作为突发性事件，现场救护情况错综复杂。尤其是同时有多人受伤，并且是多发伤、复合伤等严重创伤时，现场救护更需要快速、有效、有的放矢、有条不紊地进行。

1. 观察救护环境，选择就近、安全、平坦的救护场地。
2. 了解致伤因素。如交通伤、突发事件，判断危险是否已解除。
3. 采用正确的搬运方法使伤病人脱离现场和危险环境。
4. 及时呼救，拨打急救电话。
5. 将伤员放置合适的体位。
6. 迅速判断伤情，首先判断神志、呼吸、心跳、脉搏是否正常，是否有大出血。然后依次判断头、脊柱、胸部、腹部、骨盆、四肢活动情况及受伤部位，伤口大小、出血多少、是否有骨折。如同时有多个伤病人，要做基础的检伤分类，分清轻伤、重伤。并采取有效的急救方法。
7. 安全迅速的转运伤员。

附创伤救护流程图 （降阶梯 ）。

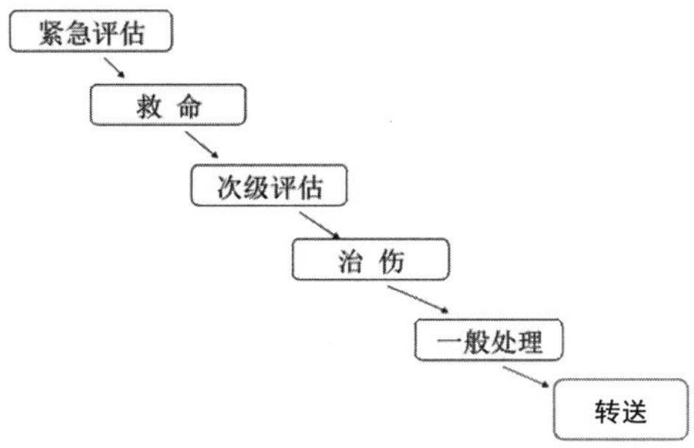

图 3-3　创伤救护流程图

第一步紧急评估：判断有无危及生命的情况。

神志：是否清楚。

脉搏：有无。

呼吸：有无，循环是否充分。

气道：有无阻塞。

出血：有无体表可见大量出血。

第二步救命：立即解除危及生命的情况。

1. 对气道阻塞的患者清除气道血块和异物；

2. 呼吸异常的患者，开放气道并保持通畅；

3. 呼之不应，无脉搏的患者立即进行心肺复苏；

4. 大出血患者先心肺复苏。

第三步次级评估：判断是否有严重或者其他紧急的情况。

简要、迅速、系统地依次判断头、脊柱、胸部、腹部、骨盆、四肢活动情况。受伤部位，伤口大小、出血多少、是否有骨折等。多个伤员时，应检伤分类。

第四步治伤：优先处理最为严重的损伤或者其他紧急情况。

有生命危险的先抢救，如无反应、无呼吸、无脉搏的应立即进行心肺复苏，对严重出血的立即止血。

第五步主要的一般性处理，包括体位、止血、包扎、固定等。

第六步转运多人受伤时，根据检伤分类进行先后顺序抢救后依次转送伤员。

八、创伤救护“八不”原则

1. 不用手摸伤口；
2. 不用碘酒、酒精擦伤口；
3. 不用水冲洗开放性骨折伤口（化学磷烧伤除外）；
4. 不取出伤口中的异物；
5. 不塞回脱出的内脏；
6. 不轻易确定死亡而停止抢救；
7. 不轻易搬动伤员；
8. 不相互推诿延误抢救。

【实训步骤】

实训项目 1 检查伤情 快速判断

实训目的	创伤现场救护首先要通过快速、简洁的检查对伤情进行正确判断
实训方法	示范讲解，两人一组，角色互换
实训步骤	检查病人反应
	让伤者取平卧位，救护者立于伤者右侧
	检查呼吸及脉搏情况
	检查头部
	检查脊柱及脊髓功能
	检查胸部
	检查腹部
	检查四肢

具体方法如下：

1. 检查病人反应（意识）。

2. 让伤者取平卧位，救护者位于病人右侧。

3. 检查呼吸及脉搏情况。

4. 检查伤口，观察伤口部位、伤口大小、出血多少。

5. 检查头部。用手轻摸头颅，检查有否出血、骨折、肿胀，注意检查耳道、鼻孔有无血液或脑脊液流出，如有表示颅骨骨折。

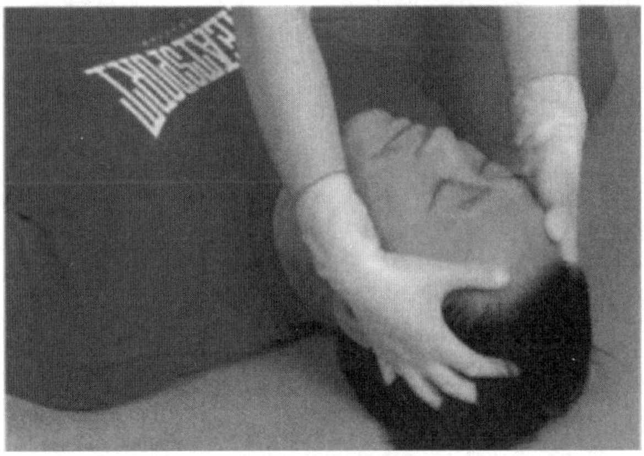

图 3-4 检查头部

6. 检查脊柱及脊髓功能让伤病人活动手指和足趾，如无反应表示有瘫痪；保持伤病人处于平卧位，用手指从上到下按压颈部后正中，看是否有压痛，如有表示有颈椎骨折；保持伤病人脊柱轴线位，侧翻伤病人，用手指从上到下沿后中线按压，看是否有疼痛，如有表示脊柱骨折。

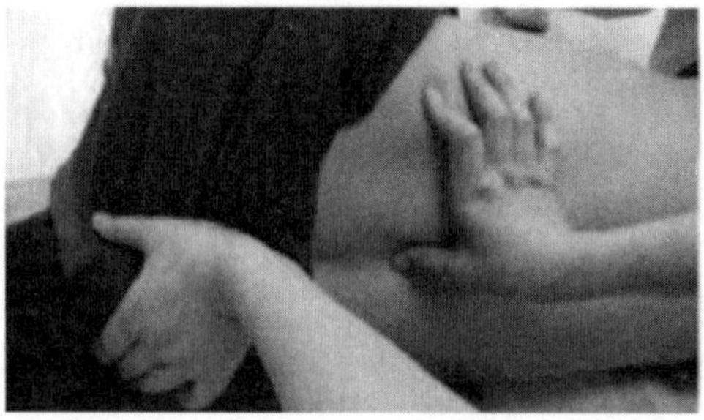

图 3-5　检查脊椎

7. 检查胸部。询问疼痛部位，观察胸廓的呼吸运动、胸部形状。救护者双手放在伤病人的胸部两侧，然后稍加用力挤压病人胸部，如有疼痛，提示有骨折。

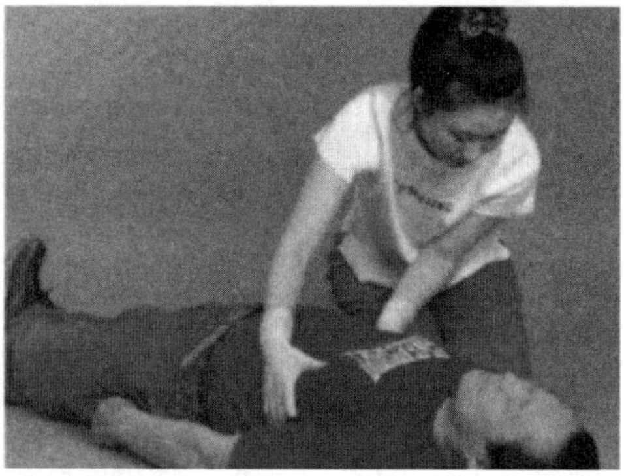

图 3-6　检查胸部

8. 检查腹部。观察有无伤口及内脏脱出，腹部有无压痛等。

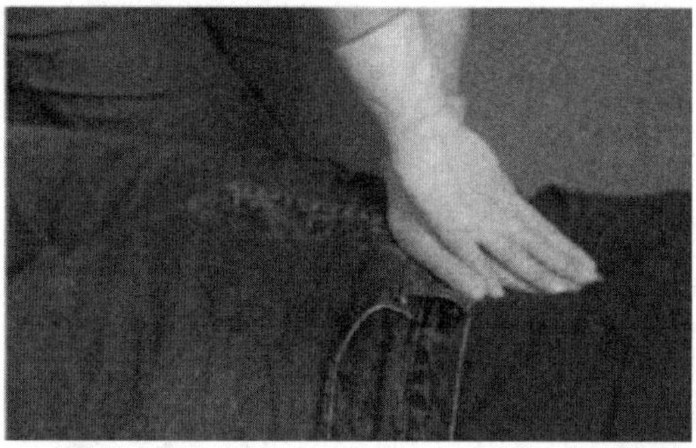

图 3-7　检查腹部

9. 检查骨盆。询问伤员疼痛部位，双手放于伤员骨盆的两侧向中心挤压，有压痛提示骨盆骨折。

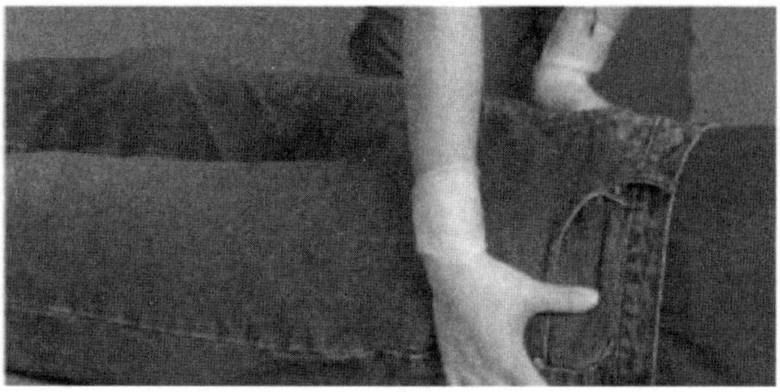

图 3-8　检查骨盆

10. 检查四肢。询问疼痛部位，观察是否有肿胀、畸形和异常活动，如有提示骨折。

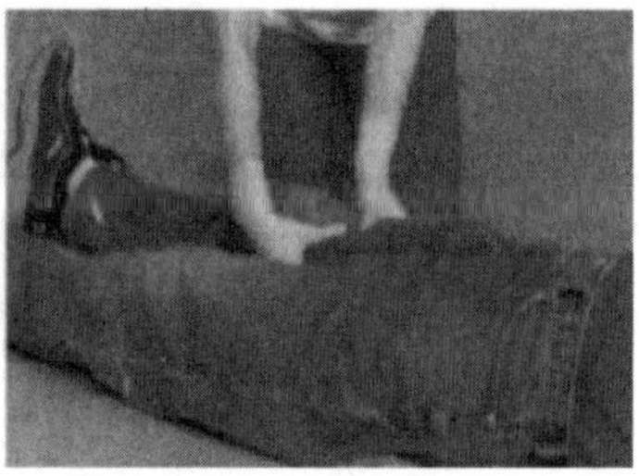

图 3-9　检查四肢

实训项目 2　检伤分类 顺序抢救

实训目的	面对成批伤员，分出轻重缓急，按顺序急救和转送		
实训方法	示范讲解，5 人一组，其中一人充当救护者，4 人扮演伤者，按 4 个等级模拟演示，并用 4 种颜色标识伤者		
实训步骤	伤员分类	颜色标识	抢救顺序
	重伤员	红色标识	第一优先
	中度伤员	黄色标识	第二优先
	轻伤员	绿色标识	延期处理
	死亡遗体	黑色标识	最后处理

检伤分类：

（一）目的

当救护者面对现场大批人员受伤时，第一步救护措施是快速地对病人进行检伤分类，将重伤员尽快从伤亡人群中筛选出来，然后按照伤情轻重不同，按先后顺序急救和运送到医院，从而避免事发现场在人力和物力不足的情况下，重伤员因得不到及时救治而死于现场。检伤分类，能争取宝贵的时间，第一时间抢救重伤者，使伤员最大程度地获得救治，从而提高救护的效率，合理救治伤员，积极改善伤员的预后。

（二）担任检伤分类的人员

突发意外现场的初步检伤分类工作，由现场受过训练，具有较为广泛的知识和经验并具有较强组织能力、处事果断的人或者现场游客中的医生护士来进行。检伤分类的同

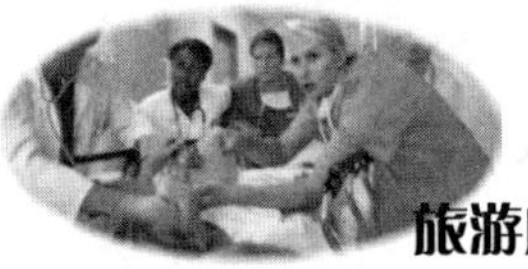

时要及时对伤员进行抢救即边抢边救。当专业急救队伍到达后，就由该专业急救负责人或指定由经验丰富的抢救人员来复核初步的检伤分类。

（三）救治顺序

按照国际公认的标准，事发现场的检伤分类分为 4 个等级：轻伤、中度伤、重伤与死亡。统一使用不同的颜色加以标识，并遵循下列救治顺序：

1. 第一优先　　重伤员（红色标识）；
2. 第二优先　　中度伤员（黄色标识）；
3. 延期处理　　轻伤员（绿色或者蓝色标识）；
4. 最后处理　　死亡遗体（黑色标识）。

（四）判断伤情，确定伤员等级

第一步：判断伤员有无呼吸困难，如果有就属重伤。

第二步：判断伤员有无大出血，如果有就属重伤。

第三步：判断伤员有无昏迷，如果有就属重伤。

第四步：判断伤员有无呼吸心跳。如果没有并且在 10 分钟之内，为重伤；如果没有并且已超过 10 分钟，属于死亡；如果有并且保持正常，不属于重伤。

第五步：伤者没有以上的任何一项，但受伤在人体重要部位如头、颈、胸、腹和脊柱中任何部位，有开放性伤，有生命体征，属中度伤。

（五）立即施救

检伤分类，分出轻重缓急，应立即进行施救，遵循“先重后轻，先抢后救，先救后送”的原则，使伤员得到及时有效的救治。但在现场人力物力不足的情况下，对个别严重且没有多大生存希望的伤员，不再放在第一位抢救，而是转到对中度受伤、生存希望较大的伤员进行优先救治和运送，最大程度发挥现场救护效果。

表 3-1　国际检伤法分类标准

分类	伤情	预后	伤卡颜色	转送次序
一	重伤员：首先迅速现场急救后再转送，如大出血、休克、窒息、气道异物梗阻	可救活	红色	最先第一时间就近送到有条件的医院
二	中度伤员：骨折、眼部受伤、非大血管出血	短时间无生命危险	黄色	可在第二时间转送
三	轻伤员：可自己步行	无生命危险	绿色或蓝色	最后转送
四	极严重伤员：处于濒死状态、胸腹大血管损伤、呼吸心跳停止	现场积极抢救，存活希望很小	黑色	经现场抢救有救，第二时间转送

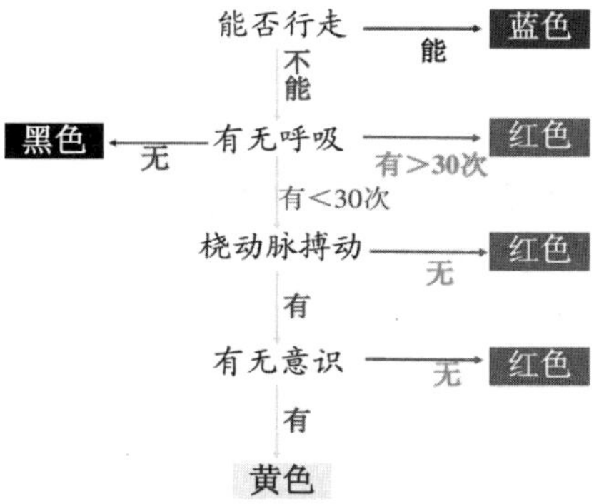

图 3-10　现场简单检伤分类方法

提示一

尽管危重伤者属第一优先救治对象，但也不是绝对的。在现场急救资源十分有限的情况下，对部分极重度伤员即对存活可能性不大的，采取观望，而转向优先抢救和运送中度伤员，把有限的资源用在存活希望大的伤员身上，以达到实际救治效果。

提示二

现场伤员检伤分类是一个动态过程，因为伤者的病情会不断变化，故每隔一段时间需要对病人的状况进行重新评估并作出适当调整。如果专业人员赶到现场，那么许多被分类为延迟救治的病人可以重新分类为立即救治的病人，而得到相应的救治。

提示三

如果事发现场是不安全的，那就需要反向伤员分类法，力求抢救最多的伤员。如果我们花更多的时间去抢救一名重伤员或是在进行复杂救援的同时，让其他轻伤员留在现场，当现场失控时，只能在挽救少数人的过程中失去了多数人的生命。

反向伤员分类法按下列顺序抢救：

1. 抢救和转送可以行走的伤员；
2. 轻伤员；
3. 重伤员；
4. 最后留下死者。

提示四

大型灾害、群发突发事件现场救护时，采取先近后远、先易后难和先轻后重的方法进行救治。

在现场急救中常见的错误有：

1. 没有检伤分类，拉着伤员就跑；
2. 没有联络好，病人都送到一个地方；
3. 现场没有交通调度员，现场混乱；
4. 没有现场就地抢救，一味地快速往医院送；
5. 没有计划，没有统一的步骤。

【知识拓展】

一、运动系统

运动系统是由骨、骨连接和骨骼肌组成。正常成人全身共有骨头206块，分为长骨、短骨、扁骨和不规则骨，组成人体的保护性支架。骨通过关节相连，通过韧带来支撑。骨由骨膜、骨质和骨髓组成。在骨的内外表面都覆盖有由致密结缔组织所构成的纤维膜，分别为骨内膜和骨外膜。骨膜有营养、助生长的作用。当骨折后，它能促进骨的愈合。骨质是骨的主要成分，有骨松质和骨密质。骨密质分布于骨的表面，骨松质分布于骨的内部。骨髓由多种类型的细胞和结缔组织组成，它坚硬而富有弹性，其中分布着丰富的血管和神经。骨髓有修复、再生能力和造血功能。

（一）骨分为颅骨、躯干骨和四肢骨

1. 颅骨由8块脑颅骨和15块面颅骨构成，对头部的器官起着支持和保护的作用，另外还有6块听小骨。

2. 躯干骨由24块椎骨、1块骶骨、1块尾骨、1块胸骨、12对肋骨，共51块组成。

3. 四肢骨由上肢骨和下肢骨共126块构成。

（二）运动系统的主要功能

1. 支持功能：骨骼构成骨架，维持身体姿势。

2. 造血功能：骨髓在长骨的骨髓腔和海绵骨的空隙，通过造血作用制造血球。

3. 贮存功能：骨骼贮存身体重要的矿物质，例如钙和磷。

4. 运动功能：骨骼、骨骼肌、肌腱、韧带和关节一起产生并传递力量使身体运动。

5. 保护功能：骨骼和肌肉构成体腔的壁，保护内脏。

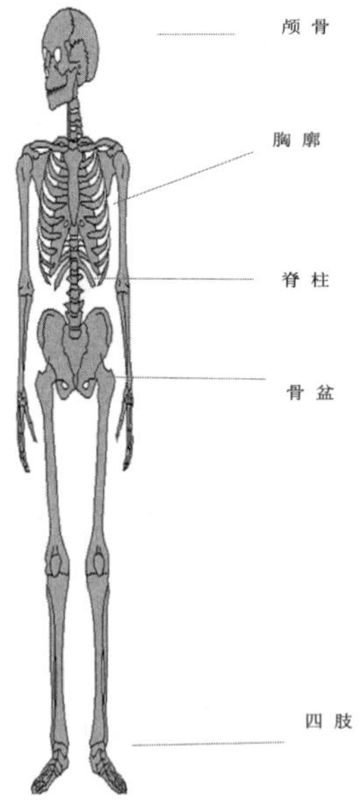

图3-11　骨骼分布图（一）

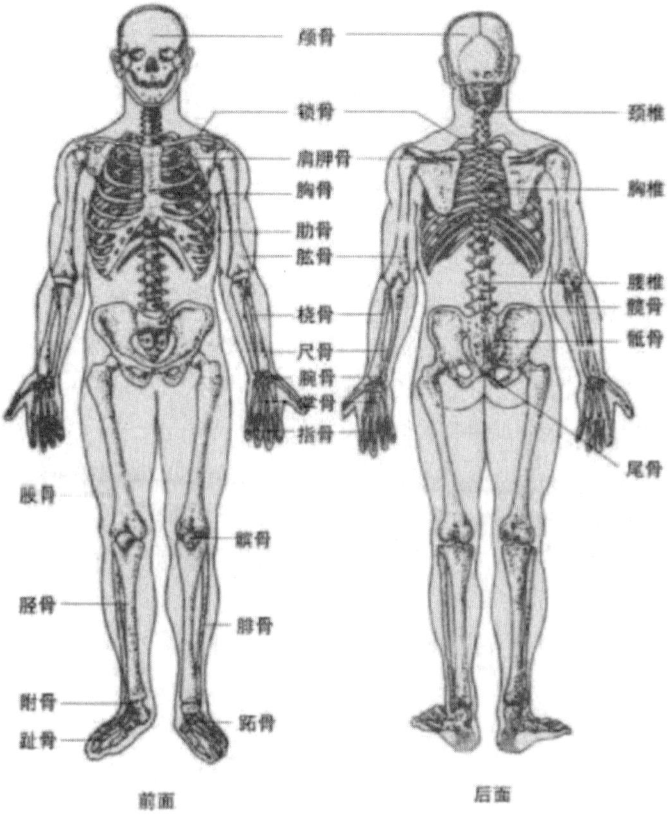

图 3-12　骨骼分布图（二）

二、人体解剖学知识

（一）人体标准的解剖姿势

在解剖学上所采用的标准姿势是身体直立，两眼向正前方平视。双上肢下垂于躯干两侧，掌心向前。两足并拢，足尖向前。

（二）人体常用的方位术语

1. 上：靠近头部为上。
2. 下：靠近足部为下。
3. 前：靠近腹面称为前或称腹侧。
4. 后：靠近背面称为后或称背。
5. 深：远离体表或器官表面称为深。
6. 浅：靠近体表或器官表面称为浅。
7. 内侧：靠近身体正中线为内侧。
8. 外侧：远离身体正中线为外侧。
9. 尺侧：前臂的内侧又称为尺侧。
10. 桡侧：前臂的外侧又称为桡侧。
11. 胫侧：小腿的内侧又称为胫侧。
12. 腓侧：小腿的外侧又称为腓侧。
13. 近端：四肢的近躯干端。
14. 远端：四肢的远躯干端。

（三）轴和面

1. 轴。

以解剖学姿势为准，可将人体设三个典型的互相垂直的轴。

(1) 矢状轴：前后方向的水平线。

(2) 冠状（额状）轴：左右方向的水平线。

(3) 垂直轴：上下方向与水平线互相垂直的垂线。

2. 面。

按照轴线可将人体或器官切成不同的切面，以便从不同角度观察某些结构。典型的切面如下。

(1) 矢状面，是沿矢状轴方向所作的切面，它是将人体分为左右两部分的纵切面，如该切面恰通过人体的正中线，则叫作正中矢状面。

(2) 冠状面或额状面，是沿冠状轴方向所作的切面，它是将人体分为前后两部的纵切面，与矢状面和水平面相垂直。

(3) 水平面或横切面，为沿水平线所作的横切面，它将人体分为上下两部，与上述两个纵切面相垂直。需要注意的是，器官的切面一般不以人体的长轴为准而以其本身的长轴为准，即沿其长轴所做的切面叫纵切面，而与长轴垂直的切面叫横切面。

（四）人体常用骨性标志

在人体某些部位的骨，常在人的体表形成较明显的隆起或凹陷，临床上常作为定位等应用，称为骨性标志。体表突出的骨性标志部位长期受压时，容易发生褥疮。

乳突：位于外耳下方，其根部前缘的前内方有茎乳突，面神经由此出颅。乳突深面的后半部为乙状沟。

下颌角：为下颌支后缘与下颌体下缘转折之处，此处骨质较薄，容易骨折。

枕外隆凸：位于枕部向后最突出的隆起，其深面为窦汇。

颧弓：位于眶下缘和枕外隆凸之间连线的同一水平面上，下方一横指处为腮腺管。

翼点：为顶骨、额骨、蝶骨和颞骨四骨相汇合处，在颧弓中点上方 3~4cm 处，是颅骨的薄弱部位，其深面附近的沟内有脑膜中动脉的前支经过。

第 7 颈椎棘突：位于颈背部最突出的隆起，头部前屈时更容易触及，为计数椎骨的标志。

颈动脉结节：即第 6 颈椎横突前结节，位于胸锁乳突肌前缘深处，正对环状软骨平面。平环状软骨，在胸锁乳突肌前缘，以拇指向后加压，可将颈总动脉压向颈动脉结节，阻断血流，达到止血的目的。

胸骨颈静脉切迹：位于胸骨上缘，两侧胸锁关节之间的凹陷，其上方为胸骨上窝。

胸骨角：位于胸骨柄与胸骨体的连接处向前的横向突起，自颈静脉切迹向下约两横指处，是重要的骨性标志。平对第 4 胸椎体下缘的水平，也是气管杈、主动脉弓的前后端、心脏上界、食管的第二个狭窄处和胸导管左移处的水平；胸骨角的两侧接第 2 肋软骨，为计数肋骨的标志。胸骨角平面是上、下纵膈的分界线。

肩胛下角：自然体位时平对第 7 肋，可作为在背部计数肋骨的定位。

剑突：胸骨下方的突出，位于两侧肋弓之间。剑突与左侧肋弓的交点处是心包穿刺的常用部位。

骶角：沿骶中嵴向下扣到骶管裂孔，在裂孔的两侧可扣到骶角。

肩峰：高耸于肩关节的上方，为肩部的最高点。

尺骨鹰嘴：位于肘后部后方的突出。

豌豆骨：位于腕部远侧皮纹的内侧的突起。

髂嵴：髂嵴全长在体表，均能扣到，其前端为髂前上棘，后端为髂后上棘，髂棘最高点平线平对第 4 腰椎棘突，腰椎穿刺可通过髂嵴定位。

耻骨结节：位于腹股沟内侧端，瘦人较易扣到。

坐骨结节：位于臀大肌下缘内侧，屈大腿时在臀部扪到的骨性突出。

股骨大转子：大腿外侧上部的突出。屈髋时，由坐骨结节至髂前上棘的连线通过股转子。

胫骨粗隆：位于髌骨下缘四横指处。

内踝和外踝：踝部两侧的明显隆起分别是内踝和外踝，外踝低于内踝。

在胸腹腔内，各脏器的位置可因器官的生理活动、体型、姿势、呼吸运动、临近器官相互挤压以及腹壁肌肉的紧张度等因素的影响有一定范围的改变。一般在胸腹部体表做出若干标志线，借以说明有关脏器位置和体表投影。

1. 胸部的标志线。

前正中线： 通过胸骨正中的垂直线。

锁骨中线： 通过锁骨中点的直线。

腋前、中、后线：分为通过腋前皱襞、腋窝中点及腋后皱襞的三条垂线。

肩胛线：通过肩胛骨下角的垂直线。

后正中线：通过椎骨棘突的垂直线。

2. 腹部的标志线和分区。

通常在腹部可画两条水平线和两条垂直线，由此将腹部分为九个区，用以表示腹腔有关脏器的大致位置关系。

腹部九分法通常是指用两条水平线和两条垂直线将腹部划分为九个区。上水平线为两侧肋骨最低点连线，下水平线为两侧髂前上棘的连线，由此将腹部分为上腹部、中腹部、下腹部。两条垂直线为髂前上棘与腹中线垂直连线中点的垂直线。这样腹部九区包括：上腹部的腹上区、左右季肋区，中腹部的脐区、左右腰区，下腹部的腹下区、左右髂区。

（1）右上腹部（右季肋部）：肝右叶、胆囊、结肠肝曲、右肾、右肾上腺。

（2）右侧腹部（右腰部）：升结肠、空肠、右肾。

（3）右下腹部（右髂部）：盲肠、阑尾、回肠下端、淋巴结、女性右侧卵巢和输卵管、男性右侧精索。

（4）上腹部：胃、肝左叶、十二指肠、胰头、胰体、横结肠、腹主动脉、大网膜。

（5）中腹部：十二指肠、空肠、回肠、下垂的胃及横结肠、肠系膜及淋巴结、输尿管、腹主动脉、大网膜。

（6）下腹部（耻骨上部）：回肠、乙状结肠、输尿管、胀大的膀胱、女性增大的子宫。

（7）左上腹部（左季肋部）：脾、胃、结肠脾曲、胰尾、左肾、左肾上腺。

（8）左侧腹部（左腰部）：降结肠、空肠、回肠、左肾。

（9）左下腹部（左髂部）：乙状结肠、淋巴结、女性左侧卵巢和输尿管、男性左精索。

（五）人体容易受损部位

1. 头部容易受损部位：有太阳穴、眼部、脸面三角区、耳门、耳根部、后脑枕部、下颌角。

(1) 太阳穴。在耳廓前面，前额两侧，外眼角延长线上方。太阳穴是颅骨骨板最薄弱的部位，是颅顶骨、额骨、颞骨及蝶骨的交汇处。太阳穴深层是大脑颞叶，血管十分丰富，是大脑皮层的位听中枢。太阳穴皮下又是“三叉神经”和“睫状神经节”的交汇处。三叉神经传导头面部感觉，是头部最敏感的脑神经。

(2) 眼睛。眼睛是人体最易受损的器官，角膜中含有丰富的末梢神经，对外界异物刺激极为敏感。眼球质地脆弱，轻微外力易使其破裂。

(3) 三角区。面部鼻根以下、鼻尖以下、鼻两侧至嘴角外的三角区域为鼻、面三角区。

鼻部的骨为软骨，结构脆弱；鼻表面和鼻腔内缺乏皮下组织，损伤时疼痛十分剧烈；鼻骨两侧有两块很小的泪骨，泪骨薄而脆，压迫泪骨，鼻翼酸痛。鼻腔周围有很多含气的骨性腔窦如鼻窦，鼻窦外通鼻腔，并与颅腔相通。在鼻面三角区内，神经、血管分布极为丰富，尤以静脉血管较多。

(4) 耳门。耳既是听觉感受器又是位觉感受器，因此耳又叫位听器。打击耳部轻则可以击穿耳膜、损害平衡机能，重则使人昏迷造成脑脊液耳漏，甚至死亡。

(5) 耳根部。耳根部即耳垂后根部，在耳垂后，下颌角以上，颞骨乳突以下的凹陷处。靠近颅腔底部及颅底与脊柱深层的颅腔内是脑干与脊髓连接的延髓。耳根部皮下缺少皮下组织、肌肉，皮肤极薄。

(6) 脑枕部。脑枕部是指后脑枕骨粗隆上下这一部位。脑脊液在后脑缓冲余地较小，分流效果较差。此处对外力冲击的缓冲能力较差，外力作用易造成脑震荡和对冲性损伤。

(7) 下颌角，又称颌下三角区。颌下三角区是下颌底部的下颌骨下缘与下颌支前缘及上部颈根之间围成的一个三角区。打击下颌角可直接形成颅底部损伤。

2. 颈部易受损部位：颈部上连头部，下连躯干，是人体重要的神经通道、呼吸通道和血液循环通道。颈部有很多要害器官，包括颈后枕下三角区、颈侧颈动脉三角区、颈前喉结和咽喉。

(1) 颈后枕下三角区。是指颈后发际以上，枕骨粗隆以下，颅、颈交界部位，深层为脑干。颈椎受牵引后易产生骨折、脱位等。颈后枕下三角区内有两条重要的动脉血管即椎动脉和枕动脉。椎动脉沿颈椎上行，经枕骨大孔入颅腔，向颅内供血。

(2) 颈侧颈动脉三角区。颈侧颈动脉三角区位于胸锁乳突肌前缘的颈内三角中。颈动脉鞘与颈动脉三角处接近皮下，颈总动脉向上分支的部位，距喉结左右 5~6 厘米处有一压力感受装置，叫颈动脉窦。正常情况下，它不断感受血压的变化，传递冲动入延髓，刺激迷走神经中枢，使心跳变慢或变快，维持血压相对稳定。颈动脉窦对外界压力十分敏感，受到 2 千克压力，就可能导致反射性心跳停止。

（3）迷走神经。与颈总动脉平行排列，起始于延髓呼吸和心跳中枢，下至肺和心脏，对心脏和呼吸产生双重抑制作用。

（4）喉结。成年男性，在颈部正中，突出于皮下，是肺脏与外界进行气体交换的通气要道。喉结上方有喉上神经等迷走神经分支。

（5）咽喉。在颈部前面，两锁骨内侧，胸骨柄上缘有一凹陷处，内有下行的无名静脉、气管、食道及膈神经和迷走神经分支。此处受到外伤，可使无名静脉、气管、迷走神经和膈神经同时受到压迫，并可因呼吸受阻，静脉回流受阻，脑缺氧和神经反射作用，引起窒息或昏迷。

3. 胸部易受损部位如下。

(1) 胸壁心前区。胸壁心前区是心脏在胸部的投影位置。心前区是胸壁最薄弱的部分，肋骨前后端固定，活动度很小，缓冲力差，易发生骨折。暴力打击也易造成心脏的震荡。

(2) 胸壁心后区。胸壁心后区是心脏在后胸壁的投影，在后胸两肩胛骨之间，5~8 肋偏左的部位。心后区内的脊髓胸段是交感神经的低级中枢部位。

4. 腰腹部易受损的部位：腰腹部是指胸腔以下的躯干部位。薄弱部位与腹腔脏器有一定关系，包括腹前三角区、左软肋、腰肾部、腰椎和会阴。

(1) 腹前三角区。在上腹部中区，胸骨剑突以下，两侧肋弓由上向下、由内向外斜行，形成了一个以两侧肋骨边缘为界，下口开放的三角区。腹部神经极为丰富，交感神经和副交感神经形成很多神经丛，打击可使人产生剧痛，不能呼吸，不能直立，腹肌痉挛，瘫倒甚至昏迷。紧贴于腹壁是胃，胃的血管十分丰富，受打击易出血。胃上壁分布有迷走神经和腹腔神经丛，暴力击中，不仅剧痛，还可反射性引起心、肺活动障碍。在胃充盈时，打击易造成胃破裂。

(2) 左软肋。左软肋是指腹部脾区，即上腹左侧肋弓处。脾是腹腔内最脆弱的器官，遭打击最易破裂。同时由于脾储存血液，破裂后很快因失血死亡。

(3) 右软肋。右软肋是指上腹部肝区，即上腹部右侧肋弓处。肝脏质脆易破裂，仅次于脾脏。

(4) 腰肾部。腰肾部是指腹后壁肾区，其范围在腹后壁、脊柱两侧，上至 11 肋缘，下至髂骨嵴。打击腰肾部可造成肾挫伤、肾破裂或肾蒂撕裂。

(5) 腰椎。腰椎连接部最薄弱，打击易造成上位腰椎骨折或脱位，导致下肢瘫痪。

(6) 会阴。会阴处不仅有生殖器，而且神经血管分布十分密集。男性此处被打击后睾丸易破裂，疼痛休克而死亡；女性此处被打击易致外阴出血并剧痛休克。

5. 上下肢易受损部位如下。

(1) 锁骨。锁骨是 S 形长骨，横架在胸骨和肩胛骨之间，骨体两端固定，中间悬空。中段较薄弱，易骨折。

(2) 肱骨。上壁肱骨为典型的管状长骨。其上端较粗，为圆形，中段 1/3 以下逐渐变细，肱骨下端变薄，并稍向前倾斜。肱骨中 1/3 处和下端是肱骨最易受伤的部位。

(3) 前臂骨。桡尺骨中段为薄弱部位，易受伤。

(4) 胫骨。中段 1/3 最为细弱，易受伤。

(5) 肩关节。肩关节是全身灵活性最好、稳定性最差、最不牢固的关节，对旋转的抵抗力较差。

(6) 肘关节。肘关节结构复杂，是一个比较脆弱的关节。

(7) 腕部。腕部桡骨下端皮下几毫米处有桡动脉，锐器作用此处，可造成桡动脉破裂出血。

(8) 腹股沟。大腿内侧腹股沟是下肢神经和血液循环的重要通路。锐器作用此处，可能伤及腹神经或股动脉、股静脉。

三、神经系统

神经系统由中枢神经和周围神经组成。中枢神经由脑、脊髓组成。周围神经由脑神经、脊神经和自主神经及各种神经节组成。大脑是中枢神经系统的最高级部分，是人类进行思维活动和其他机能活动的重要器官。中枢神经系统接收和分析来自全身所有部位的信息。

神经系统由中枢部分及其外周部分所组成。中枢部分包括脑和脊髓，分别位于颅腔和椎管内，两者在结构和功能上紧密联系，组成中枢神经系统。外周部分包括 12 对脑神经和 31 对脊神经，它们组成外周神经系统。外周神经分布于全身，把脑和脊髓与全身其他器官联系起来，使中枢神经系统既能感受内外环境的变化（通过传入神经传输感觉信息），又能调节体内各种功能（通过传出神经传达调节指令），以保证人体的完整统一及其对环境的适应。神经系统的基本结构和功能单位是神经元（神经细胞），而神经元的活动和信息在神经系统中的传输则表现为一定的生物电变化及其传播。例如，外周神经中的传入神经纤维把感觉信息传入中枢，传出神经纤维把中枢发出的指令信息传给效应器，都是以神经冲动的形式传送的，而神经冲动就是一种称为动作电位的生物电变化，是神经兴奋的标志。

神经系统在维持机体内环境稳定，保持机体完整统一性及其与外环境的协调平衡中起着主导作用。在社会劳动中，人类的大脑皮层得到了高速发展和不断完善，产生了语言、思维、学习、记忆等高级功能活动，使人不仅能适应环境的变化，而且能认识和主动改造环境。内、外环境的各种信息，由感受器接受后，通过周围神经传递到脑和脊髓的各级中枢进行整合，再经周围神经控制和调节机体各系统器官的活动，以维持机体与内、外界环境的相对平衡。

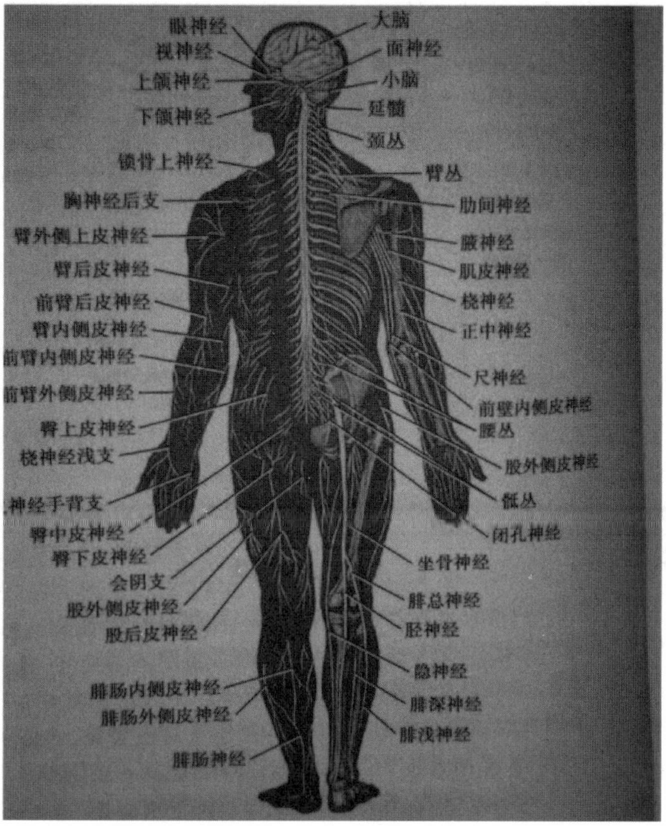

图 3-13　神经分布示意图

（一）神经系统分类

神经系统在形态上和机能上都是完整的不可分割的整体，为了学习方便，可从不同角度将其区分。

按位置功能区分：

1. 中枢神经系统包括位于颅腔内的脑和位于椎管内的脊髓。

（1）脑是中枢神经系统的头端膨大部分，位于颅腔内。人脑可分为端脑、间脑、中脑、脑桥、小脑和延髓六个部分。通常把中脑、脑桥和延髓合称为脑干，延髓向下经枕骨大孔连接脊髓。脑的内腔称为腔室，内含脑脊髓液。端脑包括左、右大脑半球。每个半球表层为灰质所覆叫大脑皮质。人类的大脑皮质在长期的进化过程中高度发展，它不仅是人类各种机能活动的高级中枢，也是人类思维和意识活动的物质基础。

同时，大脑皮质是神经系统的最高中枢，其不同部位具有不同功能，有管理躯体运动的区域，如中央前回的运动区、颞叶的听区、枕叶的视区等。大脑皮质通过两条下行路径管理躯体运动，即锥体系与锥体外系。前者发动运动，后者协调运动。此外，大脑皮质边缘叶为调节内脏活动的主要部位。在高等动物中，条件反射主要是大脑皮质的功能。

小脑与低位脑干有双向纤维联系，因此，小脑可以调节躯体运动，并与前庭核、红核等共同调节肌紧张，调节躯体反射活动。小脑与大脑皮质也有双向纤维联系，因而小脑对随意动作起着调节作用，使动作的力量、快慢与方向得到精准的控制。

脑干是脊髓与大脑间的上下通路。脑干中存在许多反射中枢。延髓内有调节呼吸、循环等活动的基本生命活动中枢，还有调节躯体运动反射的重要中枢。脑桥中存在角膜反射中枢。中脑上丘为视觉反射中枢，下丘为听觉反射中枢，红核是姿势反射的重要中枢。

⑵ 脊髓是呈前后扁的圆柱体，位于椎管内，上端在平齐枕骨大孔处与延髓相续，下端终于第 1 腰椎下缘水平。脊髓前、后面的两侧发出许多条细的神经纤维束，叫作根丝。一定范围的根丝向外方集中成束，形成脊神经的前根和后根。前、后根在椎间孔处合并形成脊神经。脊髓以每对脊神经根根丝的出入范围为准，划分为 31 个节段，即颈髓 8 节（C1-8），胸髓 12 节（T1-12），腰髓 5 节（L1-5），骶髓 5 节（S1-5），尾髓 1 节（Co1）。

2. 周围神经系统联络于中枢神经和其他各系统器官之间，包括与脑相连的 12 对脑神经和与脊髓相连的 31 对脊神经，按其所支配的周围器官的性质可分为分布于体表和骨骼肌的躯体神经系和分布于内脏、心血管及腺体的内脏神经系。

周围神经的主要成分是神经纤维。将来自外界或体内的各种刺激转变为神经信号向中枢内传递的纤维称为传入神经纤维，由这类纤维所构成的神经叫传入神经或感觉神经；向周围的靶组织传递中枢冲动的神经纤维称为传出神经纤维，由这类神经纤维所构成的神经称为传出神经或运动神经；分布于皮肤、骨骼肌、肌腱和关节等处，将这些部位所感受的外部或内部刺激传入中枢的纤维称为躯体感觉纤维；分布于内脏、心血管及腺体等处并将来自这些结构的感觉冲动传至中枢的纤维称为内脏感觉纤维；分布于骨骼肌并支配其运动的纤维叫躯体运动纤维；而支配平滑肌、心肌运动以及调控腺体分泌的神经纤维叫作内脏运动纤维，由它们所组成的神经叫作植物性神经。

按分布对象区分：

神经系统可分为躯体神经系统和内脏神经系统（自主神经系统，它们的中枢部都在脑和脊髓，周围部分分别称为躯体神经和内脏神经。

1. 躯体神经主要分布于皮肤和运动系统（骨、骨连结和骨骼肌），管理皮肤的感觉和运动器的感觉及运动。

2. 内脏神经主要分布于内脏、心血管和腺体，管理它们的感觉和运动。

两种神经都含有感觉（传入）神经和运动（传出）神经，内脏运动神经又根据其功能分为交感神经和副交感神经。

（二）脊神经

脊神经共 31 对，计有颈神经 8 对、胸神经 12 对、腰神经 5 对、骶神经 5 对、尾神经 1 对。

脊神经由与脊髓相连的前根和后根在椎间孔合并而成。前根属运动性，由位于脊髓灰质前角和侧角（侧角位 C8—L3 节段）及骶髓副交感核（S2-4）的运动神经元轴突组成。后根属感觉性，由脊神经节内假单极神经元的中枢突组成。脊神经节是后根在椎间孔处的膨大部，为感觉性神经节，主要由假单极神经元胞体组成。

脊神经出椎间孔后立即分为前支和后支。此外，脊神经还分出一支很细小的脊膜返支，经椎间孔返入椎管，分布于脊髓膜。脊神经后支一般都较细小，按节段地分布于项、背、腰、骶部深层肌肉及皮肤。脊神经前支粗大，分布于躯干前外侧部和四肢的皮肤及肌肉。

人类除胸神经前支保持着明显的节段性外，其余脊神经的前支则交织成丛，然后再分支分布。脊神经前支形成的丛计有颈丛、臂丛、腰丛和骶丛。

1. 颈丛。

颈丛由第 1~4 颈神经前支组成。它发出皮支和肌支。皮支分布到颈前部皮肤；肌支分布于颈部部分肌肉（颈部深肌）、舌骨下肌群和肩胛提肌。其中，最主要的是膈神经，为混合性神经，它由第 3~5 颈神经前支发出，下列穿经胸腔至膈肌，主要支配膈肌的运动以及心包、部分胸膜和腹膜的感觉。

2. 臂丛。

臂丛由第 5~8 颈神经前支和第 1 胸神经前支的大部分组成。先位于颈根部，后伴锁骨下动脉经斜角肌间隙和锁骨后方进入腋窝。其间几经相互编织，可分为根、干、股、束四段，并发出许多分支。在腋窝臂丛形成三个束，即外侧束、内侧束和后束，包绕腋动脉。

臂丛的分支很多，其主要分支如下。

(1) 肌皮神经。

肌皮神经自外侧束发出，支配着臂前群肌和前臂外侧的皮肤。

(2) 正中神经。

正中神经由内侧束和外侧束各发出一根合成，支配前臂前群肌的大部分，手鱼际肌及手掌面桡侧三个半指的皮肤。

(3) 尺神经。

尺神经由内侧束发出，支配前臂前群肌的靠尺侧的小部分肌肉，手小鱼际肌和手肌中间群的大部分以及手掌面尺侧一个半指和手背面尺侧两个半指的皮肤。

(4) 桡神经。

桡神经发自后束，支配臂及前臂后群肌、臂及前臂背侧面皮肤和手背面桡侧两个半指的皮肤。

(5) 腋神经。

腋神经由后束发出，支配三角肌、小圆肌及三角肌区和臂外侧面的皮肤。

(6) 胸神经前支。

胸神经前支共 12 对，其中第 1~11 对胸神经前支位于相应的肋间隙中，称肋间神经；第 12 对胸神经前支位于第 12 肋下缘，叫肋下神经。下 6 对胸神经前支除支配相应的肋间肌及皮肤外，还支配腹前、外侧壁的肌肉和皮肤。

3. 腰丛。

腰丛由第 12 胸神经前支的一部分，第 1~3 腰神经前支和第 4 腰神经前支的一部分组成，位于腰椎两侧，腰大肌的深面，其主要分支如下。

(1) 股神经。

股神经经腹股沟韧带深面下行至股部，支配股前群肌和肌前部、小腿内侧部和足内侧缘的皮肤。

(2) 闭孔神经。

闭孔神经经小骨盆穿闭膜管至股内侧部，支配股内收肌群及股内侧面的皮肤。

4. 骶丛。

骶丛由第 4 腰神经前支的一部分与第 5 腰神经前支合成的腰骶干以及骶、尾神经的前支编织而成，位于骶骨和梨状肌前面，分支分布于会阴部、臀部、股后部、小腿和足的肌肉与皮肤。其主要分布如下。

（1）坐骨神经。

坐骨神经自梨状肌下孔出骨盆腔后，经臀大肌深面至股后部，在腘窝上方分为胫神经和腓总神经。沿途发出肌支支配股后群肌。

（2）胫神经。

胫神经为坐骨神经的延续，在腘窝下行至小腿后部，分支支配小腿后群肌、足底肌以及小腿后面、足底和足背外侧的皮肤。

（3）腓总神经。

腓总神经沿窝外侧壁绕过腓骨颈下行至小腿前区，支配小腿前群肌、外侧群肌以及小腿外侧面、足背和趾背的皮肤。

（三）脑神经

神经与脑相连，自颅腔穿过颅底的孔、裂、管出颅，共 12 对。其名称为：Ⅰ嗅神经、Ⅱ视神经、Ⅲ动眼神经、Ⅳ滑车神经、Ⅴ三叉神经、Ⅵ展神经、Ⅶ面神经、Ⅷ前庭蜗神经、Ⅸ舌咽神经、Ⅹ迷走神经、Ⅺ副神经及Ⅻ舌下神经。其中Ⅰ、Ⅱ、Ⅷ为感觉性神经，Ⅲ、Ⅳ、Ⅵ、Ⅺ、Ⅻ主要为运动性神经，Ⅴ、Ⅶ、Ⅸ、Ⅹ为混合性神经。

（四）神经系统的活动方式

神经系统的功能活动十分复杂，但其基本活动方式是反射。反射是神经系统对内、外环境的刺激所作出的反应。

反射活动的形态基础是反射弧。

反射弧的基本组成：感受器→传入神经→神经中枢→传出神经→效应器。

反射弧中任何一个环节发生障碍，反射活动将减弱或消失。

反射弧必须完整，缺一不可。脊髓能完成一些基本的反射活动。

（五）神经系统主要功能

神经系统分为中枢神经系统和周围神经系统两大部分。中枢神经系统包括脑和脊髓。脑和脊髓位于人体的中轴位，它们的周围有头颅骨和脊椎骨包绕。这些骨头质地很硬，在人年龄小时还富有弹性，因此可以使脑和脊髓得到很好的保护。脑分为端脑、间脑、小脑和脑干四部分。大脑还分为左右两个半球，分别管理人体不同的部位。脊髓主要是传导通路，能把外界的刺激及时传送到脑，然后再把脑发出的命令及时传送到周围器官，起到了上通下达的桥梁作用。周围神经系统包括脑神经、脊神经和植物神经。脑神经共有 12 对，主要支配头面部器官的感觉和运动。人能看到周围事物，听见声音，闻出香臭，尝出滋味，以及有喜怒哀乐的表情等，都必须依靠这 12 对脑神经的功能。脊神经共有 31 对，其中包括颈神经 8 对，胸神经 12 对，腰神经 5 对，骶神经 5 对，尾神经 1 对。脊神经由脊髓发出，主要支配身体和四肢的感觉、运动和反射。植物神经也称为内脏神经，主要分布于内脏、心血管和腺体。心跳、呼吸和消化活动都受它的调节。植物神经分为交感神经和副交感神经两类，两者之间相互桔抗又相互协调，组成一个配合默契的有机整体，使内脏活动能适应内外环境的需要。脑是按对侧支配的原则来发挥功能的，此外，左、右侧脑还有各自侧重的分工。如左脑主要负责语言和逻辑思维，右脑负责艺术思维等。

【常用术语】

在中枢和周围神经系统中，神经元的胞体和突起因聚集部位和排列方式不同而有不同的术语：

1. 灰质：在中枢神经系统内，神经元的胞体连同其树突集中的部位，色泽灰暗称其为灰质。位于大脑和小脑表层的灰质分别称大脑皮质和小脑皮质。

2. 白质：在中枢神经系统内，神经元轴突集中的部位，因多数轴突具有髓鞘，颜色苍白，称为白质。小脑深部的白质分别称大脑髓质和小脑髓质。

3. 神经核：在中枢神经系统内，包埋在白质内的灰质团块，内有形态和功能相同的神经元胞体，称为神经核。

4. 神经节：是神经元胞体在周围的集中部位，外面为结缔组织所包绕，并与一定的神经相联系。根据节内神经元的功能又可分为感觉性神经节和植物性神经节。感觉性神经节为感觉神经元胞体的聚集地，例如脊神经后根节、三叉神经半月节等。植物性神经节由交感或副交感神经的节后神经元胞体集中所形成。

5. 神经：在周围神经系统中，神经纤维集合成大小、粗细不等的集束，由不同数目的集束再集合成一条神经。在每条纤维、每个集束及整条神经的周围，都包有结缔组织被膜，分别称为神经内膜、神经束膜和神经外膜。

6. 纤维束：在中枢神经系统白质内，起止、行程和功能相同的神经纤维集聚成束，称纤维束或传导束。

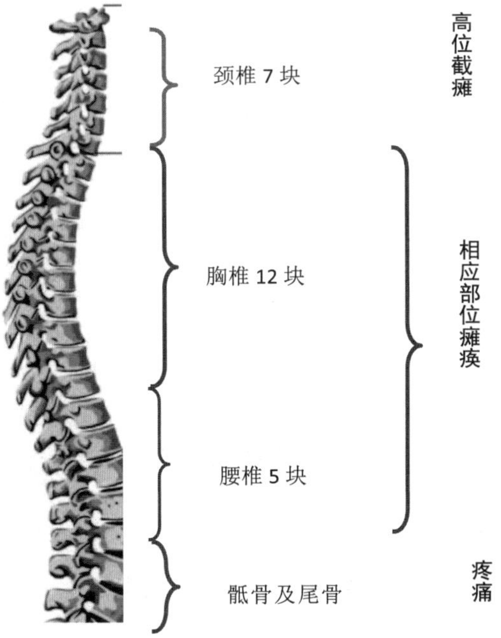

图 3-14　脊柱骨折造成的脊髓损伤示意图

【练习题】

一、单选题

1. 正常成人每分钟呼吸频率为（　　）次。

A. 16~20　　B. 10~15　　C. 20~25

2. 正常成人脉搏每分钟为（　　）次。

A. 40~55　　B. 60~100　　C. 100~120

3. 现场急救应优先转运（　　）。

A. 已死亡的病人

B. 伤情严重但救治及时可以存活的伤员

C. 经救护后伤情已基本稳定的伤员

4. 创伤急救必须遵守"三先三后"的原则，对窒息或心跳呼吸刚停止不久的病人应该（　　）。

A. 先复苏后搬运

B. 先送医院后处置

C. 先搬运后复苏

5. 创伤急救，必须遵守"三先三后"的原则，对出血病人应该（　　）。

A. 先止血后搬运

B. 先送医院后处置

C. 先搬运后止血

6. 创伤急救，必须遵守"三先三后"的原则，对骨折病人应该（　　）。

A. 先搬运后止血

B. 先固定后搬运

C. 先送医院后处置

7. 下列哪项不是现场急救原则（　　）。

A. 先排险后施救　　B. 先救命后治伤

C. 先重伤后轻伤　　D. 先疏导后救伤

8. 在现场对伤员进行急救标识时，黄色标记是指（　　）。

A. 病伤严重危及生命　　B. 伤轻可行走

C. 病伤较严重　　D. 死亡病（伤）员

9. 不属于"三先三后"救护原则的是（　　）。

A. 先复苏、后搬运　　B. 先止血、后搬运

C. 先固定，后搬运　　D. 先包扎，后搬运

10. 灾难现场可自行走动、没有严重创伤的患者应属于哪一种分类标准（　　）。

A. 红色　B. 绿色　C. 黄色　D. 黑色　E. 白色

11. 现场急救的四项技术是指（　　）。

A. 清创　包扎　固定　搬运　B. 无菌　清创　包扎　固定

B. 止血　包扎　固定　搬运　D. 止血　清创　固定　搬运

12. 病情严重程度可应用颜色表示，正确通用的标识是（　　）。

A．红色表示危重，黄色为重症，绿色为轻症，黑色表示死亡
B．黄色表示危重，红色为重症，绿色为轻症，黑色表示死亡
C．红色表示危重，绿色为重症，黄色为轻症，黑色表示死亡
D．绿色表示危重，红色为重症，黄色为轻症，黑色表示死亡
E．黑色表示危重，绿色为重症，黄色为轻症，红色表示死亡
13. 在等待救援时，保存体力的方法有（　　）。
A. 没有听到救援的声音时，不大声呼救
B. 不管是否听到救援的声音，都要呼救
C. 听到救援的声音时也不必呼救
14. 当无力呼救或外面的人听不到呼救时，可以（　　）。
A. 用石块或铁具敲击金属管子或墙壁
B. 用双手握拳打击金属管子或墙壁
C. 用石块或铁具敲击木板或塑料物品
15. 在废墟中为了维持生命，等待救援，要想方设法寻找（　　）。
A. 铁锹、铁镐等能清除废墟的物品
B. 水和食物，必要时可以用自己的尿液应急
C. 衣物、被褥等能保暖的物品
16. 抢救幸存者时，要先使其（　　）。
A. 头部暴露出来，并迅速清除口鼻内的灰土，防止窒息
B. 手脚暴露出来，以便协助抢救
C. 全身都暴露出来，以便检查受伤情况
17. 对于埋压时间较长的幸存者，要先喂（　　）。
A. 大量矿泉水，以补充体内水分的丢失
B. 糖类和肉类，以尽快恢复体力
C. 适量含盐饮料，不可马上给予大量食物
18. 幸存者若长时间被困在黑暗的废墟中，抢救出来时，应（　　）。
A. 让幸存者尽快见到阳光，有助于恢复正常视力
B. 给幸存者用保护视力的眼药，可防止紫外线照射
C. 将幸存者的眼睛蒙住，避免强烈光线刺激
19. 对抢救出来的受伤者，应首先（　　）。
A. 给予充足的饮食和衣物再送医院
B. 得到亲友的陪伴和照料再进行抢救和治疗
C. 采取各种适当的方法进行现场救护再送医院
20. 对受伤人员进行急救的第一步应该是（　　）。
A. 观察伤者有无意识
B. 对出血部位进行包扎
C. 进行心脏按摩

21. 以下（　　）症状应判断为伤者无呼吸。

A. 胸部有起伏，但口鼻处感受不到空气进出

B. 感到伤者呼吸急促

C. 感受伤者口鼻处空气进出较弱

22. 急救人员到达创伤现场后，首要的任务是（　　）。

A. 安全地运送　　B. 除去正在威胁病人生命的因素　　C. 骨折固定

23. 以下情况不应终止评估过程的是（　　）。

A. 呼吸道梗阻　　B. 心搏骤停　　C. 神志不清

24. 导致多发伤病人死亡的首要因素是（　　）。

A. 颅脑损伤　　B. 胸部损伤　　C. 四肢骨盆、脊柱脊髓损伤

25. 最常见的胸部外伤是（　　）。

A. 气胸　B. 血胸　　C. 单纯肋骨骨折　　D. 心肌挫伤

二、判断题

1. 现场伤员急救的标记用黄色标记伤情严重，表示无危及生命。（　　）

2. 在骨折现场，发现伤员休克或昏迷时，应先抢救生命，再处理骨折。（　　）

3. 如果引起外伤的机制复杂而严重，可确定病人需要优先处理。（　　）

4. 老年外伤病人需要优先处理。（　　）

5. 经初步病情评估及快速全身外伤检查发现病人有骨盆不稳定情况，应立即运送病人到医院。（　　）

6. 经初步病情评估及快速全身外伤检查发现病人腹部明显膨隆且有压痛，应立即运送病人到医院。（　　）

7. 经初步病情评估及快速全身外伤检查发现病人有双侧股骨骨折，应立即运送病人到医院。（　　）

8. 在伤员急救过程中，如果急救人员有限，要分清主次，对危及生命的重大受伤首先处置，一般小伤放在后面处理。（　　）

9. 要尽量避免在现场对伤员进行急救，而应及时去医院救治。（　　）

10. 创伤现场救护的目的是缝合伤口、骨折复位。（　　）

11. 当病人牙关紧闭不能张口或口腔有严重损伤者可改用口对鼻人工呼吸。（　　）

12. 昏迷伤员的舌后坠堵塞声门，应用手从下颌骨后方托向前侧，将舌牵出使声门通畅。（　　）

13. 人员受伤后必须在原地检伤，实施包扎、止血、固定等救治后再搬运。（　　）

14. 呼吸心跳骤停者，应先行心肺复苏术，然后再搬运。（　　）

15. 创伤急救时到达现场后首先应该评估现场的安全性。（　　）

16. 如果病人不能说话或是意识不清，应该立即评估呼吸道情况。（　　）

三、简答题

1. 简答创伤急救的原则。

2. 简答创伤急救的流程。

四、检伤分类实例练习

案例	检伤分类
右膝骨折，右小腿肤色呈青白色，有动脉搏动	
哮喘病人发作，使用喷雾剂后，呼吸每分钟 22 次	
男，40 岁，右胸开放性伤口并可见肺组织，呼吸每分钟 40 次	
创伤性鼻出血已止血，能行走	
男，20 岁，躯体烧伤，未见头颈部伤	
面部严重外伤，有 2 厘米伤口，气道呼吸正常，能行走	
右大腿被金属贯穿，有动脉搏动	
男，52 岁，头面部烧伤，咳嗽，呼吸每分钟 32 次	
右踝扭伤，不能行走	

第二节　现场止血技术

【案例导入】

1. 某大学生，男，暑假和女朋友出去旅游。晚上在景区散步，遇到歹徒将刀子捅向该男生的大腿根部。他们立即呼叫 120 急救电话，等到专业人员赶到，将其送往医院不到半小时，该男生抢救无效死亡。

2. 某患者，男性，23 岁，打篮球时不慎跌伤，出现面色苍白，大汗，头顶部出血不止，右前臂中段肿胀畸形；肢端血液循环良好，无麻木现象，左肘部擦伤、渗血。

以上案例提示我们什么？

【学习目标】

掌握创伤出血现场常用的止血技术。

【任务描述】

在各类创伤中，常常有外伤出血。出血是创伤的突出表现，因此，止血是创伤现场救护的基本任务。有效地止血能减少出血，是挽救生命、降低死亡率，为病人赢得进一步治疗时间的重要技术。现场救护条件较差，如何能因地制宜取材，而且使用的止血方法又不会伤及肢体引起二次损伤？通过本任务的训练，使学生根据止血原理，能在现场灵活运用止血法有条不紊地实施救护，达到救治伤者的目的。

【相关知识】

创伤造成血管破损，血液流出，是外伤后早期致死的主要原因。正常成人的血液约占体重的 8% 左右，即 60~80ml/kg。以一个健康的成人为例，一个体重 60kg 的人，血液为 4800ml（60kg*80ml=4800ml）。如外伤出血时，当出血量达到总血量的 20% 时，出现脸色发青、肢体发冷、口唇发绀、脉搏细弱或触摸不到、呼吸急促、表情淡漠或烦躁不安等休克症状。出血量达到总血量的 40% 时，病人有生命危险。当病人有出血时，首先就要进行紧急止血，防止大量出血引起休克甚至出现生命危险。因此，掌握出血的特点和性质对现场紧急止血至关重要。

一、出血的特点和性质

（一）按出血部位分类

1. 内出血：指组织或器官的出血，血液由破损的血管流入组织或器官、体腔内，体表完整，看不到出血情况，常见坠落伤、碰撞伤、钝器物体伤及身体而引起的损伤。

2. 外出血：皮肤的完整性受到破坏，血液由皮肤受损处流出体外，常见刀割伤、刺伤、枪弹伤。

（二）按损伤的血管性质分类

1. 动脉出血：出血呈喷射状，流速快，出血量大，血色为鲜红色，危险性大。

2. 静脉出血：血液从伤口不停流出（或徐徐外流），出血量中等，颜色为暗红色，相对紧急，危险性小于动脉出血。

3. 毛细血管出血：血液从伤口处渗出或滴出，出血量小，颜色为鲜红色，危险性小。

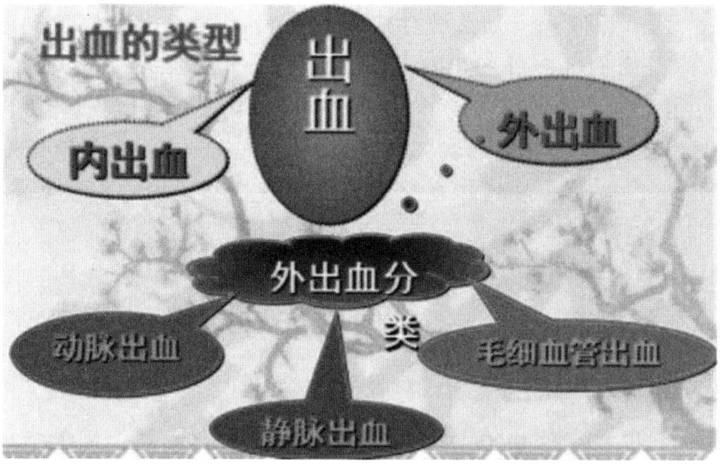

图 3-15　出血的类型

二、失血的表现

失血量	病人的表现	失血后果
小于 5%（200~400 ml）	能自动代偿，无异常表现	可自动代偿
大于 20%（800~1000 ml）	面色苍白，呼吸脉搏增快，肢体湿冷进入休克	进入休克状态
大于 40%（2000 ml）	心慌、呼吸增快、无脉搏、严重休克甚至死亡	由休克发展为死亡

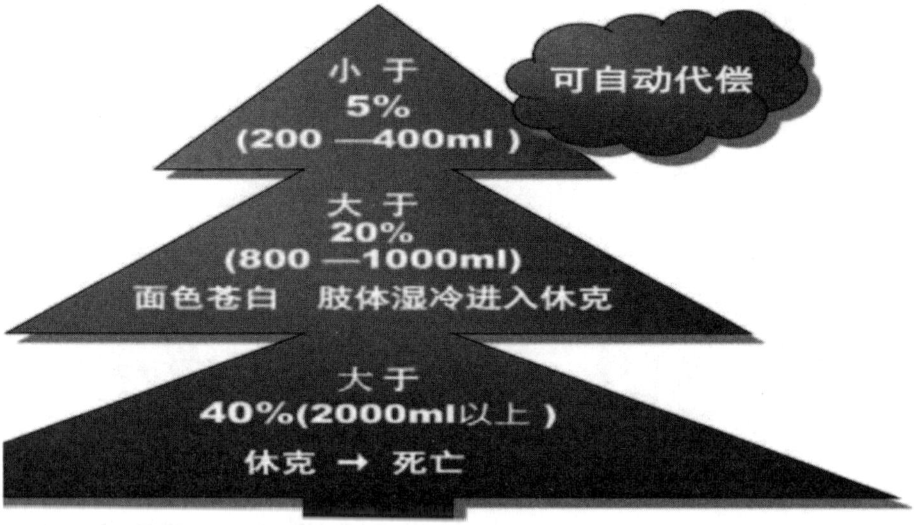

图 3-16 出血量与病人表现

三、止血目的

止血的目的是控制出血、防止休克、挽救生命。

急性大出血是人体受伤后早期致死的主要原因。中等口径血管损伤出血，可导致或加重休克。当大动脉出血时，如颈动脉、锁骨下动脉、腹主动脉、股动脉等出血，可于2~5 分钟死亡。因此，当人体受到外伤时，首要的应确保呼吸道通畅和当即采取有效的止血措施，防止因急性大出血而导致休克，甚至死亡。

四、止血方法

为更加适应现场及时、有效地抢救外伤出血伤员的需要，介绍以下几种简便可行、有效的止血方法。

创伤出血常用的止血方法有四种。

1. 指压止血法。
2. 加压包扎止血法。
3. 止血带止血法。
4. 屈肢加垫止血法。

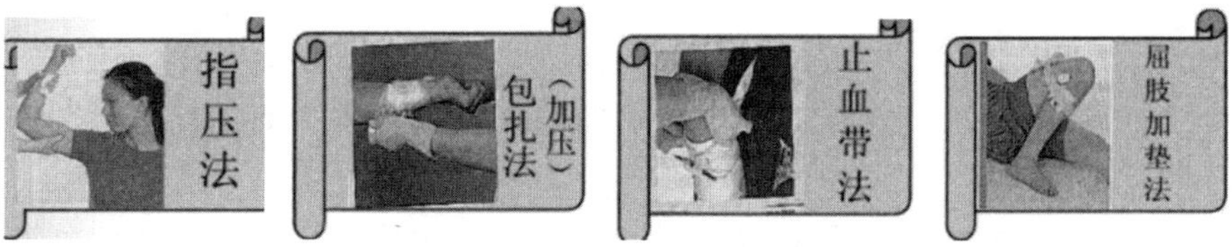

图 3-17 常用止血法

五、止血材料

常用的止血材料有绷带、敷料、三角巾、止血带。就地取材可用毛巾、手绢、领带、衣物等。

禁用材料：铁丝、电线、绳子等。因为这些材料没有弹性，严重者造成肢体坏死。

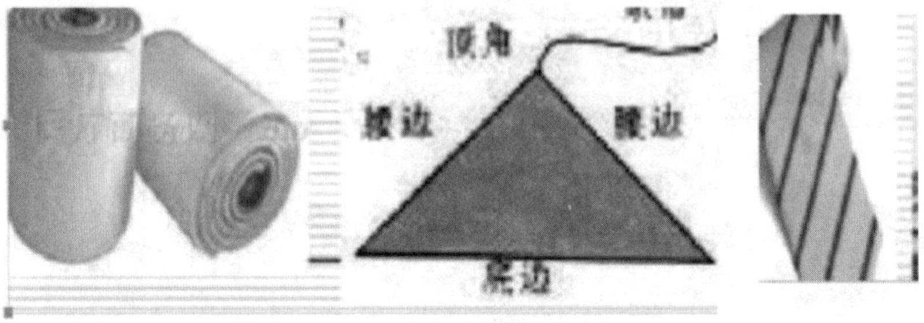

绷带　　三角巾　　领带

图 3-18　止血材料

【任务小结】

出血是创伤后致死的主要原因。出血是创伤现场突出的表现，止血是创伤现场基本技术之一，现场采取紧急、及时有效的止血，能减少伤残，降低死亡率。出血按血管性质分动脉出血、静脉出血和毛细血管出血。按出血部位分内出血和外出血。在现场常用的止血方法有直接压迫（指压）止血法、加压包扎止血法、止血带止血法和屈肢加垫止血法。

任务一 指压止血法

【相关知识】

指压止血法是创伤现场急救中常用的一种止血方法，能快速、便捷、有效地止血。在现场急救中无论是大出血还是一般性出血，首先使用指压止血法，再根据病人的受伤情况，联合使用其他方式的止血方法。如是四肢受伤出血，止血时要抬高肢体，使其高于心脏水平，促进血液回流，减少出血量。

一、指压止血法分类

包括直接按压止血法和间接压迫止血法。

1. 直接按压止血法。用敷料或现场较干净的衣物、毛巾等物品直接盖在伤口上，用手按压达到止血的作用。

2. 间接压迫动脉止血法。用手指把伤口近心端的动脉压在骨头上，将血管压闭，阻断血流达到止血的目的。

二、指压止血法操作要点

1. 抬高受伤肢体，促进血液回流。
2. 准确掌握动脉压迫点。
3. 压迫力量适中，以伤口不出血为宜。
4. 压迫伤口 10-15 分钟，仅用于紧急急救出血。

顶角 系带

三、指压止血法的优点和缺点

腰边 腰边

（一）优点

是一种简单有效的止血方法，用于处理较为紧急的动脉出血，只需要一双手就能达到止血的目的。

底角 底边 底角

（二）缺点

是现场急救中临时使用的一种止血方法，持续时间短，止血时间不宜持久，往往需要配合其他止血方法。

【任务实施】

一、直接按压止血法

适用于比较小的伤口，如体表毛细血管、静脉和小动脉出血。

方法：戴上防护用品，在伤口上垫上敷料或用品，用手直接按压伤口处。按压 10 分钟左右，如不能止血，应配合其他止血方法。

二、间接压迫止血法

适用于浅表的动脉出血如头颈部和四肢。

方法：用食指找到伤口的血液供应的动脉搏动点，用拇指将动脉压在骨骼上，使血管闭塞、血液中断而达到止血目的。

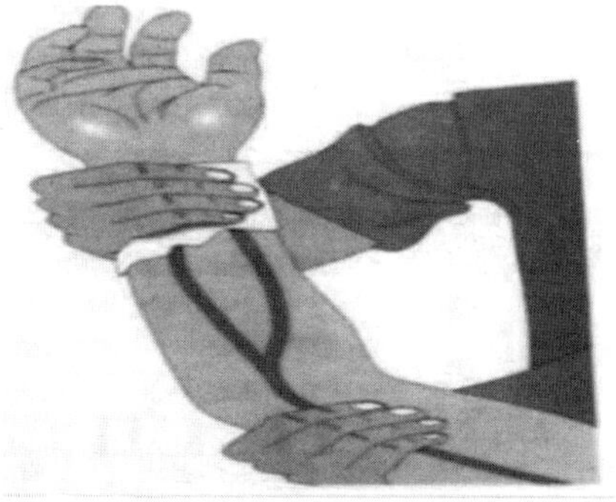

图 3-19　间接压迫止血法

实训项目 间接压迫止血法

实训时间	实训授课 2 学时，共计 90 分钟，学员操作练习 45 分钟，考核测试 45 分钟				
实训目的	通过操作练习掌握间接压迫止血法				
实训方法	1. 示范讲解和观看视频 2. 学员分为 2 人一组进行操作练习，然后互换角色				
实训内容与操作要求	出血部位	压迫动脉名称	压迫方向	止血部位	止血方法
	头顶部、额、颞部出血	颞浅动脉	颞骨	同侧耳屏前上方凹陷处	一手拇指将颞动脉压向骨骼处，另一手按住伤者头部，以固定病人头部
	面部出血	面动脉	下颌骨	下颌角前约 1.5cm 处	一手拇指将面动脉压向骨骼处，另一手按住伤者头部，以固定病人头部
	头后部出血	枕动脉	枕骨	耳后乳突下稍外侧	一手拇指将枕动脉压向骨骼处，另一手按住伤者头部，以固定病人头部
	一侧头面部出血	颈总动脉	颈椎	气管与胸锁乳头肌之间（喉结处旁开 1.5cm）	一手拇指将颈总动脉压向骨骼处，另一手按住伤者头部，以固定病人头部
	鼻子出血		双侧鼻翼		让患者头前倾，用拇指和食指捏住双侧鼻翼，向鼻中隔前下方按压
	肩部、上臂、腋部出血	锁骨下动脉	第一肋骨	锁骨中点上方，锁骨上窝处	将四指放在病人颈后，拇指压迫锁骨下动脉即第一肋骨处
实训内容与操作要求	前臂出血	肱动脉	肱骨	肱二头肌内侧	用拇指或其余四指将上臂内侧肱二头肌内侧肱动脉压向肱骨，另一手抬高患肢
	手掌出血	尺桡动脉	尺桡骨	手腕内外侧	用两手拇指同时按压尺桡动脉
	手指出血	指动脉	指骨	手指侧面	用拇指和食指同时压迫手指两侧。如手指有多处受伤，可用十指交叉的方法以达到止血目的。
	大腿、小腿出血	股动脉	股骨	大腿根部	双手放在大腿根部，用力压向股骨
	小腿以下出血	腘动脉	腘窝	腘窝深部	在腘窝深处找到腘动脉搏动点后用拇指向腘窝深部按压
	足部出血	足背动脉、胫后动脉	跟骨	足背皮肤皱纹中间、跟骨与内踝之间	在脚腕处足背中间找到足背动脉，足跟内侧与内踝之间找到胫后动脉，用两手食指或拇指分别压闭动脉阻断血液

具体按压部位和方法见图示。

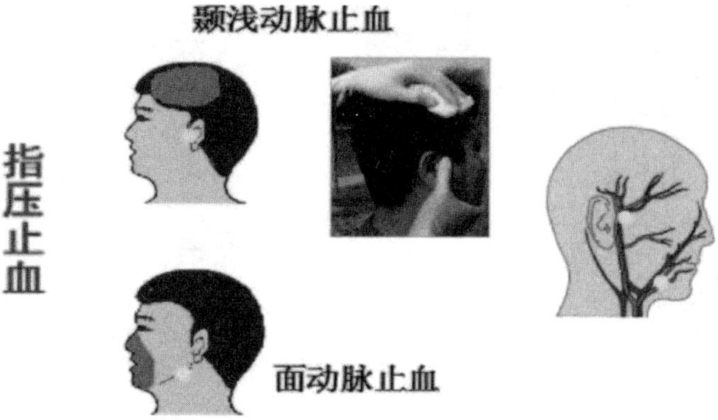

图 3-20　头顶部和颜面部出血按压法

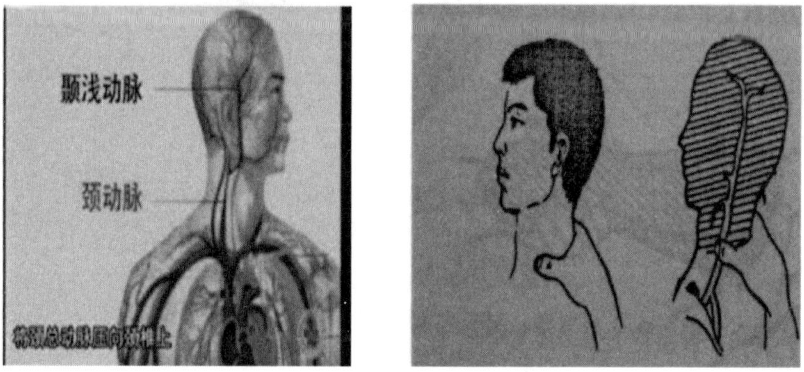

图 3-21　头颈部出血按压法

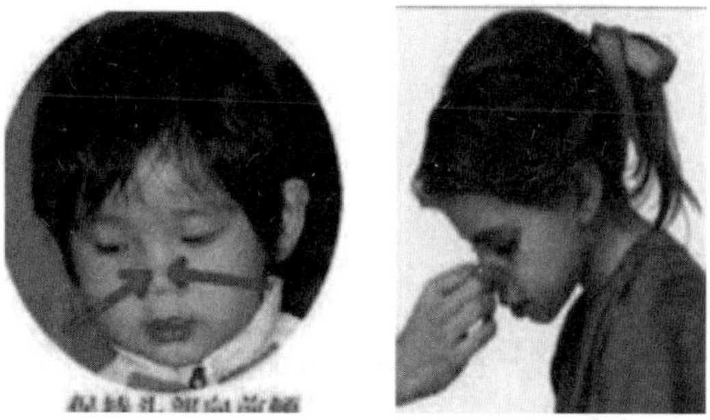

图 3-22　鼻子出血按压法

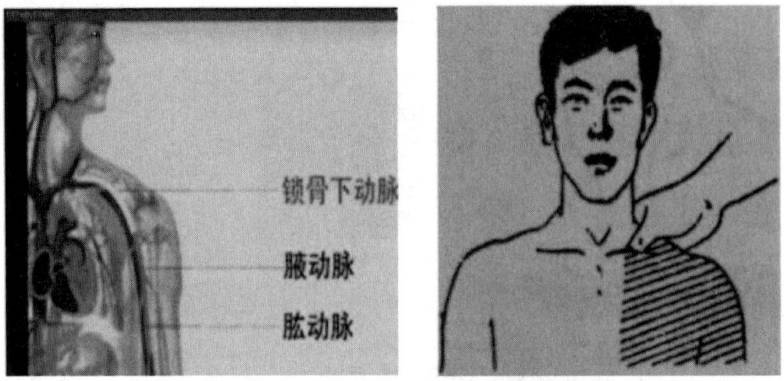

图 3-23　肩部和腋下出血按压法

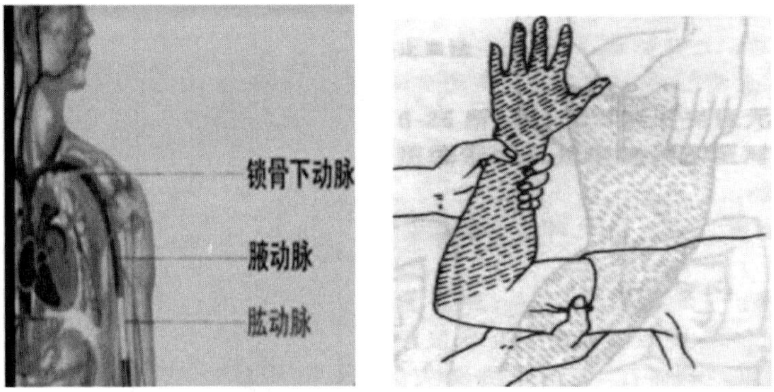

图 3-24　前臂出血按压法

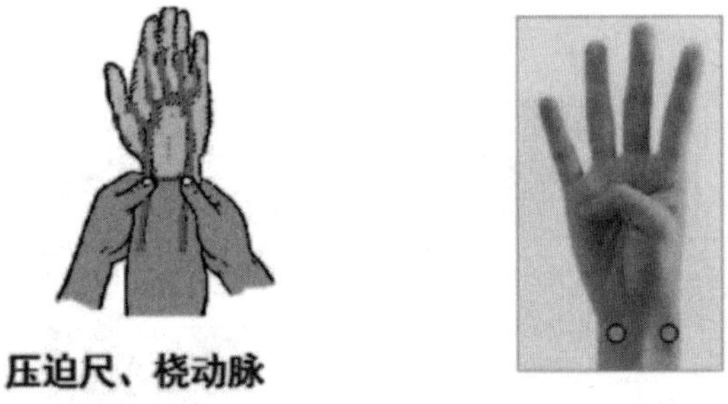

图 3-25　手部出血按压法

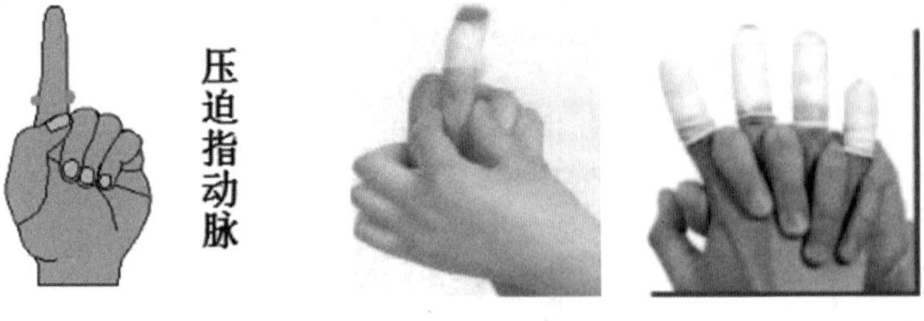

图 3-26　手指出血按压法

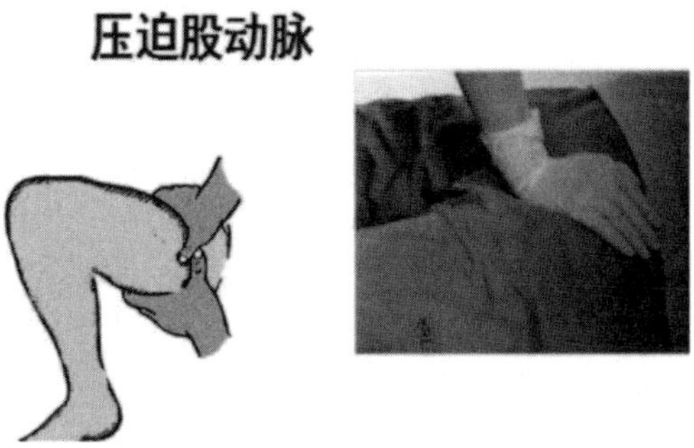

图 3-27　大腿、小腿出血按压法

图 3-28 小腿以下部位出血按压法

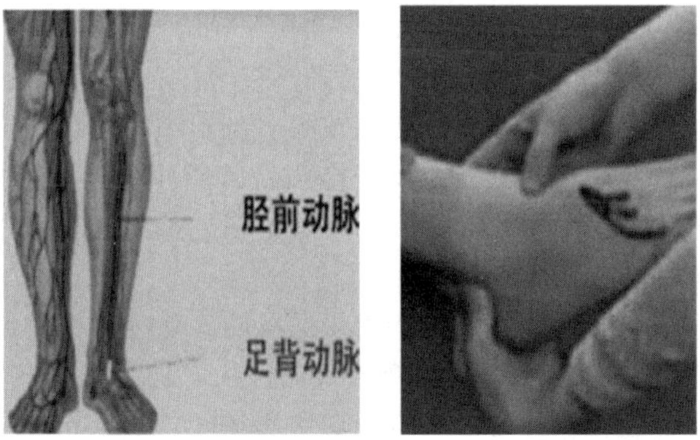

图 3-29　足背动脉按压法

【任务小结】

本任务主要介绍了常用止血法之一直接压迫（指压）止血法的适用范围、优缺点及操作要点。在紧急情况下，无论是大出血还是一般性出血，首先使用指压止血法，再根据受伤情况，配合使用其他止血方法。通过本节的学习，能掌握在紧急情况下使用指压止血法，达到迅速止血的目的。重点掌握指压止血法的操作。

【知识拓展】

一、损伤

（一）病理学概念

疾病是一个极其复杂的过程。在病原因子和机体反应功能的相互作用下，患病机体有关部分的形态结构、代谢和功能都会发生种种改变，这是研究和认识疾病的重要依据。病理学的任务就是运用各种方法研究疾病的原因（病因学）、在病因作用下疾病发生发展的过程（发病学）以及机体在疾病过程中的功能、代谢和形态结构的改变（病变学），阐明其本质，从而为认识和掌握疾病发生发展的规律，为防治疾病，提供必要的理论基础。病理学的研究方法多种多样，研究材料主要来自患病人体（人体病理材料）和实验动物以及其他实验材料如组织培养、细胞培养等。

（二）损伤概述

损伤，是指人体受到外界各种创伤因素作用所引起的组织结构的破坏，及其所带来的局部和全身反应。

损伤外因是指外界作用于人体而致损伤的因素，有机械性、物理、化学、生物、免疫、遗传等方面。

（三）损伤后机体反应

机体对损伤的反应是生物进化过程中逐渐形成的本能性的防御反应。通过这种反应，机体借以修复创伤，恢复机体内环境的生理稳定性。这种反应分局部和全身两种。

1. 局部反应。

包括出血、凝血、炎症、坏死及修复。

（1）出血是指血液主要是红细胞从血管或心脏到组织间隙、体腔或身体表面的现象，是损伤局部最直接、最客观、最明显的反应之一。破裂性出血可形成凝血块。出血量超过全身血量的 1/3~1/2，可因大出血死亡。充血是指局部组织器官的血管内血液含量比正常含量增高的现象，静脉的充血也叫淤血。

（2）凝血是局部组织血管损伤后的一种止血反应。炎症是一种重要的机体局部反应。

（3）坏死是指机体局部组织细胞的新陈代谢停止、功能完全丧失的状态。坏死包括三种类型，一是凝固性坏死，坏死组织呈灰白色凝固干燥坚实的状态，皮肤凝固性坏死常见于烧伤、电击伤；内脏凝固性坏死常见于脾、肾等缺血所致。二是液化性坏死，组织坏死分解呈液化状态，如化脓性炎的脓肿、脑组织的软化都属此种。三是坏疽，组织坏死后继发腐败菌感染而形成的污黑色特殊形态变化。

（4）修复是坏死的继续，是指局部组织损伤后由周围健康组织通过细胞分裂增殖以完成修补的过程。有些再生能力强的组织损伤后可完全再生，如结缔组织、小血管、表皮、黏膜、骨骼、周围神经、肝细胞、腺上皮等。有些组织如平滑肌、横纹肌、心肌等，再生能力较差，往往以瘢痕形式修复。

2. 全身反应。

损伤出现后机体为适应或保护自己，而出现的非特异性全身反应，也称应激反应。这种应激反应有利于提高机体的准备状态，提高机体承受损伤能力。应激反应的典型征象是出现以交感－肾上腺髓质和下丘脑－垂体－肾上腺皮质轴兴奋为主的神经内分泌反应伴随的一系列功能代谢改变，如心跳加快、血压升高、肌肉紧张、胃肠松弛、分解代谢加快、血浆中某些蛋白含量升高等。

二、炎症

（一）炎症的定义

炎症，就是平时人们所说的“发炎”，是机体对于刺激的一种防御反应，表现为红、肿、热、痛和功能障碍。炎症，可分为感染性炎症和非感染性炎症。通常情况下，炎症是有益的，是人体的自动的防御反应，但是有的时候，炎症也是有害的，例如对人体自身组织的攻击、发生在透明组织的炎症等等。

在炎症过程中，一方面损伤因子直接或间接造成组织和细胞的被破坏，另一方面通过炎症充血和渗出反应，可稀释、杀伤和包围损伤因子。同时通过实质和间质细胞的再生使受损的组织得以修复和愈合。因此，可以说炎症是损伤和抗损伤的统一过程。

（二）炎症的表现

1. 局部表现。

炎症的局部反应特征性症状：以体表炎症时最为显著，常表现为红、肿、热、痛和功能障碍。

(1) 红：是由于炎症病灶内充血所致，炎症初期由于动脉性充血，局部氧合血红蛋白增多，故呈鲜红色。随着炎症的发展，血流缓慢、淤血和停滞，局部组织含还原血红蛋白增多，故呈暗红色。

(2) 肿：主要是由于渗出物，特别是炎性水肿所致。慢性炎症时，组织和细胞的增生也可引起局部肿胀。

(3) 热：热是由于动脉性充血及代谢增强所致。

(4) 痛：引起炎症局部疼痛的因素与多种因素有关。局部炎症病灶内激是引起疼痛的主要原因。炎症病灶内渗出物造成组织肿胀，张力增高，压迫神经末梢可引起疼痛，故疏松组织发炎时疼痛相对较轻，而牙髓和骨膜的炎症往往引起剧痛。此外，发炎的器官肿大，使富含感觉神经末梢的被膜张力增加，神经末梢受牵拉而引起疼痛。

(5) 功能障碍：如炎症灶内实质细胞变性、坏死、代谢功能异常，炎性渗出物造成的机械性阻塞、压迫等，都可能引起发炎器官的功能障碍。疼痛也可影响肢体的活动功能。

2. 全身反应。

炎症引起的全身反应包括发热和末梢白细胞计数增多。

（三）炎症的分类

根据持续时间不同分为急性炎症和慢性炎症。

1. 急性炎症。

以发红、肿胀、疼痛等为主要征候，即以血管系统的反应为主所构成的炎症。急性炎症起病急，持续时间短。病理改变顺序依次为：①组织受伤后发生短暂的细动脉收缩，持续几分钟；②在炎症介质的作用下，血管扩张，血流加快；③血管继续扩张，血流开始变慢，血浆渗出；④血流变慢，血细胞流到血管外；⑤红细胞渗出，血浆渗出；⑥白细胞吞噬作用出现。炎症发展的不同阶段，游出的白细胞种类也不同。急性炎症又分为浆液性炎、纤维素性炎、化脓性炎和出血性炎。

2. 慢性炎症。

慢性炎症的病程较长，数月至数年以上，可由急性炎症迁延而来，或由于致炎因子的刺激较轻并持续时间较长，一开始即呈慢性，如结核病或自身免疫性疾病等。慢性炎症时，局部病变多以增生改变为主，变质和渗出较轻；炎细胞浸润多以淋巴细胞、巨噬细胞和浆细胞为主。根据形态学特点，慢性炎症可分为非特异性慢性炎和肉芽肿性炎两大类。

炎症过程中，既有损伤又有抗损伤。致炎因子引起的损伤与机体抗损伤反应决定着炎症的发生、发展和结局。如损伤过程占优势，则炎症加重，并向全身扩散；如抗损伤反应占优势，则炎症逐渐趋向痊愈；若损伤因子持续存在，或机体的抵抗力较弱，则炎症转变为慢性。

炎症的结局，可有以下三种情况。

1. 痊愈。

多数情况下，由于机体抵抗力较强，或经过适当治疗，病原微生物被消灭，炎症区坏死组织和渗出物被溶解、吸收，通过周围健康细胞的再生达到修复，最后完全恢复组织原来的结构和功能，称为完全痊愈。如炎症灶内坏死范围较广，或渗出的纤维素较多，不容易完全溶解、吸收，则由肉芽组织修复，留下瘢痕，不能完全恢复原有的结构和功能，称为不完全痊愈。如果瘢痕组织形成过多或发生在某些重要器官，可引起明显功能障碍。

2. 迁延不愈或转为慢性。

如果机体抵抗力低下或治疗不彻底，致炎因子在短期内不能清除，在机体内持续存在或反复作用，且不断损伤组织，造成炎症过程迁延不愈，使急性炎症转化为慢性炎症，病情可时轻时重。如慢性病毒性肝炎、慢性胆囊炎等。

3. 蔓延播散。

在病人抵抗力低下，或病原微生物毒力强、数量多的情况下，病原微生物可不断繁殖并直接沿组织间隙向周围组织、器官蔓延，或向全身播散。

三、创伤愈合

是指机体遭受外力作用，皮肤等组织出现离断或缺损后的愈复过程，包括各种组织的再生和肉芽组织增生、瘢痕形成的复杂组合，表现出各种过程的协同作用。

最轻度的创伤仅限于皮肤表皮层；稍重者有皮肤和皮下组织断裂，并出现伤口；严重的创伤可有肌肉、肌腱、神经的断裂及骨折。创伤愈合的基本过程如下。

1. 血管收缩：血管受伤后，血管通过收缩，来防止出血过多。

2. 血小板血栓形成：伤口一侧的组织细胞连同积聚在一起的血小板发生一系列的化学反应，形成一种可结网的物质，网住血细胞形成血凝块，达到初步止血。

3. 血液凝固：机体启动凝血系统，血液凝固形成二期止血，纤维蛋白原变为纤维蛋白，形成牢固的止血栓，达到永久性止血。

四、止血过程

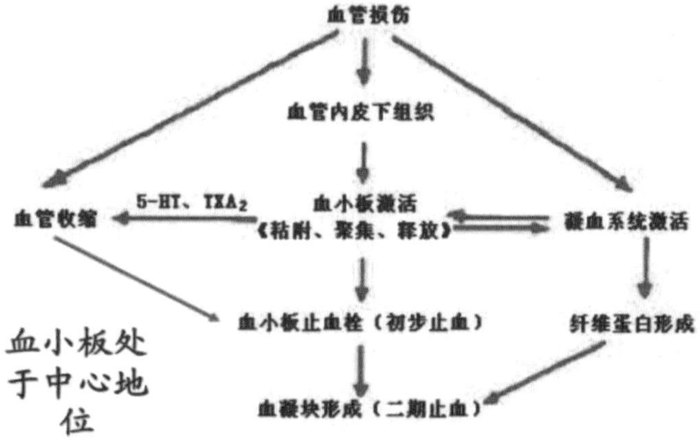

图 3-30　止血过程

【练习题】

一、单选题

1. 工作现场发现有人受重伤时，现场人员首先应（　　），临阵不乱。

A. 带伤者到急救站

B. 安慰伤者，等待救援人员赶到

C. 保持镇静，立即进行急救，并呼叫急救电话

2. 出血颜色鲜红，出血时常呈间歇状向外喷射，这是属于（　　）出血。

A. 静脉　　B. 动脉　　C. 毛细血管

3. 对（　　）损伤的伤员，要严禁让其站起、坐立和行走。

A. 脊柱　　B. 腹部　　C. 头部

4. 成人失血量达到（　　）毫升时即可出现休克表现。

A. 200~400　　B. 800~1000　　C. 1600~2000　　D. 2500 以上

5. 当（　　）出血时，可按压指根的两侧止血。

A. 鼻孔　　B. 口腔　　C. 皮肤　　D. 手指

6. 急救人员到达创伤现场后，首要的任务是（　　）。

A. 安全地运送　　B. 除去正在威胁病人生命的因素　　C. 骨折固定

7. 一个体重 60kg 的人，全身总血量约为（　　）。

A. 4000ml　　B. 4500ml　　C. 4800ml　　D. 5500ml　　E. 6000ml

8. 外伤后出血，血色鲜红，出血呈喷射状，与脉搏节律相同，是哪类血管出血（　　）。

A. 动脉出血　　B. 静脉出血　　C. 毛细血管出血　　D. 内出血

9. 一般成人的血液约占体重的（　　）。

A. 7%　　B. 6%　　C. 8%　　D. 9%　　E. 10%

10. 上臂、前臂及手部的出血压迫（　　）动脉止血。

A. 颞动脉　　B. 颈总动脉　　C. 股动脉　　D. 肱动脉

11. 动脉出血（　　）。

A. 血色鲜红，血液从整个伤口创面渗出，无明显出血点

B. 血色暗红，血流缓慢，呈持续状流出

C. 血色鲜红，出血呈喷射状与脉搏节律相同

D. 血色暗红，血流缓慢与脉搏节律相同

12. 用指压止血法控制头顶部、额部出血时，需用拇指按压（　　）。

A. 面动脉　　B. 颞浅动脉　　C. 颈总动脉　　D. 锁骨下动脉　　E. 尺动脉

13. 抢救失血伤员时，应先进行（　　）。

A. 观察　　B. 包扎　　C. 止血　　D. 询问

14. 颈总动脉压迫止血法常用于伤员（　　）动脉大出血，而采用其他止血方法无效时。

A. 颈部

B. 胸部有起伏，但口鼻处感受不到空气进出

C. 感到伤者者呼吸急促

D. 感到伤者口鼻处空气进出较弱

15. 以下物品中（　　）不能用作止血带。

A. 铁丝　　　　B. 领带　　　C. 毛巾

16. 血液呈暗红色，出血时血液呈涌出状或徐徐外流，速度缓慢的是（　　）。

A. 动脉出血　　　B. 静脉出血　　C. 毛细血管出血　　D. 表皮出血

17. 鼻子有病或身体某些器官有病都可能导致鼻出血，处理方法不正确的是（　　）。

A. 头稍向后倾，以减少血液流出

B. 如果血液流入口腔，要吐出来，不要咽下，以免引起恶心、呕吐

C. 捏住鼻孔或进行冷敷，使血管收缩，减少出血

D. 如果鼻子经常出血，要及时到医院检查原因，对症治疗

18. 指压止血法是现场急救中常用简便的止血方法，但不适用于人体（　　）部位的出血。

A. 头部　　B. 胸部　　　C. 四肢　　　D. 面部

19. 当有人流鼻血时，首先应该让伤者（　　）。

A. 头微向前倾，用手指按捏住鼻头　　B. 头往后仰

C. 用纸塞住鼻孔　　　　　　　　　　D. 用湿布贴着额头

二、判断题

1. 在选用止血方法时，不管是大出血，还是一般出血都应首先选用指压止血法。（　　）

2. 要尽量避免在现场对其进行急救，而应及时去医院救治。（　　）

3. 血液呈鲜红色喷射而出则是静脉出血；如果血液是暗红色缓慢流出则是动脉出血。（　　）

4. 面部出血用拇指压迫面动脉即可止血。（　　）

5. 头后部出血可用两只手的拇指压迫耳后与枕骨粗隆之间的枕动脉搏动处（　　）

6. 颈部出血可用大拇指压迫同侧气管外侧与胸锁乳突肌前缘中点强烈搏动的颈总动脉。（ ）

7. 上肢出血，可用四指压迫腋窝部搏动强烈的腋动脉。（　　）

8. 腋窝和肩部出血，可用拇指压迫同侧锁骨上窝中部的锁骨下动脉。（　　）

9. 前臂出血，可用手指压迫上臂肱二头肌内侧的肱动脉。（　　）

10. 手部出血可用两手拇指同时压迫腕的尺动脉和桡动脉。（　　）

11. 手指或脚趾出血可用拇指、食指分别压迫手指或脚趾两侧的动脉。（　　）

12. 下肢出血可用拇指压住大腿根部跳动的股动脉。（　　）

13. 小腿出血可用一手固定膝关节正面，另一手拇指摸到腘窝处跳动的腘动脉，用力压迫即可止血。（　　）

14. 压迫包扎法常用于一般的伤口出血。（　　）

15. 创伤是 45 岁以下成人和未成年人死亡的最大原因。（　　）

16. “黄金一小时”指的是从救护人员开始救治到手术的时间不超过一小时，可以提高患者的存活率。（　　）

17. 创伤急救时到达现场后首先应该评估现场的安全性。（　　）

三、思考题

1. 小李和小张去野外旅游，小李不小心将右手食指划破，血流不止，如果这时你是小张，该如何帮助小李止血？

2. 在车祸现场，某游客前臂出血，如你在现场，如何紧急止血？

任务二　加压包扎止血法

用干净的敷料或纱布覆盖伤口后，然后用绷带或三角巾以适当压力包扎，以伤口停止出血为度。松紧度适中，止血后远端动脉可触搏动。这种方法适用于小动脉以及静脉或毛细血管的出血。伤口有异物时禁用此种止血方法，以免加重损伤。在现场没有纱布时，可用消毒卫生巾或餐巾替代。加压包扎止血法的方法见包扎法。

任务三 止血带止血法

【学习目标】

了解橡胶止血带止血方法，重点掌握布带绞紧止血法的操作方法。

【任务描述】

四肢大动脉出血时，其他止血方法不能迅速止血或肢体毁损性损伤无法恢复时，使用止血带止血法。止血带止血法分为橡胶止血带止血法和布带绞紧止血法。在现场急救中，常使用的是布带绞紧止血法，因在现场很少能有正规的橡胶止血带，而现场中的三角巾、绷带、手绢、布条和衣物等材料，能替代橡胶止血带。

【相关知识】

一、适用范围

用于四肢大动脉出血或其他方法不能止血时。

止血部位：上肢在上臂的上 1/3 段，此处能避开桡神经和正中神经，以免引起肢体麻痹。下肢在大腿中部以下。尽量避免在前臂和小腿上止血带。上止血带部位要在创口上方，尽量靠近伤口但又不能接触伤口面。

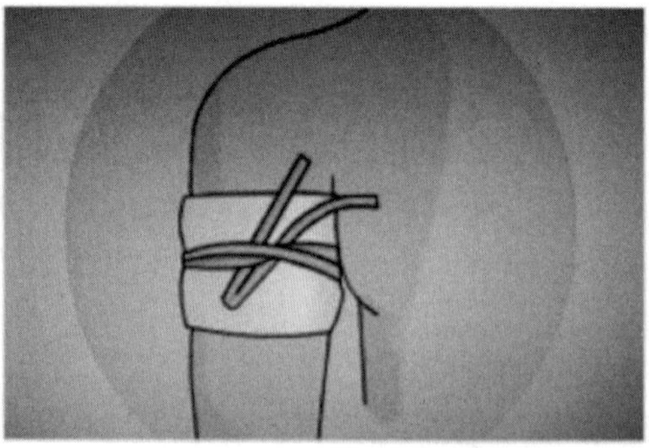

图 3-31　上肢止血带止血部位

二、止血材料

橡胶止血带、三角巾、绷带、手帕、布腰带、布条或毛巾、止血棒（笔杆、筷子、木棒等物品就地取材）等布止血带替代，禁用电线和绳索。

三、注意事项

1. 止血带或布带不能直接结扎在皮肤上，应先用三角巾、毛巾等做成平整的带形缠绕在要结扎止血带的部位，然后再上止血带或布带。

2. 结扎止血带或布带的部位在伤口的近心端。上肢动脉出血时应结扎在上臂的上1/3处，避免结扎在中1/3处以下的部位，以免损伤桡神经；下肢在动脉出血应结扎在大腿中部。

3. 结扎止血带要松紧适度，以停止出血或远端动脉搏动消失为度。结扎过紧，可损伤受压局部，压迫神经而使肢体麻痹；结扎过松，达不到止血目的。

4. 为防止远端肢体缺血坏死，原则上应尽量缩短使用止血带或布带的时间。一般止血带或布带的使用时间不宜超过2~3小时，每隔40~50分钟松解一次，以暂时恢复远端肢体血液供应。松解止血带要慢，同时仍要应用指压止血法，以防再度出血。松解3~5分钟后，在比原来结扎部位稍低平面重新结扎止血。

5. 结扎好止血带后，在明显部位加上标记，注明结扎止血带的时间，尽快运往医院。

6. 在急救现场，如没有正式的橡胶止血带，一般使用布带绞紧止血法。

7. 止血带止血法能有效制止其他方法不易控制的较大肢体动脉出血，但可能引起或加重肢端坏死、急性肾功能不全等并发症。如果急救现场能采取其他方法止血，就尽量不要采用止血带止血。

【任务实施】

项目一　橡胶止血带止血法

实训目的	使学生掌握橡胶止血带止血法
实训方法	1. 示范讲解，操作演示 2. 角色扮演，2人一组，1人操作，1人扮演病人，再互换角色
实训步骤及操作要求	抬高出血肢体，高于心脏水平，以促进血液回流
	在止血部位垫上布带
	左手拇、中、食指拿止血带一端，另一手拉紧止血带绕肢体缠两圈，并将止血带的另一端放入左手拇、中、食指拉回固定
	标注止血时间
	止血带使用40~50分钟后，解除止血带
	用其他方法止血
	3~5分钟后，再重新上止血带止血，标注止血时间

项目二　布带绞紧止血法

实训目的	使学生掌握布带绞紧止血法
实训方法	1. 示范讲解，操作演示 2. 角色扮演，2 人一组，1 人操作，1 人扮演病人，再互换角色
实训步骤及操作要求	抬高出血肢体，高于心脏水平，以促进血液回流
	将三角巾或其他物品折成 5 厘米宽，在垫有布块或敷料的伤肢上缠绕两圈，预留两横指打活结
	在伤肢外侧预留的环内插入止血棒（就地取材，可用木棒、笔杆、筷子等），将布带拎起
	将止血棒沿一个方向旋转绞紧，观察出血部位，直至摸不到远端动脉的搏动或出血停止为宜
	将止血棒一端套在活结上，拉紧活结将止血棒固定
	标注止血时间
	止血带使用 40~50 分钟后，解除止血带
	用其他方法止血
	3~5 分钟后，再重新上止血带止血，标注止血时间

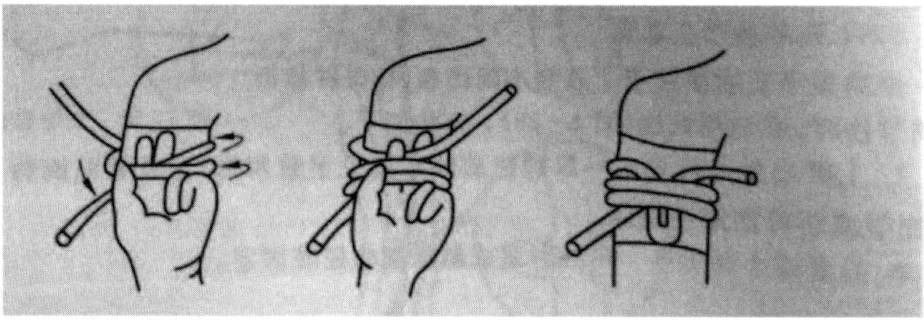

图 3-32　橡胶止血带止血法

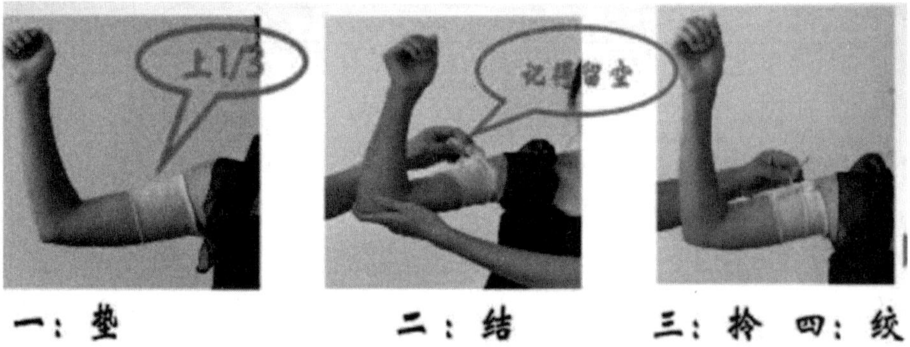

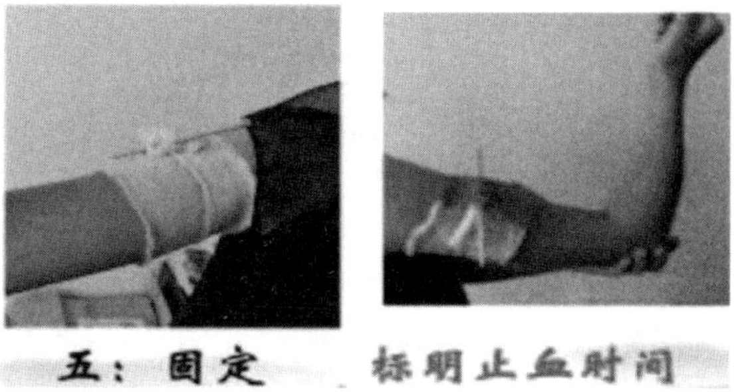

图 3-33　布带绞紧止血法

【任务小结】

主要介绍了在四肢大动脉出血，其他方法不能止血时或机体毁损性损伤无法恢复时，使用止血带止血法进行紧急止血。重点掌握止血部位、止血方法。

【练习题】

一、单选题

1. 使用止血带时，为防止远端肢体缺血坏死，一般使用止血带时间不超过（　　）且每（　　）放松一次。

A. 2 小时　2 分钟　　B. 3 小时　　3 分钟

C. 4 小时　4 分钟　　D. 5 小时　　5 分钟

2. 上臂上止血带的标准部位是（　　）。

A. 上臂的上 1/3　　B. 上臂的上 1/4

C. 上臂的上 1/2　　D. 上臂的上 1/5

3. 对小腿动脉出血，止血带的部位应在（　　）。

A. 大腿的中下 1/3 处　　B. 大腿的中 1/3 处　　C. 大腿上 1/3 处

4. 用止血带止血时，不正确的方法是（　　）。

A. 止血带不可过细或过窄　　B. 记录扎止血带的时间

C. 止血带松紧以远端动脉搏动微弱为宜　　D. 上止血带部位衬软垫

E. 上肢出血应在上臂上 1/3 处扎止血带

5. 伤员上肢或小腿出血，且没有骨折和关节损伤时，可先采用（　　）止血。

A. 止血带止血法　B. 加压包扎止血法　C. 屈肢加垫止血法　D. 压迫止血法

6. 以下物品中（　　）不能用作止血带。

A. 铁丝　　B. 领带　　C. 毛巾

7. 某人因车祸大腿受伤（如图所示），鲜红的血液喷射而出。请根据图判断受伤的血管及急救时控制血流的位置分别是（　　）。

A. 动脉　a 处　　　　B. 静脉　a 处

C. 动脉　b 处　　　　D. 静脉　b 处

8. 某人因外伤出血，血色鲜红，从伤口处随心跳一股一股地涌出，紧急抢救的方法是（　）。

A. 手指压血管　　　　B. 止血带或绷带从远心端压迫止血

C. 止血带或绷带从近心端压迫止血　　　　D. 消毒后，用纱布包扎

9. 结扎止血带时应做明显标记，并定时放松，放松间隔时间为（　）。

A. 10~30min　B. 40~50min　C. 60~90min　D. 90~120min　E. 120~150min

10. 使用止血带的时间应尽量缩短，连续使用最长不超过（　）。

A. 1h　B. 2h　C. 3h　D. 4h　E. 5h

11. 成人血液约占自身体重的百分之（　）。

A. 8　B. 15　C. 12

12. 成人失血量达到（　）毫升时即可出现休克表现。

A. 800~1000　B. 200~400　C. 1600~2000

13. 对于小动脉、小静脉、毛细血管出血，现场首选的止血方法是（　）。

A. 止血带止血　B. 加压包扎止血　C. 填塞止血

14. 用绷带包扎上下粗细不等的肢体时应当选用（　）方法比较合适。

A. 环形包扎　B. 八字包扎　C. 螺旋反折包扎

15. 钢筋、尖刀扎入机体深部时现场处理原则是（　）。

A. 立即拔出异物　B. 固定异物、简单包扎、速送医院　C. 拔出异物后止血再送医院

16. 现场处理腹部外伤，肠管溢出伤病员的原则是（　）。

A. 立即将脱出的肠管送回腹腔

B. 敷料覆盖伤口后做圈，用碗扣住伤口，再用三角巾包扎

C. 大块敷料覆盖伤口，加压包扎

二、多选题

1. 使用止血带应注意（　）。

A. 扎止血带时间越短越好　B. 必须做出显著标志，注明使用时间

C. 避免勒伤皮肤　D. 缚扎部位原则是尽量靠近伤口以减少缺血范围

E. 缚扎止血带要很紧

2. 下列关于使用止血带注意事项中，描述正确的是（　）。

A. 为避免再出血，上止血带后就不用再放松

B. 不可用铁丝、电线、细绳代替止血带

C. 上止血带后，一般三十分钟至一个小时放松一次

D. 在上止血带的部位，必须加衬垫

任务四 加垫屈肢止血法

适用范围：适用于前臂或小腿出血，在没有骨折和关节受伤时使用此法。

方法：前臂出血时，在肘窝处加垫，屈肘。小腿出血时，在腘窝处加垫，屈膝。然后用绷带或三角巾屈曲固定。记录固定时间，每隔 40~50 分钟放松 3~5 分钟，在放松过程中，抬高患肢，用指压止血法止血。

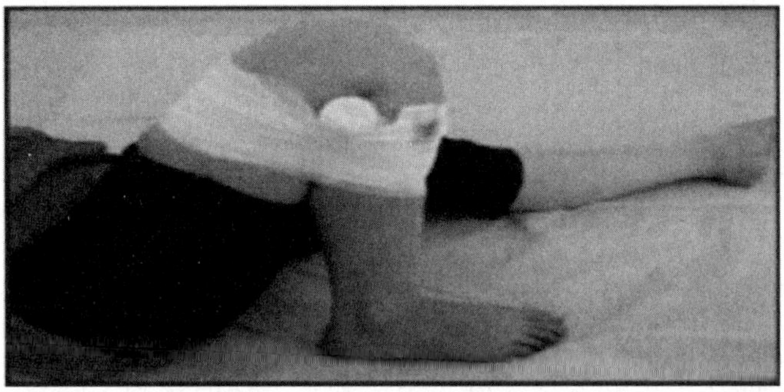

图 3-34　加垫屈肢止血法

第三节　现场包扎技术

【学习目标】

通过本内容的学习，掌握包扎目的、包扎原则和注意事项，重点掌握绷带包扎法和三角巾包扎法及特殊伤的包扎方法。

【任务描述】

在创伤急救中，包扎法是现场急救中最常用、收效最快的控制四肢出血的止血方法。根据现场条件，可使用绷带、三角巾或就地取材（如衣服、毛巾、围巾、手绢、领带、帽子和丝袜等）。绷带包扎法有环形包扎法、螺旋包扎法、螺旋反折包扎法、“8”字法和回返法五种方法。绷带包扎法适合四肢小动脉以及静脉或毛细血管的出血。三角巾适合头、肢体和躯干出血的包扎。特殊创伤包括脑组织膨出的包扎法、异物刺入体内的包扎法、腹部内脏脱出的包扎法和肢（手）体断离的处理，这类创伤如采取常规的包扎法，会加重病情，伤口受损情况更加严重，经过一些特殊包扎和处理，能避免伤情加重，为挽救病人生命、后续治疗和恢复奠定基础。

通过训练，使学生掌握包扎法和特殊创伤的包扎法及处理，增强学生现场急救处置能力。

【相关知识】

一、包扎的目的

1. 通过加压可起到止血、止痛的作用。
2. 保护伤口、防止和减少污染，为伤口愈合创造良好条件。
3. 固定敷料和骨折的作用。
4. 扶托受伤的肢体，使其稳定，减少痛苦。

二、包扎的原则

1. 包扎时要面向病人正面，在受伤侧包扎。
2. 包扎时绷带卷朝上。
3. 包扎时托住受伤部位，固定好病人。
4. 四肢包扎后要抬高患肢高于心脏水平，利于血液回流到心脏。
5. 包扎固定打结在患肢的外侧，不能在伤口处和肢体内侧打结固定。
6. 包扎固定后，检查血液循环，能触到远端动脉跳动、手指甲颜色红润为血液循环正常。
7. 应注意包扎的起点、止点和着力点以及包扎时绷带的走行方向，即三点一走行。

（1）起点：包扎均由远心端开始，先环形包扎两周，将其始端固定，再向近心端包扎。指（趾）端尽可能外露，以便观察肢体末梢血液循环情况。

（2）移行与着力点：每包扎一周应压住前周的2/3~1/2，用力均匀，松紧适度，使绷带平整均匀，反折部分不可压在伤口或骨隆突处。包到出血伤口处，宜稍加压力，起止血作用。

（3）止点：包扎完毕时再环绕两周以胶布固定，或撕开带端打结，亦可用安全别针固定。打结应打在肢体外侧，不可打在伤口、骨隆起及坐卧受压处。

三、包扎的材料

绷带、三角巾、毛巾和就地取材（现场干净的毛巾、围巾、衣服、领带、手绢、帽子和丝袜等）。

四、包扎操作要点

1. 包扎要牢固、美观，动作要轻快。
2. 先用敷料盖住伤口，再进行包扎。
3. 包扎不要过紧过松，不要在伤口上打结。
4. 要暴露手指或足趾末端肢体，便于检查循环功能。
5. 包扎方向为自下而上，自左而右，从伤口远心端到近心端包扎。

6. 不要清洗伤口（化学伤除外）或使用消毒液。

五、包扎方法

有两种方法：绷带包扎法和三角巾包扎法。

（一）绷带包扎

适用于头颈部及四肢的包扎，可随部位的不同变换不同的包扎方法。使用适当的拉力，将保护伤口的敷料固定以达到加压止血的目的。因此，绷带有保护伤口、压迫止血、固定敷料和夹板的功能。

1. 绷带包扎有五种方法：环形包扎法、螺旋形包扎法、螺旋反折法、“8”字形法、回返包扎法。

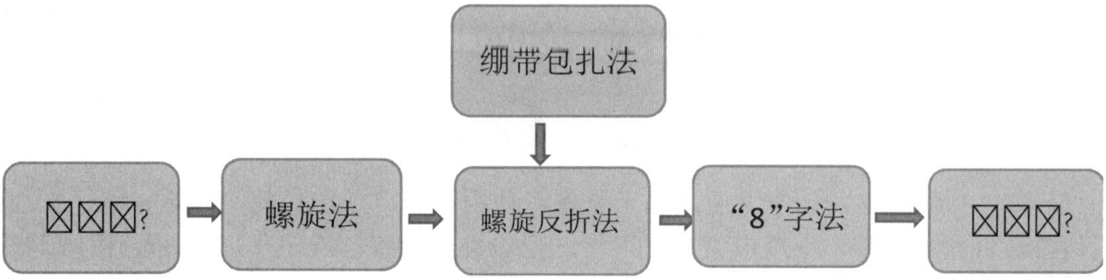

图 3-35　绷带包扎法

表 3-2　绷带包扎适用范围

种类	适用范围
环形包扎法	手腕、肢体、胸、腹等粗细大致相等部位的包扎 各种绷带的开始和结束时使用此种方法
螺旋包扎法	肢体粗细大致相同部位的包扎和固定
螺旋反折包扎法	肢体粗细差别较大的前臂、小腿或大腿的包扎
“8” 字包扎法	肘、腕、膝、踝等关节处及手、足的包扎
回返法	头部、肢体断端的包扎

2. 绷带包扎法操作步骤如下。

（1）敷料盖住伤口，要超过伤口的 3 厘米。

（2）绷带包扎。抬高肢体，进行指压止血法 5~10 分钟，再进行绷带包扎。

（3）包扎后检查血液循环。观察手指或足趾、脉搏血液循环情况。

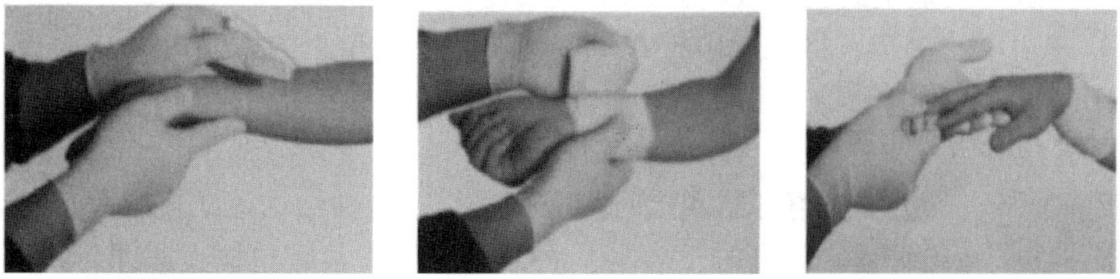

敷料盖住伤口　　绷带包扎　　检查血液循环

图 3-36　绷带包扎法操作步骤

（二）三角巾包扎法

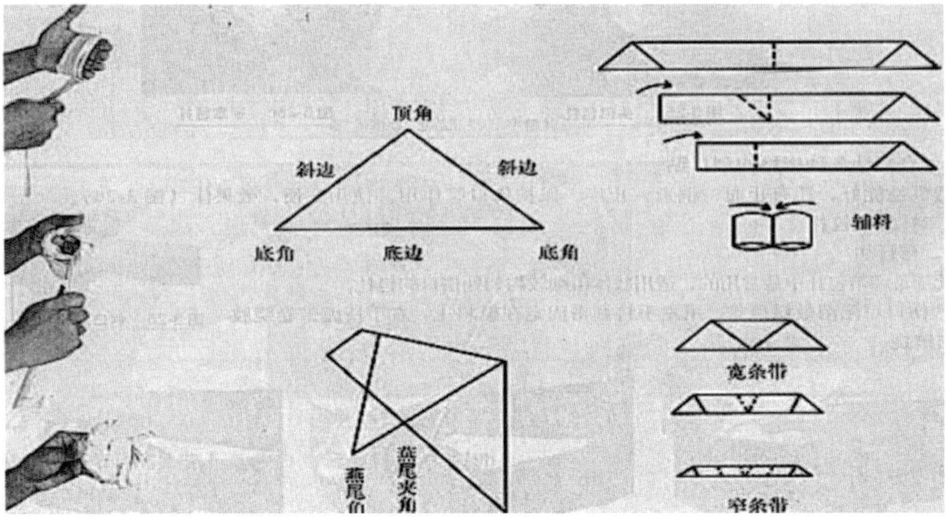

图 3-37　三角巾

三角巾制作简单，操作方便，易于掌握，使用范围广，能包扎，固定骨折，止血时能代替敷料和止血带。三角巾包扎时可将三角巾叠成带状、燕尾状，这些能用于肩部、胸部、腹部、臀部和四肢等处的包扎。

1. 三角巾的制作和组成。

用 1 米左右的正方形白布对角剪开，即可做成三角巾。三角巾因三角形而命名，由底角、顶角、斜边、底边组成。

2. 三角巾的三种折叠法。

（1）折成宽条绷带或窄条绷带，用以固定或支撑肢体、固定夹板或大块敷料。

折成宽条：打开三角巾，平放在干净的物体上，水平对折，使其顶角对住底边中心，再次同向对折，使第一次的折边与底边平齐，共折两折。

折成窄条：将三角巾折成宽条（见图 3-38），然后再将其水平对折，共折三折。

图 3-38　三角巾折成宽条带

图 3-39　三角巾折成窄条带

（2）三角巾展开形成悬带，或固定手、脚、头皮的敷料。

（3）折成一块敷垫或用作敷料。

（4）三角巾的保存。将三角巾折成窄条，将两个底角折向中间，再一次折向中间，然后放于干燥处保存。

3. 平结。

一般情况下，三角巾两角打结固定时，应打平结。这种结法，比较牢固，不会滑脱，结很平整，伤员会更舒适。解开时很容易，将其一侧边和其底角拉直，即可迅速解开。

图 3-40　打平结

表 3-3　三角巾各部位的包扎方法及适用范围

三角巾包扎方法	适用范围
头顶帽式包扎法	头顶部外伤
单眼包扎法	单侧眼部外伤
双眼包扎法	单眼或双眼外伤
下颌包扎法	下颌外伤
单肩包扎法	一侧肩部外伤
双肩包扎法	双侧肩部外伤
单胸包扎法	一侧胸部外伤
双胸包扎法	双侧胸部外伤
腹部包扎法	腹部外伤
单臀包扎法	一侧臀部外伤
双臀包扎法	双侧臀部外伤
膝（肘）部包扎法	膝部（肘）关节处外伤
足（手）部包扎法	足（手）部外伤

六、检查血液循环

绷带包扎肢体或使用三角巾悬吊固定时，包扎好后立即检查手或脚的血液循环，每隔 10 分钟检查一次。因为肢体受伤后会出现肿胀，绷带随即会变紧，从而会影响到绷带远端肢体的血液循环。

检查方法：轻压指甲或皮肤直至变白，然后放开。如果颜色不能恢复或恢复较慢，说明绷带绑扎过紧。这时要松解绷带，直至手指甲或皮肤恢复温度和颜色。

七、注意事项

1. 包扎时救护者要面向伤员，以便观察病情，并帮助病人取舒适体位。

2. 先用足够厚的敷料盖住伤口，敷料要超过伤口的 3cm，再进行包扎，即先盖后包。

3. 包扎时压力要足够，以敷料不渗血为宜。

4. 如遇较大伤口或面积较大时，不要用碘酒或酒精涂擦。

5. 骨折断端或体内脱出的脏器不要还纳到体内，伤口异物不要拔出，必要时加以固定或剪断，便于搬运。

6. 四肢包扎止血后，要抬高肢体，促进血液回流，减少出血和水肿。

7. 包扎后的肢体保持功能位。为了保持肢体的功能位置，一般包扎手臂时要弯着包，包扎腿部时，远端腿要直着包。

8. 伤口止血后，远端动脉要触摸到跳动。伤口固定后，每 10 分钟要检查绷带远端肢体的血液循环。

9. 包扎时要做到四要。

（1）快：发现、暴露、检查、包扎伤口时要快。

（2）准：包扎部位要准确。

（3）轻：动作要轻。

（4）牢：包扎要牢靠，松紧要适宜。

10. 包扎方向由左向右，从远心端向近心端，自下而上，有利于静脉血液回流。

11. 包扎结束打结在肢体的外侧，不能在伤口处、肢体内侧或易受压的部位打结。

【任务实施】

任务一　绷带包扎法

实训目的	掌握绷带包扎法的操作	
实训方法	1. 情景演示，根据情景选择包扎方法 2. 两人一组，进行包扎练习，互换角色	
实训内容和步骤	环形包扎法	1. 抬高或垫高伤肢高于心脏水平 2. 做好自我保护，戴上手套或其他防护用具 3. 用敷料盖住伤口 4. 右手握绷带，卷心朝上，将绷带作环形缠绕，第一圈作环绕时稍呈斜形，第二圈应与第一圈重叠，第三圈作环形。根据伤口情况连续环绕 3~4 圈后固定 5. 检查血液循环
	螺旋包扎法	1. 抬高或垫高伤肢高于心脏水平 2. 做好自我保护 3. 用敷料盖住伤口 4. 先作环形包扎两圈后再将绷带螺旋向上，后一圈压住前一圈的 1/3 或 1/2 5. 完全包住伤口，超过伤口约 3 厘米，环形包扎两圈。 最后将绷带在肢体外侧打结固定 6. 检查血液循环
	螺旋反折包扎法	1. 抬高或垫高伤肢高于心脏水平 2. 做好自我保护，戴上手套或其他防护用具 3. 用敷料盖住伤口 4. 由肢体远端向近端在敷料上环形缠绕两周后作反折缠绕 缠绕时均将绷带向下反折（注意不可在伤口上或骨隆突处反折） 5. 覆盖住前圈的 1/3~1/2，由下而上缠绕 6. 反折部位应位于相同部位，使之成一直线 7. 完全包住伤口，超过伤口约 3 厘米 8. 环形包扎两圈 9. 最后将绷带在肢体外侧打结固定 10. 检查肢端血液循环

实训内容和步骤	“8”字包扎法	1. 抬高或垫高伤肢高于心脏水平 2. 做好自我保护，戴上手套或其他防护用具 3. 用敷料盖住伤口 4. 左手持绷带头端并将其展平 5. 右手握住绷带 6. 由肢体远端向近端在敷料上环形缠绕两周 7. 绷带自下而上环绕一圈 8. 绷带自上而下环绕一圈 9. 重复做“8”形旋转缠绕 10. 每缠绕一周遮盖上一周的 1/3~2/3，最后作环形两圈 11. 固定绷带末端 12. 检查肢端血液循环
	回返包扎法	1. 抬高或垫高伤肢高于心脏水平 2. 做好自我保护，戴上手套或其他防护用具 3. 由肢体远端向近端在敷料上环形缠绕两周 4. 从中央反折，然后左右来回反折，直到完全包住受伤部位，最后再环形包扎，打结固定 5. 检查肢端血液循环

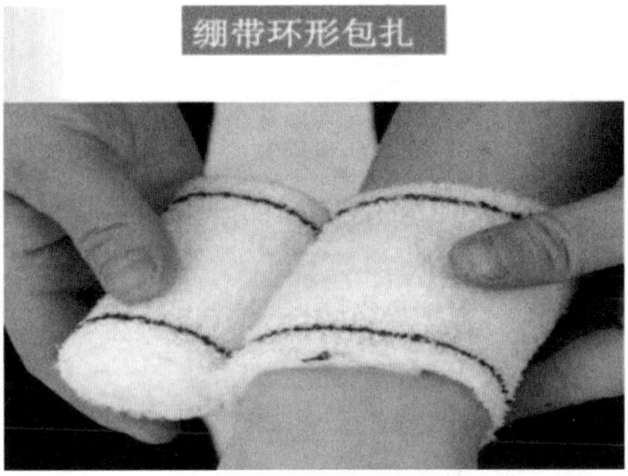

图 3-41　环形包扎法

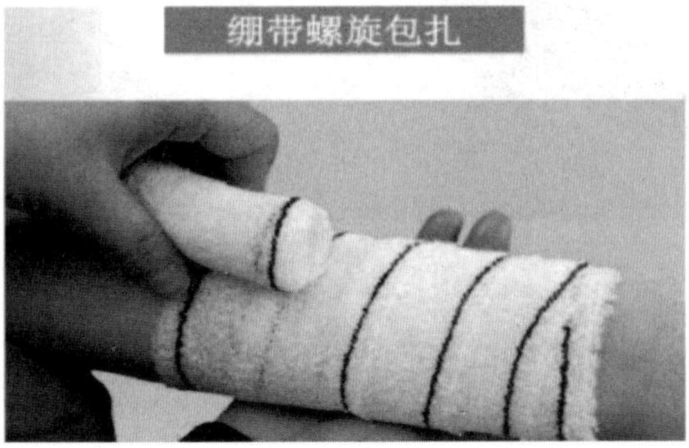

图 3-42　螺旋包扎法

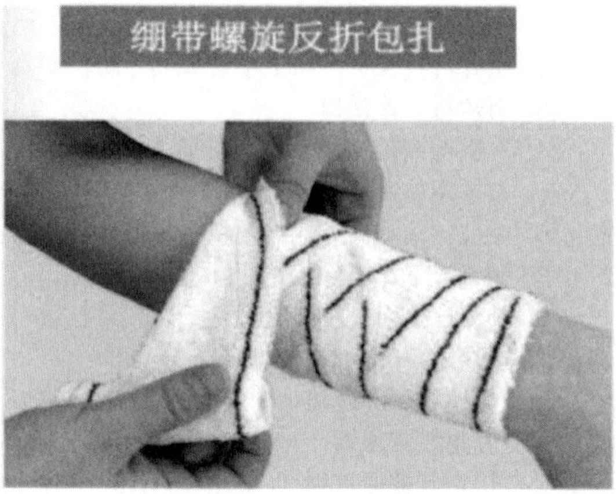

图 3-43　螺旋反折法

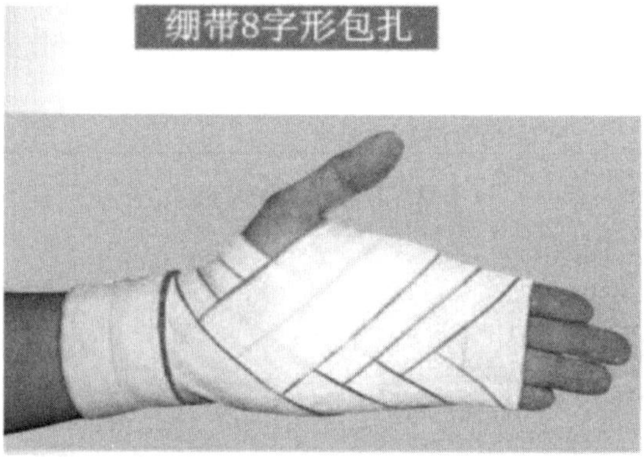

图 3-44　“8”字法

图 3-45　回返法

任务二　三角巾包扎法

实训目的	能根据情景正确地选择包扎方法，掌握三角巾包扎法的操作		
实训方法	1. 情景演示，教师演示和观看视频 2. 两人一组，进行包扎练习，互换角色		
实训内容和步骤	平结	打平结	三角巾固定时，将三角巾左端压在右端上，同时从右端下面穿出
			拎起三角巾两端
			将三角巾右侧的一端压在左侧一端，同时从左端下面穿出
			拉紧两端打成结，一面成平结，一面为 U 字形，平整的一面贴近病人皮肤处
		解平结	从结的一端拉紧末端，使其松动，再抓住结的另一端，从结内拉出来
	头顶帽式包扎法		受伤部位垫上敷料。指压受伤部位的动脉止血 5~10 分钟
			将三角巾底边反折两横指宽度，中点对准眉间上部，顶角盖住头顶部
			将三角巾的两端经耳上方拉向头后部，在枕部交叉，再绕回前额打平结固定 将多余的部分，塞进三角巾内
	单眼包扎法		受伤部位垫上敷料。指压受伤部位的动脉止血 5~10 分钟
			把三角巾折成四指宽的带形
			将带形一端的 2\3 斜放在头部，另一端包住受伤侧的眼睛处，经枕后绕到额前压住上侧的一端，在此反折后，绕到耳后经枕部到对侧耳上打平结固定。
	双眼包扎法		受伤部位垫上敷料。指压受伤部位的动脉止血 5~10 分钟
			把三角巾折成三指宽的带形
			将带形中段放在伤员的枕部，两边分别从耳上拉向眼部，盖上双眼，在鼻梁上方交叉，再拉住两端分别从耳下经过枕部，在枕下部打平结固定
	下颌包扎法		受伤部位垫上敷料。指压受伤部位的动脉止血 5~10 分钟
			把三角巾折成带形，一端放在受伤的下颌处，另一端从颈后绕向对侧包住下颌，与三角巾一端在颊前交叉反折到下颌处，在两耳处交叉后向上，在头顶部打结固定
	单肩包扎法		受伤部位垫上敷料。指压受伤部位的动脉止血 5~10 分钟
			三角巾一个底角放在对侧腋下，另一底角放在受伤侧的上臂。顶角放在受伤侧的后肩部，绕在上臂三角肌处用顶角带子系上
			另一底角上翻至对侧腋下打结固定
	双肩包扎法		受伤部位垫上敷料。指压受伤部位的动脉止血 5~10 分钟
			把两底边放在两肩上，两底角从胸前腋下穿过在背部打结，顶角系带拉向胸前，在两侧肩前作假扣拉紧固定
	单胸包扎法		受伤部位垫上敷料。指压受伤部位的动脉止血 5~10 分钟
			把三角巾一底角斜放在胸前对侧腋下，三角巾顶角盖住后肩部，用顶角系带在上臂三角肌处固定，再把另一个底角上翻后拉，在腋下两角打结固定
	双胸包扎法		受伤部位垫上敷料。指压受伤部位的动脉止血 5~10 分钟
			将三角巾折成燕尾式，放在腰部处打结，将两底角上翻到胸前，拉向背部后面打结固定
	腹部包扎法		受伤部位垫上敷料。指压受伤部位的动脉止血 5~10 分钟
			三角巾折成大小燕尾式，前面的燕尾比另一燕尾稍大
			燕尾朝下把三角巾盖住腹部，小片在内，大片放在两腿裆中间，系带与底边中围腰打结，大燕尾穿裆与小燕尾在大腿外侧打结

实训内容和步骤	单臀包扎法	在受伤部位垫上敷料。指压受伤部位的动脉止血 5~10 分钟
		将三角巾顶角盖住臀部，系带在裤袋处围绕大腿固定，下侧底角上翻至对侧腰部与另一底角在健侧腿上打结
	双臀包扎法	在受伤部位垫上敷料。指压受伤部位的动脉止血 5~0 分钟
		将两条三角巾的顶角连接在一起，放在双臀缝的稍上方，然后把上面两底角围腰在前面打结，下面两底角分别绕腿与其底边在腹股沟打结
	膝（肘）部包扎	在受伤部位垫上敷料。指压受伤部位的桡动脉止血 5~10 分钟
		把三角巾折成四指宽，放在受伤的膝上，盖住膝（肘）关节，在膝（肘）窝处交叉，两端反绕膝（肘）关节，在外侧打结固定
	手（足）包扎法	在受伤部位垫上敷料。指压受伤部位的桡动脉止血 5~10 分钟
		三角巾一折二，中指（足）尖对准顶角，顶角下翻盖住手（足）背，两角在手（足）背或手（足）掌交叉，围绕腕（踝）关节缠绕，在手（足）背或手（足）掌打结固定

各部位三角巾的包扎方法见以下插图。

1. 头顶帽式包扎法。

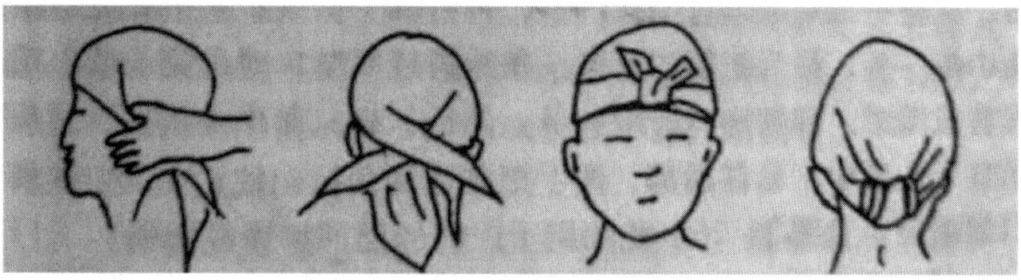

图 3-46 头顶帽式包扎法

2. 单眼包扎法。

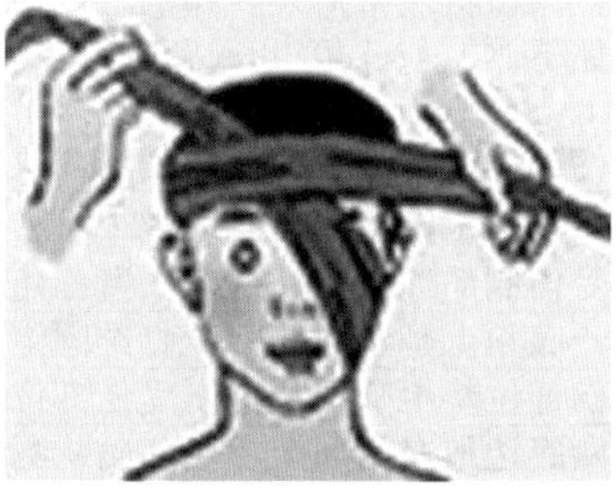

图 3-47 单眼包扎法

3. 双眼包扎法。

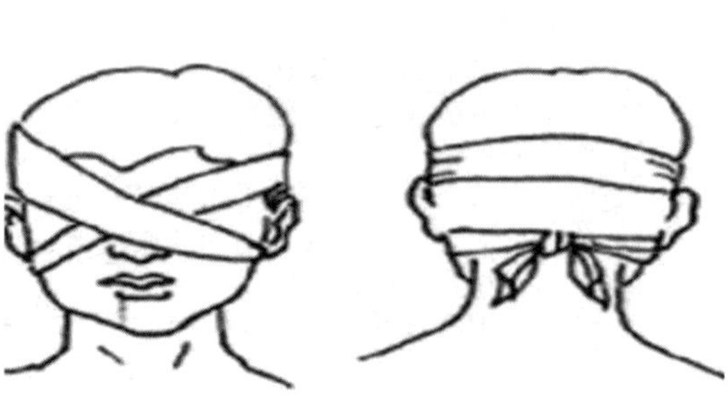

图 3-48　双眼包扎法

4. 下颌包扎法。

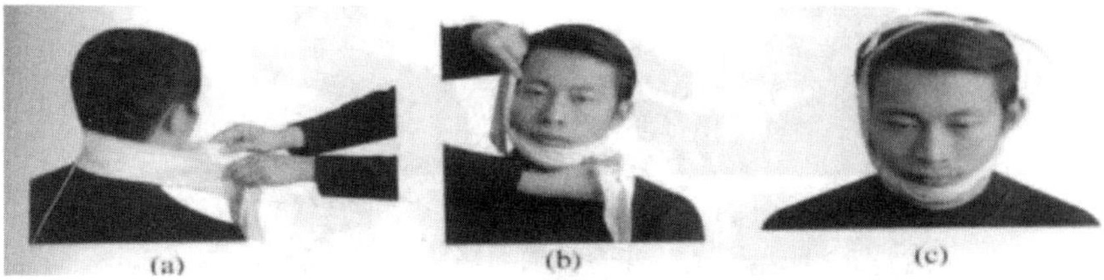

图 3-49　下颌包扎法

5. 单肩包扎法。

图 3-50　单肩包扎法

6. 双肩包扎法。

图 3-51　双肩包扎法

7. 单胸包扎法。

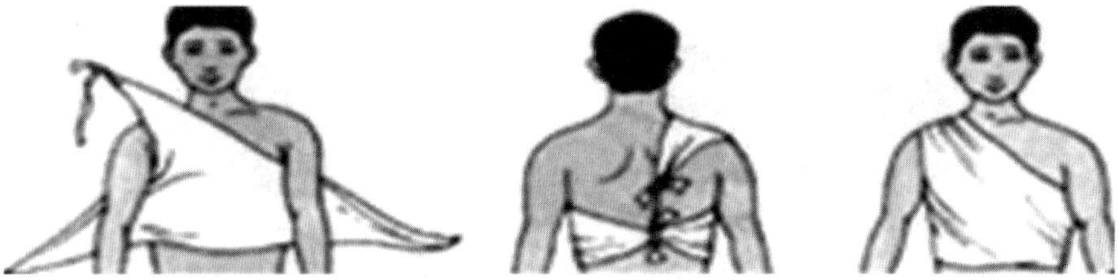

图 3-52　单胸包扎法

8. 双胸包扎法。

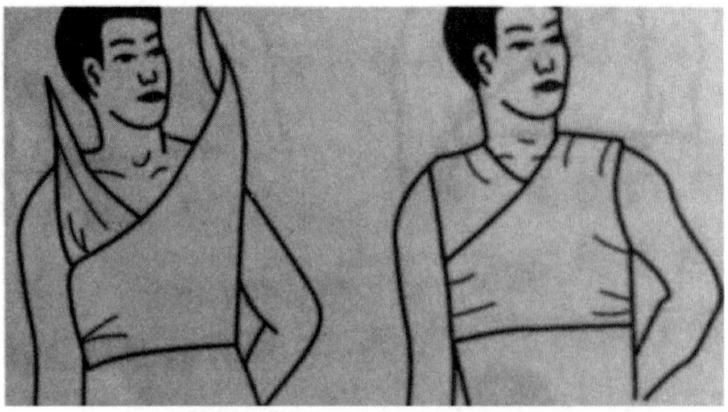

图 3-53　双胸包扎法

9. 腹部包扎法。

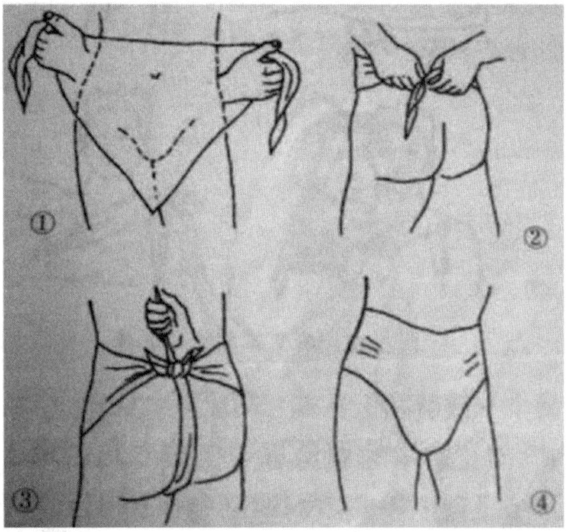

图 3-54　腹部包扎法

10. 单臀包扎法。

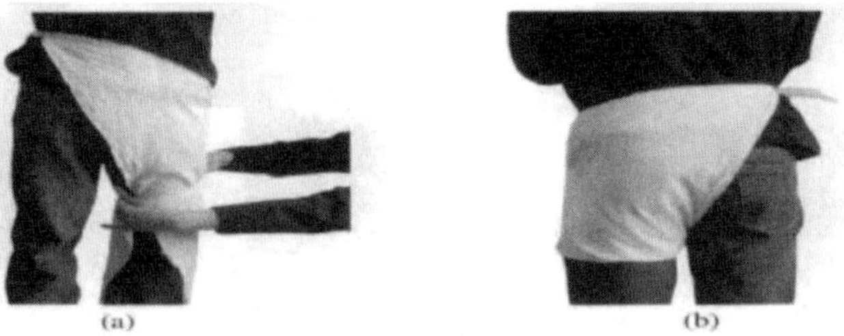

图 3-55　单臀部包扎法

11. 双臀包扎法。

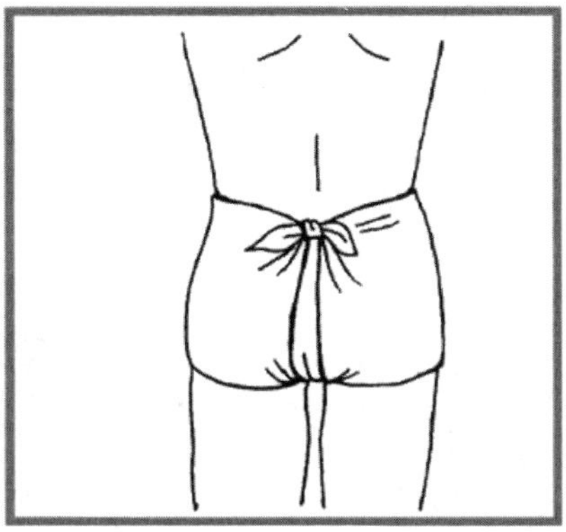

图 3-56　双臀包扎法

12. 膝部包扎法。

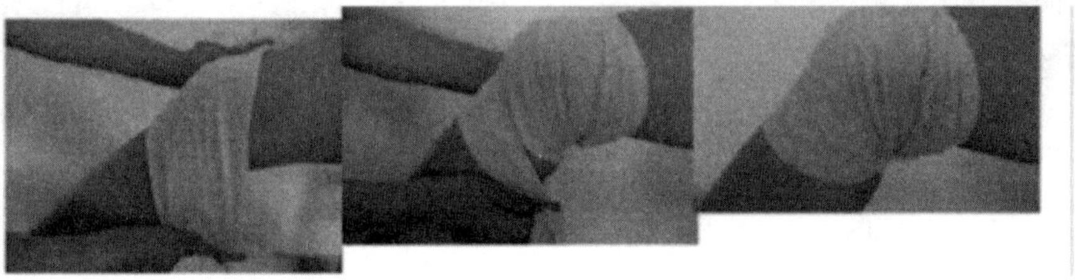

图 3-57　膝部包扎法

13. 手（足）部包扎法。

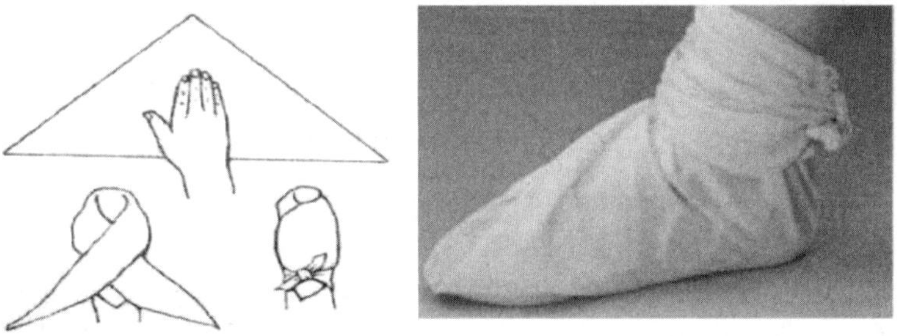

图 3-58　手（足）部包扎法

任务三　特殊创伤的包扎方法

一、腹部内脏脱出的包扎

当腹部受到撞击伤或刺伤，出现开放性伤口时，腹腔内的脏器如结肠、小肠脱出体外，受到细菌的污染。如将肠子还纳回腹腔内，可把细菌带入体内，细菌在腹腔内大量繁殖，导致伤者出现细菌感染，伤者因感染性休克而死亡。此时现场最好的急救是采用特殊的方法进行包扎。

现场急救方法：

第一步：用大块的纱布或干净的毛巾覆盖在脱出的内脏上。

第二步：用纱布或毛巾卷成保护圈，放在脱出的内脏周围。保护圈可用碗或皮带圈代替。

第三步：用三角巾包扎。伤员取仰卧位或半卧位，下肢屈曲。尽量不要咳嗽，严禁饮水进食。

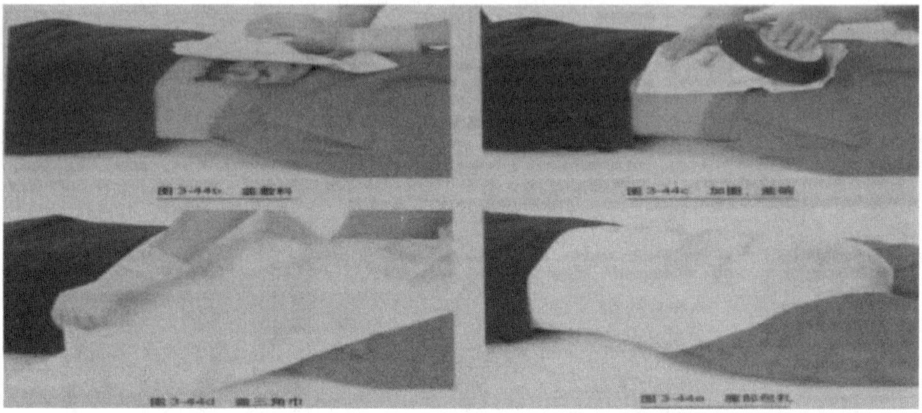

图 3-59　腹部内脏脱出包扎法

二、异物刺入体内的包扎

异物包括刀子、匕首、钢筋、铁棍以及其他因意外刺入人体的物体。异物进入体内后，根据异物的大小采取不同的方法。

现场急救方法：

第一步：立即让伤者停止活动，就地休息或转送至安全地点休息。

第二步：检查异物。检查异物大小，刺入的位置、深浅，是否伤及重要脏器。

第三步：根据异物的大小采取不同的方法进行急救处置。

1. 细小异物。如细小沙泥或小玻璃碎片等。如不清除可能会引起感染或影响伤口愈合。应将这类异物用镊子夹出或用冷水冲洗。

2. 较大异物。切忌拔出异物，因为这类异物容易刺中重要脏器或血管。如刺入胸背部，易伤及心脏、肺、大血管；如刺入腹部，易伤及肝、脾、肾等脏器；如刺入头部，易伤及脑组织。如果把异物拔出，会造成出血不止。

第四步：止血固定。

1. 用一块纱布将中间剪开，套在异物上。

2. 将两卷绷带、棉垫或替代品放在异物两侧夹紧异物，尽可能使其不摇动。进行止血和固定异物。

3. 用绷带在绷带卷、棉垫或替代品上包扎固定。

4. 呼叫急救电话 120，将伤员送往医院。

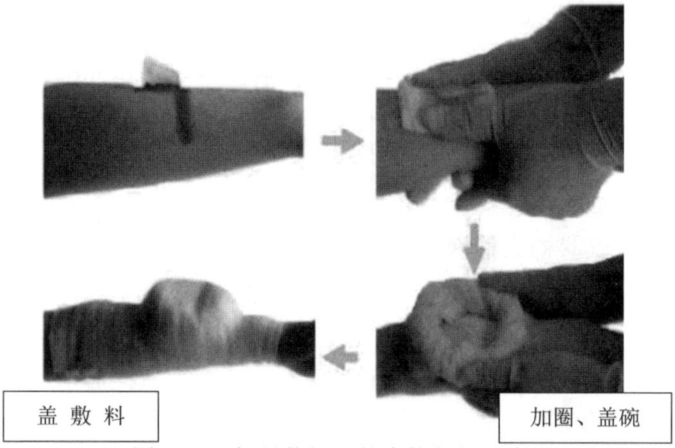

图 3-60　短异物插入体内的包扎方法

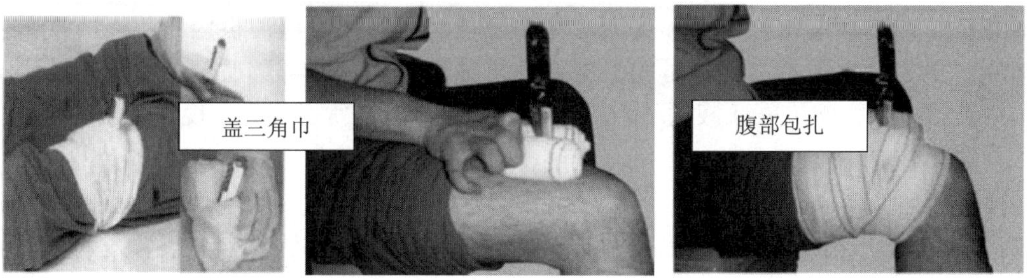

图 3-61　长异物插入体内的包扎方法

三、肢（指）体离断伤的处理

肢（指）体离断伤是一种毁灭性的损伤，常见于车祸、机器事故、斗殴等导致四肢或指体的完全离断。

现场急救方法如下。

1. 止血。立即对残端用止血带止血法止血。

2. 包扎。肢（指）体残端覆盖敷料后进行加压包扎或三角巾包扎。

3. 保存断肢（指）。离断的肢（指）体用纱布或干净衣物包好，放入塑料袋内。再放入内有冰块的塑料袋或容器内保存。

4. 尽快将伤员连同保存好的断肢（指）一起送至医院进行急救。

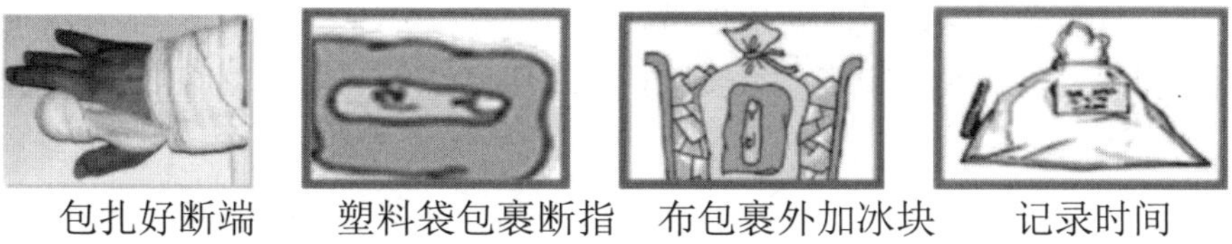

图 3-62　肢（指）体离断伤的处理

四、脑组织膨出的包扎法

当头部受伤时，伤者出现脑组织从伤口处膨出，不能直接在脑组织膨出处包扎。

1. 取干净纱布用盐水浸湿。
2. 将湿纱布覆盖在膨出的脑组织处。
3. 用毛巾卷成保护圈，包拢住膨出的脑组织。
4. 取一个比外露脏器稍大的碗或其他物品扣在上面。
5. 用绷带或三角巾包扎固定。
6. 立即送医院。

五、挤压伤的处理

交通事故、建筑工地外伤、地震和各种碾压伤是导致挤压伤常见的原因。挤压伤可出现骨折、内出血和水肿，循环受阻，受伤部位出现麻木，血液供应被阻断，严重者出现休克。更为严重的是由于长时间受压造成机体组织大量有毒物质聚集，一旦压力被解除，聚集的毒素突然进入血液循环，迅速到达心脏和肾脏等脏器，出现“挤压综合征”，导致伤者死亡。

现场处理方法如下。

1. 首先了解伤者被压时间，如不超过 15 分钟，尽快移开压在伤员身体的物体。
2. 检查伤者的伤情，对症处理。如有出血进行止血、包扎等。如果受伤时间超过 15 分钟，或救护者无法搬动压住伤者的物体，在现场给予伤员心理安抚，减轻伤员的恐惧感。
3. 立即拨打急救电话，请求救援。
4. 在等待期间密切观察伤者病情。

六、开放性气胸的包扎方法

1. 首先是将开放性伤口封闭，变开放性气胸为闭合性气胸，使其不再漏气。
2. 伤员取半卧位并向伤侧倾斜，保持呼吸道通畅。
3. 用多层清洁布块或厚纱布垫、保鲜膜、干净的塑料袋（布）压于伤口之上，用胶布将敷料固定，三角巾折成宽带绕胸固定于健侧打结。
4. 根据现场条件，也可用凡士林纱布将开放性伤口盖住，上面再覆盖大块纱布和棉垫，外面再用宽的绷带用力缠绕包扎固定。
5. 立即拨打急救电话，及时转运伤员。
6. 随时观察伤员的病情变化，检查脉搏、呼吸情况。三角巾侧胸部或全胸部包扎。

绷带包扎和三角巾包扎的评分标准

包扎评分细则						
姓名	内容	方法	要求（未达到下列要求者每项扣1分）	标准分	扣分	实得分
	螺旋包扎	包扎起始时环形包扎数圈（15分），包扎时后一圈压住前一圈的2/3或1/2（10分）	1. 评估环境安全，表明身份 2. 检查伤口情况，有否骨折 3. 操作不慌不忙，冷静，动作迅速	25		
	螺旋反折	包扎开始和结束时环形包扎数圈（5分），在螺旋的基础上反折（5分），反折时以左拇指按住卷带正中处（5分），右手将带反折向下，向后绕并拉紧（5分），每圈都在同一纵向平面反折约40度（5分）	4. 包扎纱布覆盖伤口 5. 包扎起始时做环行缠绕 6. 包扎整齐、牢固、美观 7. 包扎时每层露出的宽度一致 8. 包扎时不过紧或过松	25		
	“8”字包扎	开始和结束时环形包扎数圈（5分），一圈向上（5分），一圈向下（5分），按8字的书写行螺旋缠绕包扎（5分），每周在正面和前面相交，并遮盖前周的的2/3或1/2（5分）	9. 包扎时从远心端向近心端 10. 包扎完固定 11. 包扎完固定在外侧 12. 绷带包扎要完全覆盖纱布	25		
	回返法	开始和结束时环形包扎数圈（5分），第二圈常在中央（10分），以后各周分向左右（10分），直到该端全部包扎后，再作环形包扎	13. 操作时要观察病人手指血运情况 14. 操作时绷带无脱落 15. 整体操作在3分钟内完成，包括将绷带卷好后完整交下一组的加1分，超5秒扣2分。计时从评判宣布比赛开始到操作完毕	25		

三角巾包扎的评分标准

姓名	要求	标准分	扣分	得分
	环绕四周，评估环境安全并报告（2分）表明身份（1分），指压止血正确（5分）松紧适度（5分）包扎前加敷料口述（2分）	15分		
	根据受伤情景选择正确的包扎方法	10分		
	包扎方法正确	70分		
	检查循环	5分		
	说明：一个部位三角巾包扎法为100分			

【任务小结】

本节介绍了创伤出血时现场急救所采取的包扎方法和特殊伤包扎法。重点学习内容是掌握绷带包扎法、三角巾包扎法和特殊伤的包扎实操技能。

【知识拓展】

一、绷带包扎口诀

（一）环形包扎法口诀

缠绕若干圈，固定在外边，包扎完毕后，别忘查循环。

（二）螺旋包扎法口诀

环形包扎须两圈，螺旋缠绕若干圈，覆盖上圈的一半，包扎完毕查循环。

（三）“8”字包扎法口诀

关节之处绕两圈，下一圈上一圈，逐渐分两边，交叉在拐弯，固定在外边。

（四）回返包扎法口诀

环形两圈，回返若干，螺旋固定，结放外边。

二、三角巾包扎法口诀

（一）头顶帽式包扎

压住眉毛向后拉，脑勺下面打交叉。 额头正中把结打，露出耳朵塞尾巴。

（二）胸、背、腹、臀包扎

腰间一道向上翻，包住胸背很方便。 向下一兜包臀腹，操作不难很简单。

（三）大悬臂带固定（用于前臂外伤、骨折处理）

顶角放在肘外边，底角打结健侧肩。 前臂屈曲 90 度，固定完毕查循环。

（四）膝关节包扎

斜放关节上，交叉在后方，上下压两边，打结在一旁。

（五）三角巾肩部包扎

底边对折两边搓，燕尾夹角放脖根，小燕尾巴对侧系，包住伤肩缠绕好，美观实用更方便。

（六）平结打结方法

左压右右压左，打个平结好处多。平面放在肢体上，美观舒适还不硌。
U 型两边一拉开，平结自然就打开。小小平结真神奇，包含急救和娱乐。

【练习题】

一、选择题

1. 创伤包扎的范围要求超过伤口周围（　　）。

A. 1~3 cm　　B. 4~5 cm　　C. 5~10 cm　　D. 10~15cm

2. 下列不是创伤包扎目的的是（　　）。

A. 使伤口与外界环境隔离，以减少污染机会

B. 止痛，缓解伤员紧张情绪

C. 加压包扎可用以止血

D. 脱出的内脏回纳后伤口再包扎，以免内脏暴露在外加重损伤

3. 刀伤处理的重要原则是（　　）。

A. 不要取出刺入体内的刀具　　B. 取出刺入体内的刀具

C. 快速输液　　D. 包扎伤口

4. 发现伤口有脏物时，应先用洗洁剂清洗伤口，再进行包扎（　　）。

A. 正确　　B. 错误

5. 对于关节处流血，应选用（　　）方法止血。

A. 绷带环形包扎　B. 绷带螺旋包扎　C. 绷带螺旋反折式包扎　D. 绷带“8”字包扎

6. 对于小动脉、小静脉、毛细血管出血，现场首选的止血方法是（　　）。

A. 止血带止血　　B. 填塞止血　　C. 加压包扎止血　　D. 指压法

7. 如果某人动脉出血，下列做法可取的是（　　）。

A. 等待血液在伤口处自然凝固

B. 在伤口的近心端用绷带压迫止血

C. 将伤者送医院等待医生处理

D. 在伤口的远心端用绷带压迫止血

8. 全国通用的医疗急救电话为（　　）。

A. 114　　B. 122　　C. 120　　D. 110

9. 因事故导致严重的外部出血时，应采用（　　）的方法。

A. 清洗伤口后加以包裹

B. 用布料直接包裹，制止出血

C. 用药棉将流出的血液吸去

D. 伤口处垫上敷料后进行包扎止血

10. 有一物体扎入人员的身体中，此时救助者应（　　）处理。

A. 拔出扎入的物体

B. 拔出扎入的物体实施加压包扎

C. 固定扎入的物体后送往医院

D. 赶快送往医院

11. 绷带包扎顺序原则上应为（　　）。

A. 从上向下、从左向右、从远心端向近心端

B. 从下向上、从右向左、从远心端向近心端

C. 从下向上、从左向右、从远心端向近心端

D. 从下向上、从左向右、从近心端向远心端

E. 从上向下、从右向左、从近心端向远心端

12. 腹部外伤，肠外溢时，现场处理原则为（　　）。

A. 将肠管送回腹腔；再用敷料盖住伤口　B. 直接用三角巾做全腹部包扎

C. 盖上碗后再用三角巾包扎

13. 用绷带包扎上下粗细不等的肢体时应当选用（　　）方法比较合适。

A. 环形包扎　B. 螺旋反折包扎　C. 螺旋包扎　D. 回返包扎

E. 拔出异物后止血再送医院

14. 关于结扎止血带，下列错误的是（　　）。

A. 结扎止血带前，应先加衬垫

B. 手断离后，止血带应结扎在上臂的中段

C. 每隔 40~50, 放松 1 次

D. 结扎不要过紧或过松，远端动脉搏动消失即可

E. 标明结扎止血带的时间

15. 上臂出血时应用止血带时应缚在（　　）。

A. 上臂上 1/3　B. 上臂中上 1/3　C. 上臂中 1/3　D. 上臂中下 1/3

E. 上臂下 1/3

16. 包扎止血法不能用的物品是（　　）。

A. 绷带　B. 三角巾　C. 止血带　D. 麻绳

17. 手部包扎法有（　　）。

A. “8”字形包扎　B. 环形包扎　C. 螺旋包扎　D. 反折包扎

18. 伤口包扎时应遵循（　　）“四要”。

A. 快、准、轻、牢　B. 快、稳、准、牢

C. 快、准、紧、牢　D. 轻、快、紧、牢

19. 下列止血法描述错误的是（　　）

A. 指压法通常将中等或较大的动脉压在骨的浅面

B. 压迫包扎法可用于一般的伤口出血

C. 填塞法用于肌肉、骨端的渗血

D. 止血带法能有效制止四肢出血

E. 止血带法和指压法均可长时间控制出血

20. 对于切割伤，应首先对伤口进行清洗再包扎（　　）。

A. 正确　B. 错误

21. 遇肢体离断伤时，现场处理好伤员后应将离断的肢体（　　）。

A. 放入冰块中保险　B. 用水冲洗干净后包好随伤员一起送医院

C. 用干净的布包好，放入塑料袋后再放在装有冰块的塑料袋中保存（摄氏 2~3 度的环境）

二、多选题

1. 绷带包扎法包括（　　）。

A. 绷带环形包扎法　　B. 回返式包扎法　　C. 螺旋式包扎法

D. 螺旋反折包扎法　　E. “8”字形包扎法

2. 以下哪种绷带包扎止血的方法适用于粗细不相同的出血部位（　　）。

A. 绷带环形包扎法　　B. 绷带螺旋包扎法　　C. 绷带螺旋反折式包扎法

D. 绷带“8”字包扎法　　E. 绷带回返式包扎法

3. 常用创伤包扎材料有（　　）等，创伤急救的原则是就地取材。

A. 胶布　　B. 绷带　　C. 毛巾　　D. 三角巾

4. 关于伤口包扎正确的是（　　）。

A. 从上向下，从左到右

B. 从远心端到近心端

C. 固定绷带打结应在肢体内侧

D. 不可在伤口处打结

E. 不可随便还纳外露的肠内容物

5. 关于绷带包扎法手法正确的是（　　）。

A. 包扎方向自上而下

B. 包扎方向从右向左

C. 自远心端向近心端包扎

D. 绷带固定的结放在肢体的外侧面

E. 包扎四肢露出指或趾

6. 下列止血法描述错误的是（　　）。

A. 指压法通常将中等或较大的动脉压在骨的浅面

B. 压迫包扎法可用于一般的伤口出血

C. 填塞法用于肌肉、骨端的渗血

D. 止血带法能有效制止四肢出血

E. 止血带法和指压法均可长时间控制出血

7. 现场对伤员进行包扎时，包扎伤口的目的是（　　）。

A. 保护伤口　　B. 减少感染　　C. 压迫止血　　D. 固定敷料

8. 对开放性腹部伤伴有肠管脱出者包扎时，应选则救护要点是（　　）。

A. 不允许把肠管送进腹腔

B. 直接用三角巾包扎

C. 进行保护性包扎（先用碗、敷料保护肠管，再用三角巾包扎）

D. 不用包扎

9. 关于绷带包扎法手法正确的是（　　）。

A. 包扎方向自上而下

B. 包扎方向从右向左

C. 自远心端向近心端包扎
D. 绷带固定的结放在肢体的外侧面
E. 包扎四肢露出指或趾
10. 包扎的作用有（　　）。
A. 保护创面　　B. 压迫止血　　C. 骨折固定　　D. 减轻疼痛　　E. 减少并发症

三、问答题

1. 抢救伤员的“三先三后”原则是什么？
2. 肢体离断伤处理程序是什么？
3. 请说出腹部内脏脱出处理方法。
4. 案例分析

在某公路段因车祸致一人受伤，救护人员赶到现场检查后发现，受伤者神志清楚，呼吸、脉搏尚正常，口咽部未见明显异物及出血，仅诉有点心慌，左上肢疼痛难忍，其左前臂可见外伤出血；左下肢小腿前面见创面约 8cm 左右，可见渗血，疼痛明显；受伤者病情复杂，其左上肢前臂、左下肢小腿在现场不能排除骨折。

（1）你作为救护者，该如何实施急救？
（2）救护的主要程序是怎样的？
（3）实施急救时有哪些注意事项？

5. 一青年男子，因打架斗殴左下肢被匕首扎伤，匕首仍留在伤处，应如何处理？

第四节　现场固定技术

【学习目标】

现场骨折固定是创伤救护的一项重要技术。通过学习和训练，使学生了解和掌握骨折的定义、分类和骨折的判断及各部位骨折后的固定方法。

【任务描述】

创伤后的现场固定一般用于骨折后的固定。骨骼在人体中起着保护内脏器官和支架的作用，骨骼周围有血管和神经。骨折发生后，要立即进行现场有效的固定后，再送往医院。如不加以固定，很容易发生移位，加重病情或产生新的损伤，增加病人痛苦。骨折的断端也会损伤周围的血管或神经或内脏器官，甚至造成脊髓损伤截瘫等严重后果。正确有效的固定能迅速减轻病人的疼痛，减少出血，防止骨折断端移位损伤脊髓、血管、神经等重要组织，也是搬运的基础，有利于转运后的进一步治疗。对上肢骨折的伤者，可将伤肢悬挂于胸前，并固定在胸侧，也可用夹板或就地取材固定；对下肢骨折固定，用夹板或将伤肢固定于健侧肢体；对头颅受伤的伤员，用颈托固定，现场如没有颈托，可用两个沙袋或坚实的枕头放在伤员颈部两侧用绷带固定。

【相关知识】

一、骨折的定义

是指骨的完整性遭到破坏或骨的连续性中断。

二、骨折的原因

1. 直接作用。暴力直接作用使受伤部位发生骨折，常伴有不同程度的软组织损伤。

2. 间接作用。外力通过传导、杠杆或旋转等作用导致骨折，使肢体远处发生骨折，往往骨折部位不在外力接触部位。如手掌撑地，暴力向上传导，容易导致桡骨远端骨折或肱骨髁上骨折；突然跪倒时，可导致髌骨骨折。

三、骨折的分类

根据骨折部位的皮肤黏膜的完整性分为：

1. 开放性骨折。骨折处的皮肤黏膜完整性破坏，或骨折处有伤口，骨折处与外界相通。开放性骨折很容易感染。

2. 闭合性骨折。骨折处的皮肤黏膜完好，骨折端未与外界相通。但骨头容易错位，损伤周围组织或血管，引起内出血，甚至休克。

四、骨折的判断

1. 骨折的特有体征。

（1）畸形。 由于骨折端的移位而导致畸形，主要是患肢的形状发生改变，如肢体缩短，患肢成角或旋转。

（2）异常活动。肢体在没有关节的骨折部位出现异常活动。

（3）骨擦音。两骨折端相互摩擦时产生骨擦音。

有以上三体征之一的即可判定为骨折。

2. 骨折的一般症状。

（1）疼痛。骨折处疼痛，活动时加重，局部有压痛，可听到骨擦音。

（2）肿胀。骨折部位有明显的肿胀。

（3）功能障碍。骨折后导致原有的功能受到限制或完全不能活动。如上肢骨折拿、提受到影响；下肢骨折后不能站立、行走。

3. 骨折的全身症状。

（1）休克。主要是由伤口出血引起。

（2）发热。一般以低热为主（38℃），高热时要考虑合并感染。

五、骨折的急救

1. 急救原则。

抢救生命，保护患肢，迅速运送。

2. 急救方法。

立即让伤员停止活动，固定伤肢，平稳转运。禁止现场对骨折复位。

（1）对开放性骨折，主要是防止出血和感染。用敷料覆盖伤口，按压受伤部位周围的血管止血，避开突出的断骨。再用绷带包扎后固定，随时观察病情和受伤部位的血液循环，送往医院治疗。

（2）闭合性骨折，患者不要移动，用夹板固定或就地取材进行固定，上肢可用悬吊固定，下肢可与健侧肢体固定在一起，打结在健侧肢体上。每 10 分钟检查固定肢体的血液循环情况。

六、现场急救中常用的固定方法

1. 悬挂——锁骨、上臂、前臂骨折。
2. 夹板——上臂、前臂、大腿、小腿骨折。
3. 健肢——大腿、肱骨等骨折。

七、骨折固定的材料

1. 木制夹板。

这是最常用的固定材料，有各种长短不同的规格以适合不同部位的需要。现场没有夹板，可用木棍、竹片、伞、书或杂志等。

2. 颈托。

专门用于固定颈椎。颈椎外伤后，怀疑颈椎骨折或脱位时必须用颈托固定。紧急情况下，可就地取材，用硬纸板、衣物等做成颈托而起到临时固定的作用。

3. 绷带、三角巾、毛巾、衣服、围巾等。

4. 可用伤员的躯体或健侧肢体固定。

八、骨折固定的注意事项

1. 在进行骨折固定时要遵循先救命再治伤的原则。对开放性骨折，要先止血、包扎后再固定。如有危及生命的严重情况先抢救，病情稳定后再固定。

2. 怀疑脊椎骨折、大腿或小腿骨折，应就地固定，切忌随便移动伤员。

3. 固定应力求稳定牢固。固定材料的长度应超过上下两个关节。小腿固定，固定材料长度超过踝关节和膝关节；大腿固定，长度应超过膝关节和髋关节；前臂固定，长度超过腕关节和肘关节；上臂固定，长度应超过肘关节和肩关节。

4. 不可将外露的骨折断端还纳回伤口，伤口不冲洗不涂药。扎进去的物体不要拔出来。

5. 夹板和代替夹板的器材不要直接接触皮肤，防止皮肤受压。应先用棉花、碎布、毛巾等软物垫在夹板与皮肤之间，尤其在肢体弯曲处等间隙较大的地方，要适当加厚垫衬。

6. 骨折固定时，松紧要适宜，以固定上下活动 1 厘米为宜。四肢骨折固定时应将指或趾端露出，以便观察血液循环。

7. 肢体固定时，上肢屈肘，下肢伸直。

8. 功能位置要放好。固定的目的是防止骨折断端移位，而不是复位。对于伤员，看到受伤部位畸形，也不可随便矫正拉直。注意预防并发症。

九、骨折的预防

1. 旅游路途较远时，途中要有适当的休息，做到劳逸结合，避免旅途疲劳。
2. 在途中要轻装行走，穿轻便舒适的鞋子，不要穿皮鞋和高跟鞋。
3. 夜晚睡觉时，把双腿抬高，用温水泡脚，以促进血液循环。
4. 走路不观景，观景不走路。

【任务实施】

各部位骨折的急救。

一、锁骨骨折固定

方法与步骤：

1. 将锁骨骨折侧的手臂放在对侧的肩部。
2. 用三角巾盖在该手臂上，顶角放在肘关节处。
3. 一底角悬吊手臂放在肩部拉向背部与顶角打结固定。
4. 在肘关节处拉紧顶角拧紧，与肘关节贴合，然后掖入肘部固定。
5. 再将另一条三角巾折成带形，横放在手臂的上方，在胸前拉向背部打平结固定。

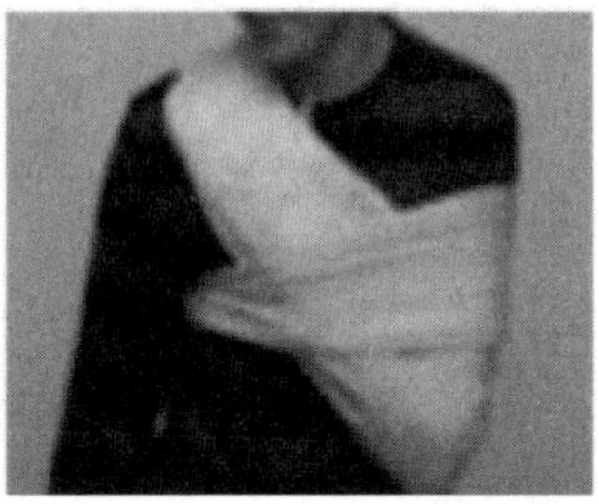

图 3-63　锁骨骨折固定

二、上臂骨折

方法与步骤如下。

（一）夹板固定

受伤手臂屈肘 90°，将一块夹板放在上臂的外侧，另一夹板放在内侧，用绷带在手臂外侧打结固定，然后用绷带或三角巾悬吊手臂，将前臂悬吊于胸前，置于功能位。

（二）现场无夹板的固定

如现场没有夹板，可用两条三角巾进行悬吊固定。

1. 将受伤侧的手臂水平放在胸前，屈肘 90°，另一手臂托住胳膊。

2. 在手臂和胸部之间放入三角巾，将手臂悬吊。

3. 再用另一条三角巾折成宽带横放在胸前的手臂上方，超过骨折部位的上下端，与胸部固定起来，将三角巾拉向背部打结固定。

4. 检查手指末梢血液循环情况。

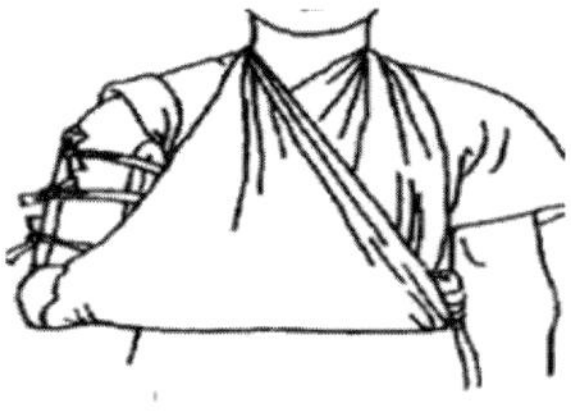

图 3-64　上臂夹板固定法

图 3-65　上臂躯干固定法

三、前臂骨折

（一）夹板固定

1. 受伤手臂屈肘 90°，前臂处于中立位，拇指朝上。

2. 用两块夹板分别放在伤者的前臂掌侧和背侧，夹板长度从肘关节处到手掌，用 3~4 条绷带固定夹板，在手臂外侧缠绕打结固定。

3. 最后用三角巾将前臂悬挂胸前。

4. 检查手指末梢血液循环情况。

（二）现场无夹板的固定

1. 如没有夹板，可用书本或杂志代替。

（1）受伤手臂屈肘 90°，用书本或杂志垫于前臂下方，超过肘关节和腕关节。

（2）用布带捆绑固定。

（3）然后将前臂用三角巾悬吊。

（4）露出指甲检查血液循环。

2. 躯干固定。

用三角巾将患肢悬挂在胸前，在颈后打结固定，再用另一条三角巾折成带形紧贴胸部横拉向背部固定。

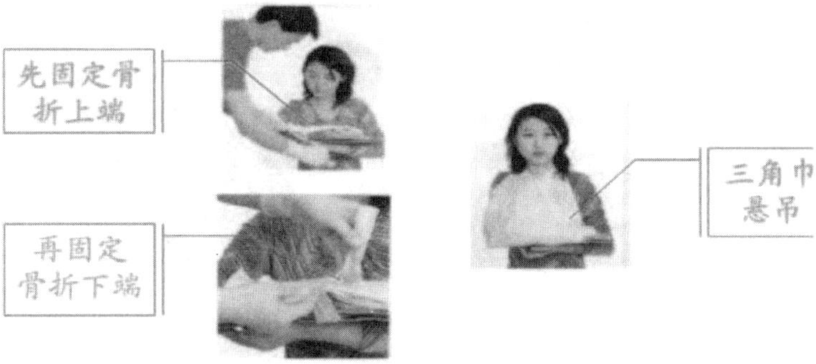

图 3-66 前臂骨折夹板固定法

图 3-67 前臂骨折躯干固定法

3. 衣物悬吊。

如果现场没有三角巾，可以用衣物做临时悬带。

（1）用病人穿的衣服，将伤臂紧贴胸部，将衣角向上拉，托住受伤的手臂提向健侧肩上与衣襟打结或用别针固定。

（2）外套衣角。解开伤者的夹克外套，将受伤一侧的衣服向上拉起，提到肩部，用别针固定。

（3）解扣外套。解开外套的一颗扣子，将受伤一侧的手放入衣服里，搭在扣子上。

（4）长袖衣服。将伤肢放在对侧肩上。把袖口别在肩部的衣服上，让手臂抬高。固定好后检查血液循环，每隔 10 分钟一次。

图 3-68　前臂骨折衣服或杂志书本固定法

四、大腿骨折

（一）夹板固定

1. 让伤者躺平，如有伤口应先止血，包扎伤口。

2. 然后用长至腋下到足跟部的夹板放在大腿外侧，另一夹板放在大腿根部内侧至足跟部。

3. 再用 4~6 根绷带或三角巾，分别在腋下、腰部、大腿根部、膝关节、踝部环绕伤肢打结固定。

4. 在骨隆处垫上软垫。

（二）健肢固定

如现场没有夹板，把伤肢用三角巾固定在健侧肢体上，在两腿之间放软垫。

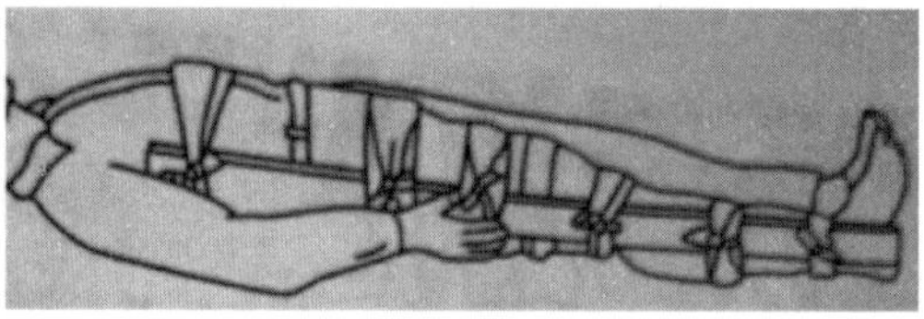

图 3-69　大腿骨折夹板固定

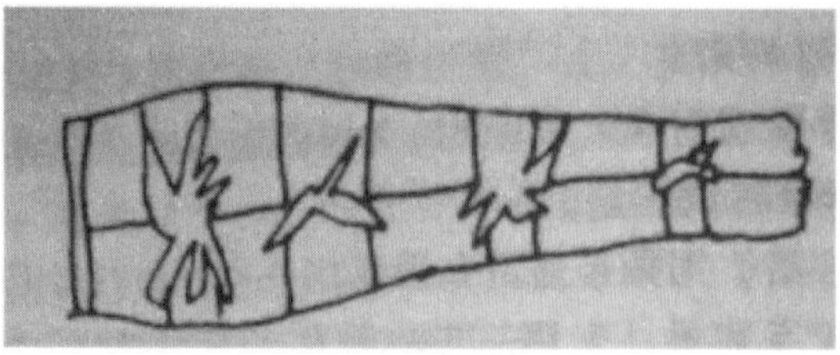

图 3-70　大腿骨折健肢固定法

五、小腿骨折

（一）夹板固定

用两根夹板，放在大腿中部至足根部的内侧和外侧，用 4~5 条宽带分别在大腿，膝关节上、下和踝部处固定。

（二）健肢固定

如现场无夹板，将受伤下肢用三角巾固定在健侧的下肢上，在两腿之间放软垫。

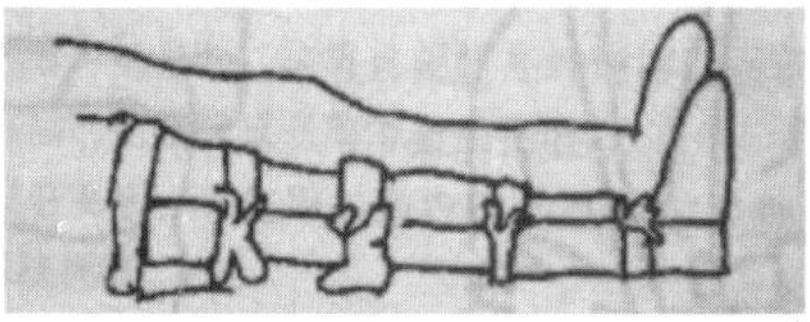

图 3-71 小腿骨折夹板固定法

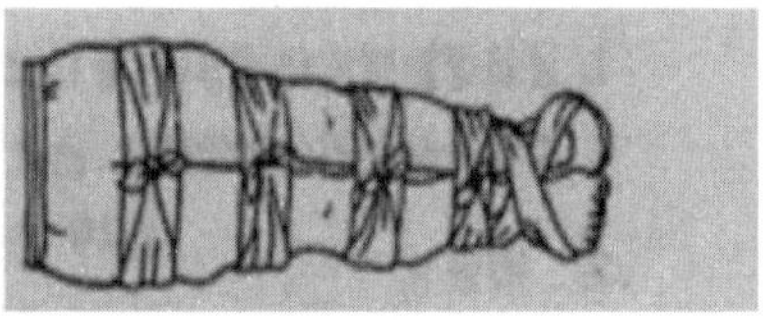

图 3-72 小腿骨折健肢固定法

六、骨盆骨折

1. 让患者平躺下，头部放平或放低，防止休克发生。
2. 两腿屈曲，在膝盖和踝部骨突出的地方垫上软垫，用三角巾将两腿固定在一起。
3. 将足踝处用三角巾固定。

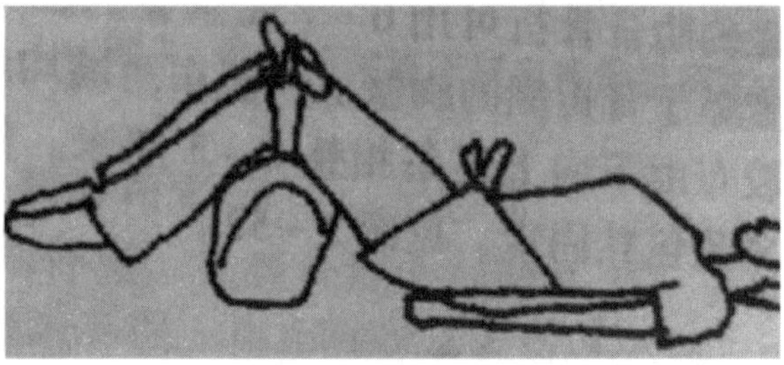

图 3-73 骨盆骨折固定法

七、脊椎骨折

（一）颈椎骨折

1. 将患者仰卧，用颈托固定。
2. 如现场无颈托，可用衣物、硬纸板或枕头，放在颈部两侧，使头部处于正中位置。
3. 用三角巾或一条带子在额部固定头部，避免头部左右晃动。

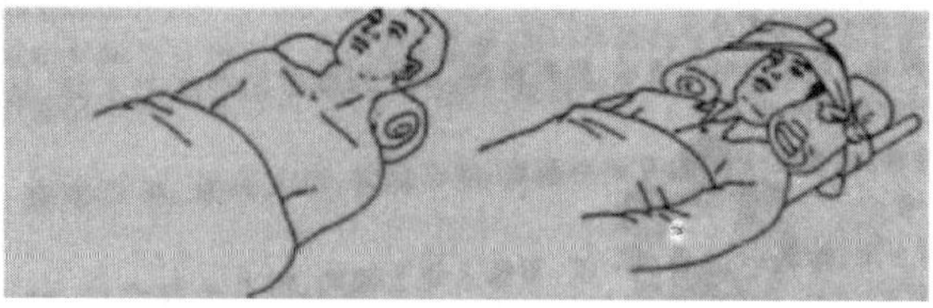

图 3-74 颈椎骨折固定法

（二）胸腰椎骨折

1. 将患者平躺在硬板上或担架上，在伤处垫一软垫，使脊柱微向上突起。
2. 最后用三角巾或带子把伤员固定在硬板或担架上。

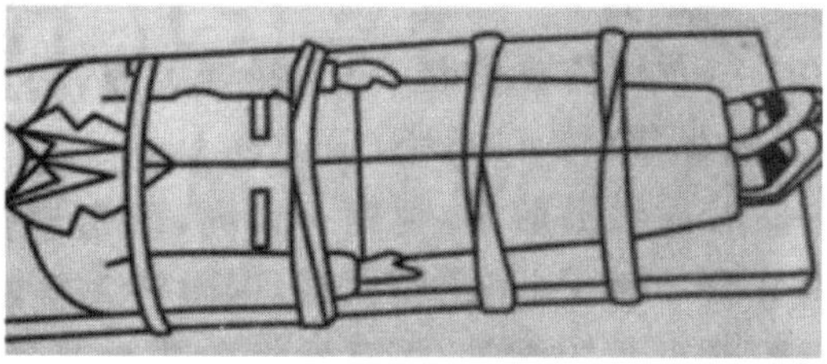

图 3-75 胸腰椎骨折固定法

【任务小结】

本节主要介绍了骨折的定义和根据骨折特有的体征进行判断。重点介绍了骨折后的急救和各部位骨折的固定方法。学习重点是各部位骨折固定方法实践技能的掌握。

【练习题】

一、单选题

1. 下述骨折的急救措施不正确的有（　　）。
A. 首先抢救生命，抢救休克
B. 包扎创口，用绑带压迫包扎止血或止血带止血。
C. 妥善固定
D. 迅速转运
E. 迅速现场内固定术
2. 下列体征是骨折的专有体征的是（　　）。
A. 肿胀与瘀斑　B. 疼痛与压痛　C. 功能障碍　D. 反常活动　E. 以上都不是
3. 开放性骨折的正确处理方法为（　　）。
A. 必须先将骨的断端还纳后，再止血、包扎、固定
B. 先止血，再固定，最后包扎
C. 立即复位后，再止血、固定、包扎
D. 止血、包扎后，不固定也可以

E. 先止血，再包扎，最后固定

4. 对骨折肢体用夹板固定时，选择固定夹板应（　　）。

A. 超过骨折上关节　　B. 不用过关节

C. 超过骨折上、下两个关节　　D. 超过骨折下关节

5. 对开放性骨折的处理应（　　）。

A. 先将骨折端送回伤口，再做包扎固定

B. 严禁把暴露在伤口外的骨折端送回伤口内，可用净布包扎以免感染

C. 不做处理

D. 先行局部清洁消毒处理，再将骨折端送回伤口，包扎固定

6. 断肢（指）现场的急救不包括（　　）。

A. 止血　B. 包扎　C. 保存断肢（指）　D. 迅速运送　E. 输血

7. 对无骨端外露骨折伤员的肢体，用夹板或木棍、树枝等固定时应（　　）。

A. 超过伤口上、下关节　B. 超过伤口下关节

C. 超过伤口上关节　D. 不得超过伤口上、下关节

8. 抢救脊柱骨折的伤员时，应（　　）。

A. 采取保暖措施　B. 用软板担架运送　C. 用三角巾固定　D. 扶持伤者移动

9. 发生骨折后，不要乱捏或（　　）受伤部位。

A. 活动　　B. 包扎

10. 骨折固定可以利用木板、杂志、衣角等制作（　　）或吊臂。

A. 夹板　　B. 绷带

11. 外伤出血时，如果排除患肢骨折，可以适当（　　）患肢。

A. 抬高　　B. 降低

12. 对颈椎损伤的病人，可以用（　　）保持患者头和颈部不动。

A. 单手　　B. 双手

13. 对疑有骨折或脊柱受伤的人，抢救时（　　）。

A. 要尽快将伤员拉出，并立即送往医院

B. 由抢救者搀扶或背负到担架上再搬运

C. 不可强拉硬拖，要设法暴露全身，再整体搬

14. 骨折现场急救正确的是（　　）。

A. 骨折应初步复位后再临时固定

B. 对骨折端外露的应先复位后固定，以免引起感染

C. 一般应在现场进行骨折固定后再转运

二、判断是非题

1. 上肢骨折固定要屈肘位，下肢骨折固定要伸直。（　　）

2. 又有出血，又有骨折，先骨折固定，然后止血。（　　）

3. 腹部外伤有脏器脱出时，为方便搬运伤员，可将脱出的脏器用清水洗干净后将脏器放回腹腔。（　　）

4. 脊柱骨折的病人，如果他自己能走，可扶着他行走。（　　）

5. 四肢骨折的病人，在固定时无须将指、趾末端露出。（　　）

6. 出现骨折，若现场无适当固定物时，可将骨折的上肢固定于胸壁，下肢一侧骨折同健侧肢体固定在一起。（　　）

7. 判断骨折的依据是：疼痛、肿胀、畸形、功能障碍。（　　）

8. 小悬臂带用于锁骨、肱骨骨折及前臂、肩关节损伤。（　　）

9. 扎止血带只适用于四肢外伤止血。（　　）

10. 某人因摔倒而擦伤手掌，有少量出血，可采用止血带止血。（　　）

11. 患者脊柱骨折时可采用毛毯搬运。（　　）

三、简答题

1. 简述骨折固定的注意事项。

2. 如何判断骨折？

3. 前臂骨折，现场无夹板时如何固定？

第五节　现场搬运技术

【学习目标】

1. 了解不同搬运方法所适用的病人及搬运的注意事项。

2. 掌握各种搬运原则和目的。

3. 重点掌握各种搬运方法。

【任务描述】

在现场救护中，伤员经过现场初步处理后，通过搬运，将伤员送往医院进行治疗，或救治现场不适宜就地抢救时，需紧急搬运病人到安全的地方。搬运伤病者应及时、迅速、正确。如没有正确的搬运，轻者可延误伤病者获得进一步检查救治的时间，重者可使伤情恶化，甚至造成终身残废。正确的搬运，使病人得到及时有效的救治，对后期的预后起着至关重要的作用。在整个急救过程中，搬运是现场急救中不可分割的重要组成部分，是病人能否安全到达医院获得全面有效救治的重要环节。

【相关知识】

创伤病人的搬运包括如何将病人从现场搬离出来，以及现场救护后将病人搬运护送到医院两个方面，如从汽车驾驶室、倒塌的物体、火灾现场、旅游景点等搬出病人。

伤员有多处创伤或伤势严重时，应就地抢救，因为对伤员受伤程度和受伤数目不清楚的情况下来移动伤员会使伤情加重。

在意外伤害事故现场，如现场环境不安全，有直接或潜在的危险因素存在，或环境不适宜在现场施救，必须紧急将伤员转运到安全的地方。

搬运伤员应迅速、及时、正确有效。否则，轻者可延误伤员及时获得进一步检查救治的时机，重者可使伤情恶化，甚至造成不可挽回的后果。

一、搬运原则

1. 原则上对伤员进行现场救护，只有在现场环境不安全的情况下才移动伤员。

2. 在搬运伤员前，应先迅速检查头、颈、胸腹部、四肢的伤情，并加以适当的、必要的初步处理。

3. 如将伤员移到安全地带施救，应将伤者身体以长轴方向直向拖行，不可从侧面横向拖行。

4. 根据伤情选择合适的搬运方法。头、背部损伤，四肢骨折，骨盆骨折等不得坐位搬运。

5. 搬运时动作要轻巧、迅速，尽量减少不必要的损伤。

6. 随时观察病人生命体征，病情加重应停止搬运，进行抢救。

7. 注意病人的保暖或降温。

二、搬运目的

1. 使伤员脱离危险区，实施现场救护。

2. 通过搬运，使伤员尽快获得专业的救治。

3. 最大程度地挽救生命，减轻伤残。

三、搬运的操作要点

1. 现场救护后，要根据伤病人的伤情轻重和特点分别采取搀扶、背运、双人搬运等措施。

2. 怀疑有脊柱、骨盆、双下肢骨折时不能让伤病人试行站立。

3. 怀疑有肋骨骨折的伤病人不能采取背运的方法。

4. 伤势较重，有昏迷，内脏损伤，脊柱、骨盆骨折，双下肢骨折的伤病人应采取担架器材搬运方法。

5. 现场如无担架，制作简易担架，并注意禁忌范围。

四、搬运的方法

包括徒手搬运法和器械搬运法两种方法。

1. 徒手搬运法 主要适用于转运路程短、病程较轻及无骨折的伤员。

2. 器械搬运法 是搬运伤员的最佳方法，适用于重伤员长距离运送。

五、搬运的注意事项

1. 搬运伤病员之前要检查脉搏、呼吸等和受伤部位，重点检查头颈部、脊柱、胸部有没有外伤，特别是颈椎是否有损伤。

2. 首先是保持伤员的呼吸通畅，对外伤先进行止血、包扎、固定后再进行搬运。

3. 在特殊的现场，要按特殊的方法进行搬运。火灾现场，在浓烟中搬运伤员，应弯腰或匍匐前行；在毒气泄漏的现场，救护者应先用湿毛巾捂住口鼻或使用防毒面具，以免被毒气熏倒。

4. 救护人员脚步要一致，行动统一，平稳前进。上下楼梯台阶，担架始终保持平衡。

5. 担架放在飞机、火车、汽车上，伤病员应横卧，身体与前进方向成垂直角度，担架应固定好，防止启动、刹车时碰伤。

6. 搬运要平稳，避免强拉硬拽，防止损伤加重。

六、搬运伤病员的体位

根据不同的损伤，在搬运时采取不同的体位。

1. 颅脑损伤：半卧位或侧卧位，头偏向一侧，防止呕吐物阻塞呼吸道引起窒息。必须轻抬轻放，行进途中严禁颠起病人。

2. 胸部伤：半卧位或坐位。

3. 腹部伤：仰卧位、屈曲下肢，宜用担架或木板。

4. 呼吸困难病人：坐位，最好用折叠担架（或椅）搬运。

5. 昏迷病人：平卧，头转向一侧或侧卧位，在搬运过程中随时观察病情。

6. 休克病人：采取头低脚高位，有利于血液回流。

7. 上下肢骨折病人：抬运上下肢骨折的伤病员时，动作要轻缓，禁止以粗鲁动作拉、抬患肢，以减轻患者疼痛为原则。搬运途中严禁颠起病人，保证患者平稳安全。

8. 颈椎骨折病人，必须在颈部可靠固定下再搬运。

9. 神志不清的伤病员：应让患者平卧，捆绑牢固，以防止患者摔下担架。

10. 伴有哮喘的伤病员：应让患者取坐位。

【任务实施】

搬运方法：包括徒手搬运法和器械搬运法。

一、徒手搬运法

（一）单人徒手搬运法

1. 扶持法，适用于伤势较轻、神志清楚，能行走的伤员。

操作方法：

（1）救护者站在伤者的身旁。

（2）将伤员一侧上肢绕过自己颈部，用手抓住伤员的手，另一手绕过其背后，搀扶行走。

图 3-76 扶持法

2. 背负法，适用于老幼、体轻、神志清楚的伤员。

操作方法：

（1）救护者背朝伤者蹲下。

（2）让伤者两手抱住其头颈部，救护者双手向后抱住伤者的臀部或抱住腿弯处。

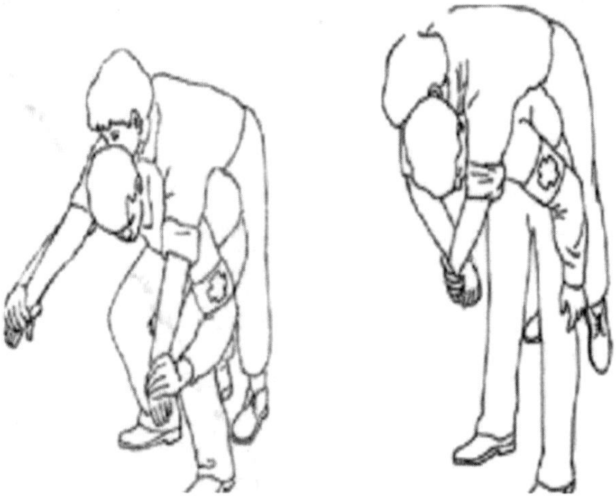

图 3-77 背负法

3. 抱持法，用于年幼伤者，体轻没有骨折的伤员，是短距离搬运的最佳选择。

操作方法：

（1）救护者位于伤员一侧。

（2）救护者一手托住伤病员的背部，另一手托住大腿，将伤病员抱起。

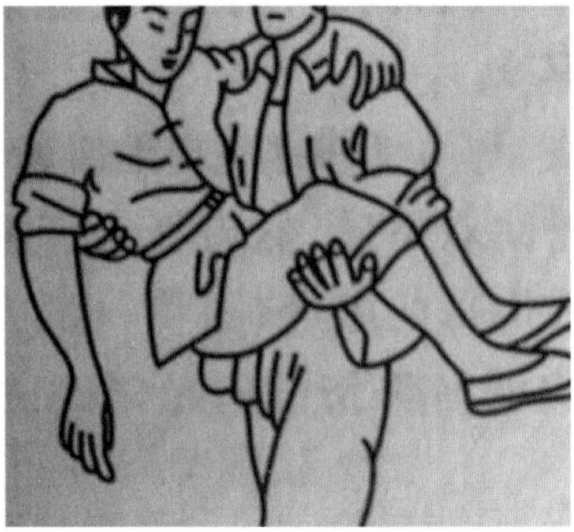

图 3-78　抱持法

4. 爬行法，适用于无骨折、上肢未受伤，不能站立行走的伤员，在狭小的环境、浓烟环境。如狭小的山洞、火灾现场。

操作方法：

（1）将伤员的双手用布带或绳子系牢，捆绑于胸前。

（2）救护者骑跨在伤病员躯干两侧，将伤病员的双手放在救护者的脖子上。

（3）使伤病员的头、颈、肩部离开地面。

（4）救护者双手着地或一手臂保护伤病员的头颈部，一手着地，爬行前进。

图 3-79　爬行法

5. 拖行法，现场环境不安全，必须将伤病员立即移动安全地方。

操作方法：

（1）救护者位于伤病员的背后，将伤病员的双侧手臂放于胸前。

（2）救护人员的双臂放在伤病员的腋下，双手紧紧抓住伤病员手臂；或将伤病员衣服外衣解开，衣服从背后反折，中间段托住颈部，缓慢向后拖行。

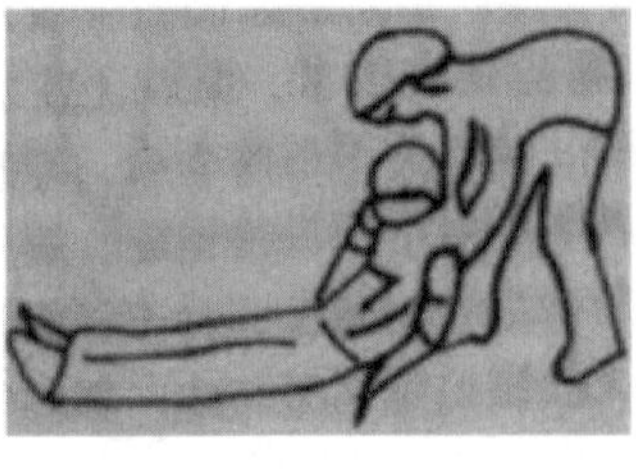

图 3-80　拖行法

（二）双人徒手搬运法

1. 轿杠式，适用于神志清醒、足部损伤行走困难、能用一臂或双臂抓紧救护者的伤员。

操作方法：

（1）两名救护者面对面站于伤病员的背后。

（2）各自用自己的右手握住左手腕，再用左手握住另一救护者右手的手腕，蹲下来，让伤员将两上肢分别放在两救护者的颈后，再坐到相互握紧的手上。

（3）两名救护者同时站起，同时迈出外侧的腿，保持步调一致。

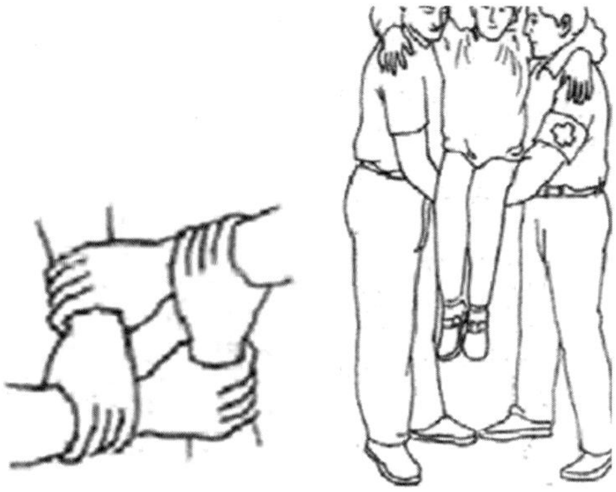

图 3-81 轿杠式

2. 托椅式，适用于体弱而神志清楚的病人和老年人短途搬运。

操作方法：

两名救护者面对面而立，各以一手互握对方的前臂，另一手互搭在对方的肩上，伤员坐在救护者互握的手上，两手分别搭在救护者肩上。

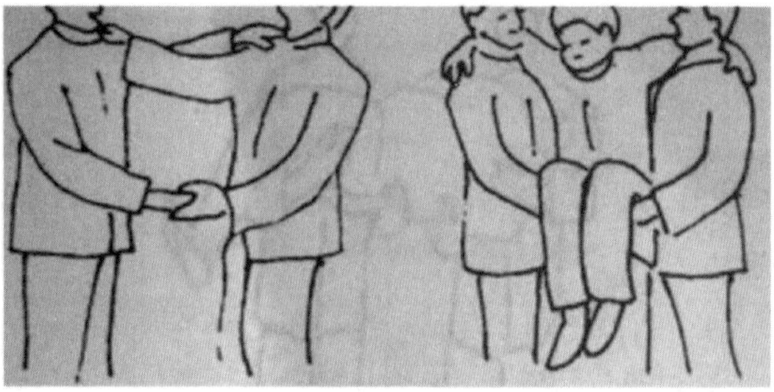

图 3-82 托椅式

3. 双人拉车式，适用于将伤员移上椅子、担架或在狭窄的地方搬运伤员。

操作方法：

（1）两名救护者一个站在伤员身后，两手从腋下将伤员抱在胸前。

（2）另一救护者站在伤员两腿中间，背部对着伤病员，用双手抓住伤员的膝部将其抬起，一前一后行走。

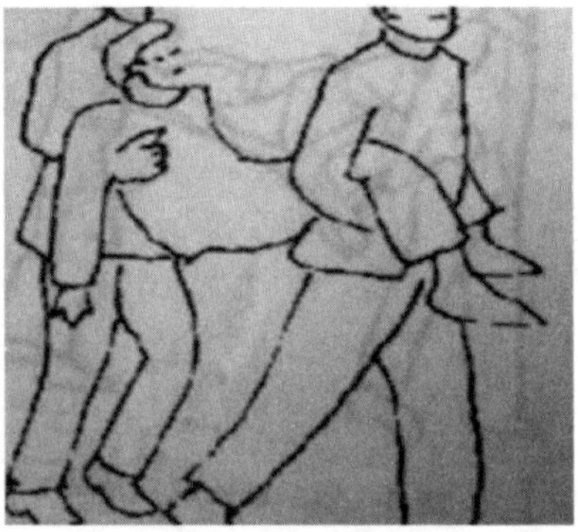

图 3-83　双人拉车式

（三）多人徒手搬运法

适用于脊柱骨折的伤员。

操作方法：

1. 搬运时护住伤员的头颈部。

2. 救护者站在伤员未受伤的一侧，手分别放在伤员的头、颈、肩、后背、臀部、膝部和踝部，救护者同时站立抬起伤员，齐步前进，保持伤员躯干不被弯曲或扭转。

图 3-84　多人搬运法

二、器械搬运法

（一）担架搬运法

担架搬运用于脊柱骨折或适用于病情较重、不能徒手搬运的伤员。此种方法是现场救护搬运中最常用、最安全的搬运方法。搬运时注意将伤员的脚放在担架前面，头放在担架的后面，以利于后面抬担架的救护者观察病情。

1. 操作要点。

(1) 由 3~4 人将病人移至担架上。

(2) 先抬伤员的头，再抬脚。放下担架时，应先放伤者的脚，后放头。

(3) 上楼梯时伤员的头放在前面，脚在后面。下楼梯时，伤员的头在后，脚在前。

(4) 将伤员放下时，先放脚，后放头，随时注意伤员的病情变化。

2. 操作方法。

（1）救护者 3~4 人将手伸入伤员的颈部、胸、腰的后面。

（2）按口令同时抬起，慢慢移起放在三人的膝盖上。按口令同时抬起伤员，慢慢放在担架上。

（3）救护者一人在前，一人在后，同时抬起担架。在运送过程中随时观察伤员的病情变化。

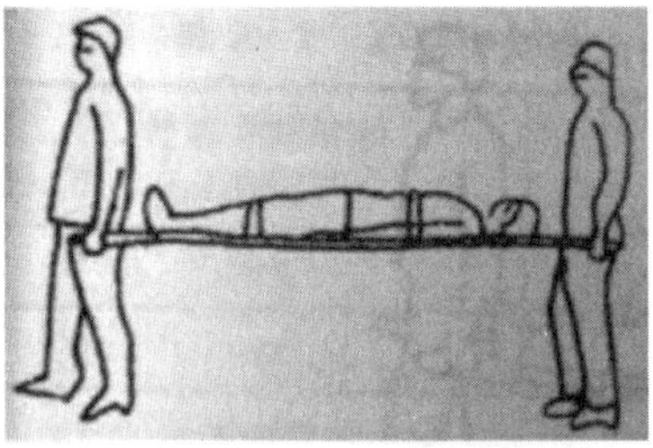

图 3-85　担架搬运法

（二）靠椅搬运法

适用于心衰、呼衰、下肢骨折患者。

操作方法。

让病人坐在椅子上，救护者一人在伤员后面抬靠椅的背面，并用双臂夹住伤员的双肩。另一人在前面抬椅脚，将伤员的双前臂夹在伤员的两腿之间。

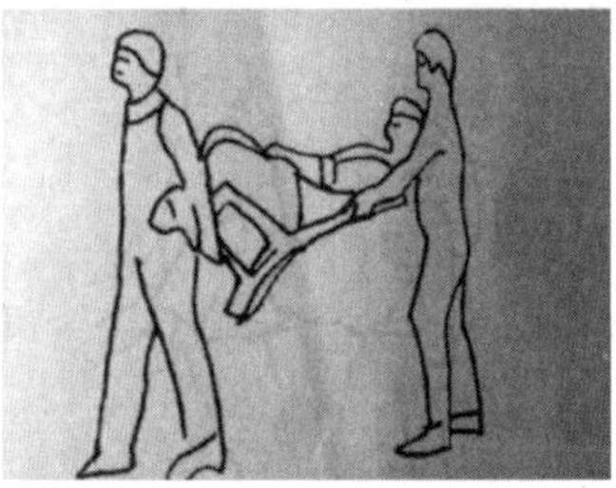

图 3-86　椅式搬运法

（三）床单、被褥搬运法

遇有窄梯、狭道、担架或其他搬运工具难以搬运时采取的一种搬运方法。

操作方法：

1. 取一条牢固的床单或被褥，平铺在床上或平坦的地面上。
2. 将伤员轻轻地搬到床单上，然后将床单的一部分盖在伤员身上，露出其头部。
3. 救护者面对面抓住床单两角，伤员的头在后，脚在前（上楼时则相反），慢慢移动。

三、特殊伤员的搬运

（一）脊柱骨折的搬运

脊柱骨折的伤员，在固定骨折或搬运时，要防止脊柱弯曲或扭转，因此不能用软担架搬运。搬运时必须托住伤员的头、肩、臀和下肢，避免造成伤病员瘫痪的严重后果。

操作方法：四人搬运法。

1. 一人在伤员的头部，双手掌抱住伤员的头部两侧。

2. 另外三人在伤员的右侧，分别站在伤病人的肩背部、腰臀部、膝踝部，双手掌平伸到伤员对侧。

3. 四人均单膝跪地。

4. 四人同时用力，保持脊柱在同一水平线上，平稳地将病人抬起，放于担架上。

5. 上颈托，无颈托在颈部两侧用沙袋或衣物固定。

6. 用 6~8 条宽带固定于担架上。

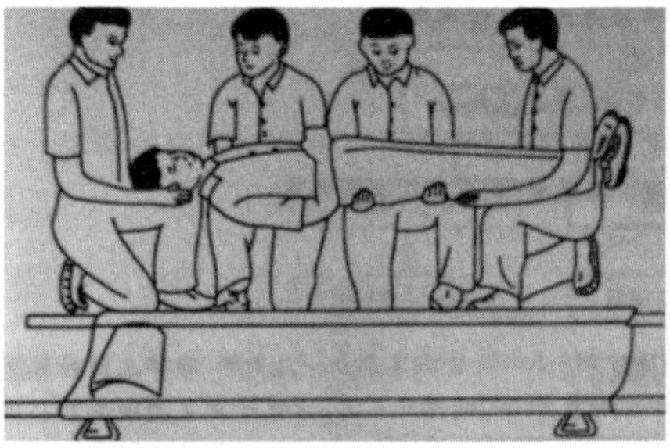

图 3-87　脊柱骨折搬运法

（二）颈椎骨折

颈椎骨折的伤员，如搬运不当，可造成高位截瘫，重者出现呼吸停止而死亡。

操作方法：

1. 救护者 3~4 人。

2. 一人托住伤员头部，颈部两侧用颈托固定，无颈托在颈部两侧用沙袋或衣物固定。

3. 另外三人分别托住伤员的肩、臀和下肢，动作一致。

4. 然后同脊柱骨折搬运法将伤员平放在担架上，身体不能弯曲。

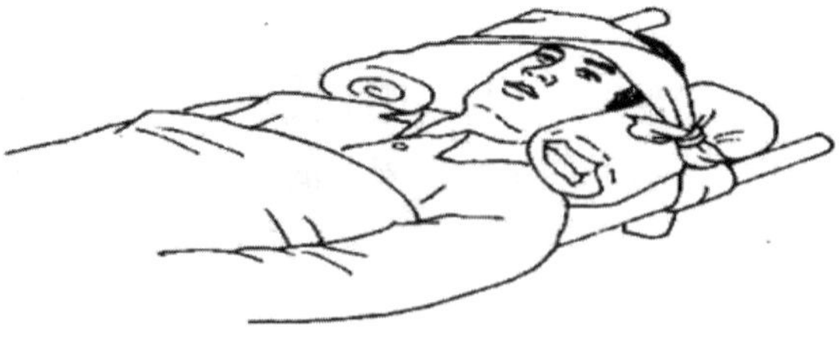

图 3-88　颈椎骨折搬运

（三）胸、腰椎骨折伤员搬运

操作方法：

1. 救护者 3~4 人分别托起伤员的头、肩、臀和下肢，动作要一致。

2. 把伤员平放在硬板上或担架上，然后用三角巾或布带固定在硬板上或担架上，防止病人滑动。

（四）骨盆骨折伤员搬运

操作方法：三人搬运方法。

1. 三名救护人员位于伤员一侧。
2. 一人位于胸部，伤员手臂放在救护者肩上。
3. 一人位于腿部。
4. 一人固定伤病员骨盆。
5. 双手平伸，同时用力，将伤员抬起放在硬板担架上固定。
6. 骨盆两侧用沙袋或衣物固定。
7. 用三角巾托住臀部和骨盆固定。
8. 把伤员仰卧，两腿膝关节屈曲，膝下垫软物，大腿稍外展，固定好膝关节。

四、伤病员的紧急移动

（一）从驾驶室移出

1. 一人双手抱住伤员的头部两侧，上颈托。无颈托在颈部两侧用沙袋或衣物固定。
2. 另一人双手握住伤员脚踝，使双下肢伸直。
3. 另外二人分别托肩背部及腰臀部，保持脊柱中立位，平稳将伤员从驾驶室移出。

（二）从倒塌物上搬出

1. 迅速清除病人身上的倒塌物。
2. 清除口腔、鼻腔异物，保持呼吸道通畅。
3. 一人双手抱住伤员的头部两侧，上颈托。无颈托在颈部两侧用沙袋或衣物固定。
4. 另一人双手握住伤员脚踝，使双下肢伸直。
5. 另外二人分别托肩背部及腰臀部，保持脊柱中立位。
6. 四人同时用力，将伤员搬出。

7. 当肢体受压时间超过 1h 时，或肢体受到严重挤压伤后，局部软组织因缺血而呈苍白，皮肤温度降低，感觉麻木，肌肉无力，一般在解除压迫后，应立即用绷带或三角巾缠绕伤肢，以免发生肿胀。要固定，减少活动，以减少和延缓毒性分解产物的释放和吸收。这种情况下对伤肢不能采取按摩和抬高，不能热敷，不能活动。

8. 拨打急救电话。在等待期间观察伤病员的意识、脉搏和呼吸。

【任务小结】

本节介绍了在创伤急救过程中，经过止血、包扎、固定后，对伤员采取正确有效的搬运，将伤员送往医院进行下一步治疗。重点阐述了搬运的原则、注意事项、常见的搬运方法和特殊伤的搬运方法。通过学习使学者能掌握搬运的操作方法，提高自救互救能力。

【知识拓展】

一、常用转运工具的特点

（一）担架转运的特点

1. 较舒适平稳，一般不受限制。可用替代用品来临时制作，如床单、被单等。
2. 缺点是速度慢，人力消耗大，受天气影响。

（二）汽车转运特点

速度快，受气候影响小，但颠簸、易晕车。

（三）轮船、汽艇转运特点

轮船平稳，但速度慢，遇风浪颠簸。汽艇用于洪涝时。

（四）飞机转运特点

1. 速度快，效率高，平稳，不受道路、地形的影响。
2. 缺点是高空含氧量低，飞机上升和下降时气压的变化对伤病者不利。

二、头盔的处理

（一）摘下头盔

1. 松开、割断扣环或安全带。
2. 将头盔的边处向外扳开，再向上及向后托起，即可摘下。
3. 固定伤病员头颈部。

（二）摘下面罩型头盔

图 3-89　摘下面罩型头盔

方法：

1. 一人的手指尽量张开头盔底边，牢牢托住头部及下颌。

2. 另一人先将头盔向后翘起，轻轻用力，使它脱离下颌，然后把头盔向前翘过脑后，举起卸下。

【练习题】

一、判断题

1. 移动脊柱骨折的伤员，切勿扶持伤者走动，可用软担架运送。（　　）

2. 人员受伤后必须在原地检伤，实施包扎、止血、固定等救治后再搬运。（　　）

3. 腹部包扎时，若有肠子脱出时，应把肠子送回伤口，然后再包扎。（　　）

4. 骨折急救时，及时固定至关重要，可防止骨折的断端活动而造成的损伤，减轻疼痛，防止休克。（　　）

5. 不稳定脊柱骨折容易造成脊髓神经损伤。（　　）

6. 在骨折现场，发现伤员休克或昏迷时，应先抢救生命，再处理骨折。（　　）

7. 初步病情评估及快速全身外伤检查发现病人有骨盆不稳定情况，应立即运送病人到医院。（　　）

8. 经初步病情评估及快速全身外伤检查发现病人腹部明显膨隆且有压痛，应立即运送病人到医院。（　　）

9. 经初步病情评估及快速全身外伤检查发现病人有双侧股骨骨折，应立即运送病人到医院。（　　）

10. 骨折伤员固定伤处力求稳妥牢固，要固定骨折的两端和上下两个关节。（　　）

11. 骨折伤员脊柱可能受损时，不要改变伤员姿势。（　　）

12. 发现骨折以后，必须迅速给以固定，以防止神经、血管和周围组织的进一步损伤。（　　）

13. 脊柱骨折的伤员可以采取抱持法搬运。（　　）

二、选择题

1. 搬运交通事故伤员，下列正确的是（　　）。

A. 随意搬抬伤员　　　　B. 两人或多人抬伤员

C. 首先固定伤者颈部，由 4~5 人同时平抬起伤者，使伤者脊椎姿势固定不动

2. 对于脊柱受伤的伤员，采取下列运送方法中，（　　）搬运是正确的。

A. 一人背负运送

B. 二人抬运，一个抱头，一个抬腿

C. 多人搬运，保持伤员身体平直，动作均衡

3. 搬运脊椎骨折病人严禁使用软担架的原因是（　　）。

A. 使骨折加重，脊髓神经受损

B. 造成颈部损伤

C. 病人感到不舒服

4. 工作现场发现有人受重伤时，现场人员首先应（　　），临阵不乱。

A. 带伤者到急救站

B. 安慰伤者，等待救援人员赶到

C. 保持镇静，立即派人通知负责人及急救员

5. 对脊椎骨折的病人，搬运时应采用（　　）搬运。

A. 硬板担架　　B. 4人肩负法　　C. 两个人一人抬头，一人抱脚的方法

6. 在地震中，对疑有骨折或脊柱受伤的人，抢救时（　　）。

A. 要尽快将伤员拉出，并立即送往医院

B. 不可强拉硬拖，要设法暴露全身，再整体搬运

C. 要由抢救者搀扶或背负到担架上再搬运

D. 先固定四肢，再固定脊柱

7. 搬运伤员下列各项中不正确的是（　　）。

A. 搬运前必须做好伤员的全面检查及急救处理

B. 按受伤情况和环境条件选用最恰当搬运方法

C. 搬运动作要慢

D. 搬运过程中密切观察受伤部位和病情变化

8. 搬运昏迷或有窒息危险的伤员时，应采用（　　）的方式。

A. 俯卧　B. 仰卧　C. 侧卧　D. 侧俯卧

9. 骨盆骨折的伤病员，可采用搬运的方法是（　　）。

A. 轿杠式　B. 爬行法　C. 三人平托法　D. 拖行法

E. 特殊伤员已按规定处理妥当者

10. 以下伤员应暂缓转运（　　）。

A. 脑外伤，可能出现脑疝者　　B. 内脏外露，已妥善处理者

C. 骨折未固定者　　D. 颈部受伤，有呼吸障碍者

E. 现场救护后伤情基本稳定者

11. 对于伤势较轻并能自己行走的清醒伤病员，可采取的搬运方法是（　　）。

A. 拖行法　　B. 爬行法　　C. 轿杠式　　D. 扶行

12. 在搬运过程中，必须保持伤病员的（　　）。

A. 意识清醒　　B. 体位舒服　　C. 呼吸道通畅　D. 有体温脉搏

13. 颅脑损伤搬运时伤员应（　　）。

A. 向健侧仰位　　B. 向健侧卧位　　C. 向健侧俯卧位　　D. 向伤侧仰位

14. 疑有肋骨骨折的伤病员不能采取的转运方法是（　　）。

A. 搀扶　　B. 背运　　C. 担架　　D. 三人平托法

15. 搬运之前要检查伤病员的生命体征和损伤部位，特别是（　　）有无损伤。

A. 头部　　B. 颈椎　　C. 胸部

16. 对轿杠式搬运方法，描述错误的是（　　）。

A. 救护人员面对面站于伤病员的背后，呈蹲位

B. 各自用左手紧握右手腕，右手再紧握对方左手腕

C. 伤病员将双手臂分别置于救护人员颈后，坐在轿杠上

17. 对小腿骨折的固定表述，不正确的是（　　）。

A. 将伤腿伸直，夹板长度上过膝关节，下过足跟

B. 两块夹板分别放在小腿前后两侧

C. 用绷带固定

D. 如无夹板，可利用另一未受伤的下肢进行固定

18. 下述不能用作骨折固定材料的是（　　）。

A. 绷带　B. 三角巾　C. 强力自粘绷带

19. 骨盆骨折搬运的人员站位和分工分别是（　　）。

A. 胸部、腿部、保护骨盆　　B. 胸部、臀部、腿部

C. 肩部、臀部、膝部　　D. 头部、胸部、腿部

20. 下述伤病员不能坐在车上运送的是（　　）。

A. 头部受伤的伤员　　B. 大、小腿发生骨折的伤员

C. 背部受伤的伤员　　D. 以上都不能

21. 在现场评估中，对伤病员进行检查，首先检查的是（　　）。

A. 意识状态　B. 呼吸道　C. 心跳　D. 大出血

22、常用的搬运方法有（　　）。

A. 平托法　B. 翻滚法　C. 颈椎骨折搬运法　D. 骨盆骨折搬运法

23. 对于头部外伤有脑脊髓液，血液自鼻腔耳道流出时，现场处理原则是（　　）。

A. 不堵塞，利于流出

B. 用冷水冲洗干净后送医院

C. 用冷水冲洗后干净，用棉塞住，再送医院

24. 腰椎骨折的病人搬运方法应该（　　）。

A. 扶着走，送往医院

B. 背着送往医院

C. 坐在车上，慢慢送往医院

D. 3~4 人平抬放在门板上，加以固定送往医院

25. 疑有颈椎或脊椎骨折病人在搬运时，下列错误的是（　　）。

A. 尽可能用颈托固定颈部

B. 搬运时应固定头部，避免摇摆

C. 可用海绵垫抬动

D. 保持脊椎的轴线稳定

E. 将病人固定在硬板担架上搬运

26. 头部发生创伤的人员，在接受医生检查前，采取下列急救措施中，（　　）是不正确的。

A. 尽量减少不必要的活动

B. 给伤者服止痛片止痛

C. 运送途中应把伤者的头转向一侧，便于清除呕吐物

三、多选题

1. 关于搬运的原则，以下说法正确的是（　　）。

A. 必须在原地检伤

B. 呼吸心跳骤停者，应先行复苏术，然后再搬运

C. 对昏迷或有窒息症状的伤员，肩要垫高，头后仰，面部偏向一侧或侧卧位，保持呼吸道畅通

D. 一般伤员可用担架、木板等搬运

E. 搬运过程中严密观察伤员的面色、呼吸及脉搏等，必要时及时抢救

2. 下列情况可转运的是（　　）。

A. 转运途中不会有生命危险者　　B. 现场救护后伤情基本稳定者

C. 现场救护措施已完全实施者　　D. 骨折已固定者

E 特殊伤员已按规定处理妥当者

3. 用担架搬运伤员，向担架上抬放伤情重伤员时，3 人站在伤员一侧或两侧，每人抱抬（　　）部位，动作一致，平稳托放担架上。

A. 抱伤员背部和颈部　B. 托住头部

C. 托住腰和后背　　D. 抱臂部和大腿

4. 关于大腿骨折固定正确的夹板长度，错误的是（　　）。

A. 上过髋关节，下过骨折断端　B. 上过髋关节，下过足跟

C. 上过髋关节，下过膝关节

四、简答题

1. 搬运伤员应注意哪些问题？

2. 如何将颈椎骨折的病人移到担架？

3. 如何从倒塌物上移出病人？

第四章

常见创伤的现场急救

第一节　头部创伤的现场急救

【学习目标】

通过学习，应了解和掌握头部外伤的症状及现场判断，并及时有效地进行现场急救。

【任务描述】

在日常生活中头部损伤比较常见，多因坠落伤、交通事故、意外受伤、建筑物倒塌、外力打击等多种原因导致头部外伤。头部损伤的发生率目前已占全身损伤的第二位，伤情和后果却最为严重，死亡率最高。头部外伤会损及大脑而掩盖其他有关的伤害，因此，任何头部外伤都应视为十分严重，应给予及时有效的急救处理。早期处理得好坏将直接影响到伤员的预后。

【相关知识】

一、头部创伤的主要症状

头部外伤后，伤员可出现暂时或部分意识丧失，常常伴有面色苍白、皮肤湿冷、呼吸较浅、脉搏较快。当意识恢复后，伤员可能忘却或根本不知道发生的意外，出现头痛、恶心、呕吐、面色苍白、出汗、脉搏缓慢、意识丧失、瞳孔缩小或散大或双侧瞳孔不等大、大小便失禁、偏瘫、失语、感觉异常、听觉障碍等症状。如果意识一直不能恢复，则应考虑脑部受伤或受压。脑组织受损易出现意识障碍，颅内血肿及脑组织损伤可出现继发脑水肿，导致颅内压增高，严重时形成脑疝，瞳孔改变，呼吸循环功能障碍，最后导致死亡。

二、头部创伤的现场判断

（一）头皮擦伤

头皮擦伤仅伤及头皮表层，表皮脱落，伤口不规则，有少量渗血。

（二）头皮挫伤

头皮挫伤可累及头皮全层，头部组织部分或完全断裂，有皮下出血，常伴有头皮血肿。

（三）头皮裂伤

头皮裂伤的伤口混有异物时，易导致伤口感染。有外出血，可因严重出血而发生休克。

（四）头皮撕脱伤

1. 有头发被机器卷入等。

2. 头皮从帽状腱膜下或骨膜下撕脱，范围常较大，出血多，有时可合并休克。

3. 头皮整层缺损，颅骨外露，可并发颅骨感染或坏死。

（五）头皮血肿

1. 有外伤史，头部多被钝器所伤。

2. 按血肿出现于头皮内的具体层次可分为皮下血肿、帽状腱膜下血肿和骨膜下血肿三种。

（六）颅底骨折

1. 外力直接作用或间接作用于颅骨。

2. 骨折部位出现头部肿胀、疼痛，可伴有皮下血肿，有时可出现颅骨凹陷。

3. 血液及脑脊液从鼻腔、口腔流出，可出现脊液鼻漏，双眼出现“熊猫眼”征。

4. 血液及脑脊液自外耳道流出，颞部肿胀，耳后有瘀血斑，枕部肿胀，可出现咽后壁血肿，常出现声音嘶哑、吞咽困难等。

（七）脑震荡

1. 头部受到外力打击后，即刻出现意识障碍，持续时间短，程度较轻。

2. 有头痛、头晕、恶心、厌食、呕吐、耳鸣、失眠、畏光、注意力不集中和反应迟钝等症状，3~5 天逐渐恢复。

3. 情绪不稳、易激怒、心烦、注意力及记忆力下降。

4. 有逆行性遗忘，清醒后对受伤当时情况及受伤经过不能回忆，但对受伤前的事情能清楚地回忆。

（八）脑挫裂伤

1. 头部有明显的撞击外伤史。

2. 意识障碍持续时间较长，一般在半小时以上，长者可达数日或数月。

3. 以剧烈头痛、烦躁及昏迷为主。

（九）脑干损伤

1. 当外力作用在头部时，不论是直接还是间接暴力都将引起脑组织的冲撞和移动，可能造成脑干损伤。

2. 多有严重的意识障碍，持续时间较长，恢复较慢。双瞳孔大小多变，生命体征不稳定，受损严重者，伤者可长期昏迷。

（十）硬脑膜外血肿

1. 典型的症状为头部外伤后发生短暂昏迷，随后清醒，再次昏迷。

2. 在中间清醒期内常有剧烈头痛、恶心、呕吐、躁动不安。

3. 瞳孔两侧不对称、不等圆，散大或缩小。

（十一）开放性颅脑损伤

1. 绝大多数病人伤后即出现意识丧失，时间长短不一。意识障碍由轻到重表现为嗜睡、蒙眬、浅昏迷、昏迷和深昏迷。

2. 头痛、呕吐是伤后常见症状，如果不断加剧应警惕颅内血肿。

3. 伤口出血，部分可见脑脊液和脑组织外溢。

（十二）脑膨出

1. 有头部外伤史。

2. 局部头皮膨隆变薄，脑组织从颅骨缺损口向外膨出犹如蕈状。

3. 轻者无明显神经系统症状，重者与发生的部位及受损的程度有关，可表现智力低下、抽搐及不同程度的瘫痪。

【任务实施】

头部创伤的现场急救方法

在现场实施救护中，认真观察环境，做好个人防护，保障自身安全，守护好伤员。

（一）头皮挫伤、出血的现场急救方法

1. 止血。用干净的纱布或毛巾等物品覆盖伤口，紧压伤口止血。头部血管丰富，头部轻微的伤害容易引起出血，一般采用直接指压止血法。

2. 用绷带或三角巾包扎伤口。

3. 让伤员平躺，头部和肩部略微抬高。

4. 拨打急救电话。在等待救援期间观察伤员的意识状态、脉搏和呼吸情况。

（二）头皮裂伤的现场急救方法

1. 保持冷静，嘱伤者安静卧床，头部不要乱动。

2. 如果有伤口，应清创。用加压包扎法进行止血，包扎伤口。头皮裂伤出血多，应尽早去医院作清创缝合。

3. 头部轻微受伤，但也有出血现象，应采取直接压迫止血法进行止血。头前部出血压迫颞浅动脉，头后部出血按压枕后动脉。

4. 要注意观察受伤者病情，如果出现下述症状之一，就应立即送医院治疗。

（1）伤者受轻微伤却意识逐渐模糊，甚至有的伤者失去意识。

（2）受伤者的眼睛周围、鼻子、耳朵有出血现象。

（3）受伤者出现剧烈头痛，或恶心、呕吐、产生痉挛、麻痹、语言障碍。

（三）头皮撕脱伤的现场急救方法

1. 止血。用加压包扎法进行止血，在伤口处覆盖干净的纱布或毛巾等物品，用绷带或三角巾包扎。

2. 如伤口处有碎骨片，不能直接包扎止血，以免加重损伤。

3. 低温保护头皮组织。把冰袋或冰毛巾等物品放在伤员的头部，冷敷 20 分钟左右，使局部皮肤温度降低，可达到止血、镇痛、消肿的目的。

4. 将撕脱的头皮用干净的敷料包好后用塑料袋封好，外加冰块，放在密闭的物品内，随伤员送往医院。

（四）脑震荡的现场急救方法

1. 固定好伤员的颈部，就地抢救。

2. 对无意识的伤员用推颌法开放气道。急救者跪在伤者的头后部，将手放在伤员的脸部两侧，手指置下颌角处，然后轻轻地抬起伤者下颌以开放气道。

3. 拨打急救电话，将伤员送往医院。

（五）脑挫裂伤的现场急救方法

1. 轻者按脑震荡处理。

2. 昏迷病人应保持呼吸道通畅。一定要平卧，将其头部后仰，偏向一侧，及时清除伤者口腔的分泌物，防止误吸造成呼吸道堵塞窒息。

（六）脑脊液漏

1. 抬高伤者头部，让其侧卧休息。

2. 禁止阻塞鼻孔和外耳道，保持局部清洁，避免颅内压增高。

3. 随时观察伤者的意识状态、脉搏和呼吸，如出现异常应立即施救。

4. 拨打急救电话，将伤员送往医院。

（七）脑组织膨出的现场急救方法

1. 在膨出处盖上敷料，外套环形圈，再将碗等物品扣在脱出组织上，保护脑组织不受压迫和损伤。

2. 固定好伤者的头部，防止颈部受伤。

3. 拨打急救电话，将患者用担架搬运，转送到医院。

（八）颅底骨折的现场急救方法

1. 让患者平卧，检查其意识、脉搏和呼吸。

2. 对昏迷者要迅速清除口鼻内的异物，使其头偏向一侧，以保持呼吸道通畅。

3. 如出现呼吸心跳停止，立即进行现场心肺复苏术。

4. 止血。迅速包扎伤口进行止血。耳鼻出血者应让其侧卧，出血侧向下，头部略垫高，禁止阻塞。

5. 拨打急救电话，将伤员快速送往医院。

【任务小结】

颅脑是人体的重要器官，头部血管丰富，即使头皮的一处小伤都有可能引起大量出血。一旦发生损伤，后果非常严重。本节介绍了头部创伤后的主要症状和现场判断，通过及时准确的判断，以便迅速对伤者进行有效的现场急救。头部外伤的现场急救方法，是本节重点学习的知识点，主要体现在技能的掌握上。

【知识拓展】

一、识别潜在的严重头部损伤

1. 头部损伤可导致意识模糊，可能有潜在的严重后果。这些严重后果可能与颅内的脑组织和血管受损、颅内骨折有关。

2. 头部损伤的病人要警惕颈部或脊柱损伤。

3. 头部损伤可导致脑震荡，有短暂性意识丧失或脑受压，这些都会导致生命危险。

4. 头部伤口提示有潜在的脑损伤风险，因为颅内出血可导致脑受压。清澈的液体和血水从耳或鼻腔内漏出，眼睛或耳朵周围的瘀伤都是损伤的征兆。

5. 如患者出现了以下症状，应立即送往医院：

嗜睡加重、头痛加剧、损伤后出现意识模糊、行为怪异或失去记忆、间隙性呕吐、手脚瘫软、说话困难、眩晕、失去平衡或惊厥、视觉障碍或异常呼吸、耳鼻漏等。

二、头部创伤现场急救注意事项

1. 让病人平卧休息。

2. 对出血者进行包扎止血。

3. 松开病人的衣领、裤带以利呼吸。

4. 对昏迷的病人，将其头部偏向一侧，以防窒息。不要摇动患者头部，以免加重脑损伤和出血的程度。

5. 对呼吸、心跳停止的患者立即进行心肺复苏术。

6. 受伤后如有脑脊液流出时，禁止用纱布等物品塞在鼻腔或外耳道内，以防颅内感染。

7. 头部创伤患者应禁食禁水。

8. 颅底骨折后，很快会出现颅内出血，病人出现呼吸困难、昏迷等症状。应清除病人口腔内的呕吐物和血块，头偏向一侧，牵拉出舌头，以防舌后坠和呕吐物反流到气管，造成窒息。

9. 颅内血液可渗入组织疏松的眼眶周围，形成血肿，并使眼球突出。在这种情况下，切记不用棉球、纱布或其他物品堵塞，因为可造成血液反流，引起颅内压升高，细菌也趁机逆行到颅内引起脑膜发炎。应将患者流出的血液擦拭，保持局部清洁，迅速将患者送往医院。

10. 当小孩子头部受伤后，应引起重视，立即送医院就治。

11. 当头部受到外伤后，发现头颅出现凹陷，应立即送医院就治，否则颅骨凹陷会压迫大脑，进而引起大脑萎缩。

12. 严重的脑外伤可引起精神障碍，随时观察患者的精神状态，以免带来危险。

三、脑震荡

脑震荡是指头部遭受外力打击后，即刻发生短暂的脑功能障碍。它是最轻的一种脑损伤，经治疗后大多可以治愈。脑震荡可根据伤后的症状和体征而诊断，由于脑损伤较轻，治疗上主要是对症处理。其主要表现如下。

1. 意识障碍：程度较轻而时间短暂，可以短至数秒钟或数分钟，但不超过半小时。

2. 近事遗忘：清醒后对受伤当时情况及受伤经过不能回忆，但对受伤前的事情能清楚地回忆。

3. 其他症状：常有头痛、头晕、恶心、厌食、呕吐、耳鸣、失眠、畏光、注意力不集中和反应迟钝等症状。

4. 脑震荡发病机制：脑震荡常见于头部受重击伤后，脑组织在颅骨内发生“震荡”，导致大脑功能短暂意识障碍。

四、头部解剖和特点

（一）头皮软组织层次

第一层是皮肤。头部皮肤与其他部位相比比较厚，后枕部可达 7 毫米。皮肤和纤维、纵膈与深部的组织肌肉相连，当肌肉收缩，头皮也被动移动，损伤后易污染。

第二层是皮下脂肪层。是一层致密的纤维脂肪层。生长期的毛囊可以达到这一层。

第三层是帽状腱膜层。帽状腱膜层前起于眼轮匝肌，后面止于枕骨上隆突。由两部分组成，一部分是肌肉，另一部分是筋膜。前边是额肌，后边是枕肌，中间是帽状腱膜。这三层紧密结合又称为头皮。

第四层为疏松的结缔组织间隙，叫帽状腱膜下间隙。这个区域非常容易分离，在进行头部手术时，分离的区域常是此层次。疏松，易剥离，为潜在的腔隙。

第五层是颅骨外膜。 较致密，可与颅骨分离，但在骨缝处紧密连接。

（二）头皮的解剖特点

第一个特点：血液供应丰富，所以在进行手术时，要正确选择措施以减少血流量。常用副肾盐水，除局麻药当中加副肾之外，要用副肾盐水注射，使血管收缩以减少出血。

第二个特点：弹性相对较差。

第三个特点：毛发顺角度生长。在进行毛发移植手术时，刀的走行方向一定要顺着毛发，避免损伤毛发。

第四个特点：疏松的帽状腱膜下间隙。

第五个特点：神经血管都分布在头皮内。

（三）头皮的血管

头皮血液由五对动脉供应：前方是眶上动脉和滑车上动脉，两侧是颞浅动脉和耳动脉，后方是枕动脉。没有一支动脉是穿出颅骨而进入头皮的。所有动脉与同侧和对侧的血管前后左右都有丰富的吻合。因此，即使这十条动脉中只有两条保持完好，头皮组织也能存活。静脉系统与相应动脉网伴行并汇入颈静脉，其中有一些导管静脉，从头皮经颅骨进入颅内静脉。

（四）颅骨

颅骨位于脊柱上方，由 23 块形状、大小不同的扁骨和不规则骨组成。除下颌骨与舌骨外，其余各骨借缝或软骨牢固连接，形成多个腔、洞保护脑，这些腔洞是感觉器官以及神经血管的进出通路。

（五）脑

由大脑、间脑、小脑、脑干、脑神经、脑血管和脑膜组成。

第二节　颈部创伤的现场急救

【学习目标】

掌握颈部创伤的判断、现场急救方法及注意事项。

【任务描述】

颈部有呼吸道、消化道、大血管、脊髓和重要神经通过，受伤后可发生大出血、窒息、瘫痪和昏迷，甚至迅速死亡。颈部损伤的急救，首先是解除呼吸道的阻塞和制止大出血。其次是处理呼吸道或消化道的穿透伤，以减少感染和瘘的形成。

颈部软组织挫伤见于刎颈造成颈部动静脉或气管、食管断裂，导致脑部无血液供应及过多失血而休克死亡，其中血管破裂较气管破裂严重。

颈椎骨折常见于跳水误入浅游泳池，或从很高的地方坠落以及交通事故等，由于颈部受到牵拉或挤压，导致颈椎骨折、错位等，病人出现剧烈疼痛、无法抬头等表现。

【任务实施】

颈部创伤的现场急救方法如下。

一、颈部软组织创伤的现场急救

1. 制止大血管出血：颈部软组织创伤最重要的是止血。紧急情况下可用拇指直接压迫血管主干，如颈总动脉或其分支出血，可于伤侧胸锁乳突肌中点、环状软骨平面，用手指对着第六颈椎横突压迫颈总动脉，可减少出血，或用纱布直接填塞创口压迫止血，然后用胶布固定。

2. 若出血不多，而气管、食管破裂，则应擦净血液或异物等，防止从气管断裂处吸入气道而造成窒息。

3. 解除呼吸道的阻塞：立即解除异物、血肿压迫气管和清除气管内血液等阻塞物，有条件者，给予吸氧。

二、颈部骨折的现场急救

1. 对无意识、无脉搏、无呼吸或呼吸状态不正常的患者立即实施心肺复苏术。

2. 搬运颈部骨折病人时，应保护好病人颈部，切记不要让颈部活动，用毛巾、床单等放在颈部周围固定好。

3. 拨打急救电话，将病人送至医院。

【任务小结】

颈部有脊髓、大血管和重要的神经，受损后情况危急，后果严重。在事发现场采取有效的急救方法，可以减少伤残、死亡。本节在学习过程中，重点掌握颈部创伤的判断和现场急救方法。通过学习，对提高学员的应急处置能力有一定的帮助。

第三节　胸部创伤的现场急救

【任务描述】

人体心脏和肺两大重要器官位于胸部，胸部一旦发生创伤多具有病情急、病情重、时间短、致死性高的特点，因此在事发现场应迅速进行伤情判断和紧急处理，以减少并发症和死亡率。

【相关知识】

胸部创伤根据是否突破壁层胸膜，造成胸膜腔与处界沟通而分为闭合性和开放性两种。闭合性损伤多由于暴力挤压、冲撞或钝器打击胸部所致，轻者只有胸壁挫伤和单纯肋骨骨折，重者多伴有胸腔内器官或血管损伤导致气胸、血胸或心包内出血。胸部创伤后主要有胸痛、呼吸困难、胸廓畸形、反常呼吸、皮下气肿等症状。在进行现场急救时，首先要对伤情进行判断。

肋骨骨折是胸部最常见的外伤，不同的外界暴力作用方式所造成的肋骨骨折可有不同的特点。作用于胸部局限部位的直接暴力引起的肋骨骨折，断端向内移位，可刺激肋间血管、胸膜和肺，产生血胸、气胸或血气胸。间接暴力如胸部受到前后挤压时，骨折多在肋骨中段，断端向外移位，刺激胸部软组织，产生胸壁血肿。 一般 4~7 根肋骨容易骨折。儿童的肋骨富有弹性，不易折断。成人，特别是老年人，肋骨弹性减弱，脆性增强，容易骨折。

肋骨骨折分为单根、多根肋骨骨折，或单处或多处肋骨骨折。不伴有血气胸者称为单纯性肋骨骨折。多根肋骨骨折时有胸壁凹陷，咳嗽时由于胸廓活动，骨折处疼痛加重。骨折端刺破胸膜、肋间血管和肺组织，引起闭合性、开放性或张力性气胸，伤病员可有严重呼吸困难。现场进行及时有效的止痛和固定，对减轻痛苦、防止并发症等有非常重要的作用。

胸部创伤的判断：

1. 胸部有外伤史。

2. 胸痛，是胸部创伤最常见的症状。一般为局部疼痛，且随呼吸或身体转移等运动而加重，有时病人可自己听到或感觉到肋骨骨折处“咯噔咯噔”的骨摩擦感，是肋骨骨折最明显的症状。

3. 呼吸困难，伤者呼吸费力，面色紫绀。

4. 反常呼吸，吸气时浮动的胸壁塌陷，呼气时则向外隆起，这种情况与正常的呼吸运动正好相反，往往是多根肋骨骨折所引起的。

5. 咯血，常常是喉以下呼吸道出血。

6. 休克，出冷汗，呼吸急促，脉搏细弱，头昏眼花，口渴，主要由疼痛和出血引起。

【任务实施】

胸部创伤的现场急救方法：

一、胸部挫伤的处理

胸部挫伤仅表现局部血肿、青紫、皮肤损伤，现场可不作处理。但要注意有无骨折及脏器损伤的存在。

二、胸壁裂伤的处理

对胸壁的伤口立即进行包扎，伤口如与胸腔相通，伤口有气泡或“吱吱”声即为开放气胸，最好用干净的纱布等物品堵塞伤口，迅速转送医院。

三、肋骨骨折的处理

（一）单根肋骨骨折

对于无并发症的肋骨骨折可用 6~7 厘米宽的胶布，于病人呼气末，由后至前紧贴于骨折侧的胸壁上，胶布两端均超过前、后中线 5-10 厘米，胶布由下向上逐条相叠 2~3 厘米。如无胶布，可用绷带环绕胸部紧紧包扎固定。

（二）多根肋骨骨折

在呼气时用棉垫或其他布卷压在浮动的胸壁处，用绷带加压包扎以减少活动范围，纠正反常呼吸运动，减轻疼痛。

【知识拓展】

一、胸部

胸部由胸壁和胸腔组成，胸壁有 12 个胸椎、12 对肋骨、1 个胸骨。胸骨是位于胸前壁正中的扁骨，形似短剑。

胸腔内有心脏和肺两个重要器官。心脏与自己的拳头大小相仿，位于左胸部。由左心室、右心室、左心房、右心房四个腔室组成。左心房和左心室相通，中间是二尖瓣；右心房和右心室相通，中间是三尖瓣。

肺左右各一，覆盖于心脏之上。肺分为五叶（左二右三）。肺经气管、支气管与喉、鼻相连。

主气管分出两个支气管到左右肺。支气管再分支成更小的气道，最终形成肺泡。肺泡是肺组织气血交换的场所。

二、胸部创伤现场急救的注意事项

1. 密切观察生命体征，注意神志、瞳孔、胸腹部和肢体活动情况，有无气促、发绀、呼吸困难等，注意呼吸频率、节律、幅度及缺氧症状。

2. 立即封闭伤口，变开放气胸为闭合性气胸，保持呼吸道通畅，尽快消除反常呼吸。

3. 如果胸部骨折只是裂纹，断端未错开，只紧裹胸部即可。如果断端成叉，要引起重视，防止叉端刺破胸腔，伤及血管和肺。此时应让患者向下平卧，如出现呼吸困难，立即进行人工呼吸。

第四节　腹部创伤的现场急救

【学习目标】

通过学习腹部创伤的现场判断方法，掌握现场急救处置，提高应急救护能力。

【任务描述】

腹部体表面积大，脏器多。腹部创伤发生率高，伤情复杂，危险性大，可引起出血、内脏损伤、休克或感染，甚至死亡。现场准确判断伤情是救护的基础，现场急救是关键。通过本节的学习，掌握腹部创伤的急救方法，提高现场救护能力。

【相关知识】

腹部损伤可分为开放性和闭合性创伤。开放性腹部创伤有肠管膨出；闭合性腹部创伤有肝、脾等脏器损伤，引起内出血，导致失血性休克。

一、特点

1. 发生率高：交通事故、自然灾害、战伤工伤。
2. 涉及面广：包含多系统的器官和组织 。
3. 伤情复杂：可同时出现多系统的器官和组织损伤。
4. 危险性大：大出血和感染是死亡的主要原因。

二、分类

1. 开放性腹部损伤：如为贯通伤，则有入口和出口；盲管伤只有入口没有出口。腹部有出血，如与腹腔相通，肠管可膨出。

2. 闭合性腹部损伤：由挤压、碰撞和爆震等钝性暴力等原因引起，损伤部位肿胀或凹陷，大范围腹痛和触压痛，有恶心和呕吐。

三、腹部创伤的判断

开放性损伤可以直接观察到，钝性物体导致的闭合性损伤就要根据以下表现进行判断。

1. 腹痛：由局部向全腹扩散，疼痛加剧。

2. 休克：出冷汗、面色紫绀、呼吸急促、脉搏细弱、头昏眼花、口渴、腹胀，包括疼痛和出血。

3. 恶心、呕吐。

4. 胃肠道出血。

【任务实施】

腹部创伤的现场急救：

1. 确认现场环境安全，做好个人防护。

2. 安慰、守护好伤员，保持安静，避免不必要的搬动。

3. 伤员平卧，头偏向一侧，可屈膝、放松腹肌以减轻疼痛。

4. 检查伤员意识、呼吸、脉搏以及腹部情况。

5. 有出血时，立即用绷带或三角巾包扎伤口。

6. 如有肠管脱出腹腔者不要送回，用干净纱布或毛巾覆盖，以免加重感染，或用碗、盆等开口容器扣住外露肠管再进行包扎固定。

7. 对于伤口处可见的腹腔内异物，在急救现场不要轻易取出，以免引起更大的损伤、出血和感染，应妥善包扎固定后随同伤员一起送往医院。

8. 对伤口不清洗不涂药。

9. 如遇呼吸心跳停止应立即进行人工复苏。

10. 拨打急救电话，送至附近医院抢救。

【任务小结】

本节介绍了腹部创伤的表现、伤情特点以及现场判断和急救方法。通过学习提高学生现场自救互救能力。

第五节　脊柱创伤的现场急救

【相关知识】

脊柱内有脊髓，严重的创伤可殃及脊髓，造成不同程度的瘫痪。即使骨折当时未伤及脊髓，但若现场处理不当或搬运伤员时体位不合适，也可发生继发性脊髓损伤，导致或加重瘫痪，给伤员造成难以弥补的损失，因此，怀疑有脊柱骨折时，在现场进行正确的处理及转运就显得尤为重要。

现场判断：

脊柱创伤主要是指脊柱骨折，有明显的外伤史，常见于颈椎和胸腰椎。颈椎骨折导致伤病员呼吸肌麻痹而丧失呼吸能力，易窒息死亡。躯干和四肢感觉、运动功能丧失，可出现高位截瘫、大小便失禁。胸腰椎骨折，易导致双下肢瘫痪，排便功能丧失。

【任务实施】

1. 保证现场安全，做好自我防护，保护伤员。

2. 拨打急救电话，寻求专业人员的救护。

3. 颈椎骨折患者，要固定好头颈部，要由专人扶持头部或用钢丝头盔固定。对于胸腰段脊柱骨折的伤员，在搬运过程中，应始终保持脊柱处于正中位，至少要由三个人同时搬运伤员，搬运时三人都蹲在伤员一侧，一人托住肩部，一人负责腰臀部，一人扶住伸直的双下肢，协调一致地将病人移动至平板上，取仰卧位，周围用软布料垫好。然后，迅速转运至有条件的医院，进一步检查处理

4. 检查意识、气道、呼吸、脉搏，如呼吸停止应立即进行人工呼吸。

5. 正确解救。如果伤者是平躺姿势，用较大的硬物将身体与其绑在一起，保证脊柱颈椎无移动。如果伤者坐位，用较短的硬物固定背部将其转移到长的硬板上平躺。

6. 将伤员放置于脊柱板、木板等硬质担架上转运。

第六节　四肢创伤的现场急救

【任务描述】

四肢损伤分为开放性损伤与闭合性损伤。闭合性损伤包括扭伤、脱臼。开放性损伤主要是骨折和出血。四肢损伤比较常见，在现场只有正确判断受伤情况，才能有效地进行施救。通过学习，能熟练掌握现场急救的方法，提高现场自救互救能力。

任务一 四肢扭伤的现场急救

【相关知识】

四肢扭伤是指旋转、牵拉或肌肉猛烈而不协调地收缩等间接暴力，使关节突然发生超出生理范围的活动时，引起肌肉、肌腱、韧带、筋膜、关节囊等组织产生撕裂、断裂或移位等，以局部肿胀、疼痛、活动受限、皮色紫青为主要表现的损伤性疾病。扭伤多发于腰、踝、膝、肩、腕、肘、髋等部位。

疼痛是扭伤的主要表现，常有肿胀、皮肤青紫、关节不能转动等。关节扭伤常会伴随着肌腱组织撕裂，伤员疼痛难忍。

脚踝扭伤在运动性伤害中和日常生活中比较常见，如处理不当或不加治疗容易成习惯性扭伤。

四肢扭伤的现场判断：

1. 疼痛和触痛。
2. 受伤部位活动受限，特别是关节扭伤。
3. 受伤部位肿胀，瘀伤。

【任务实施】

四肢扭伤的现场急救方法：

1. 停止活动，抬高受伤肢体。
2. 冷敷。在扭伤后的 24 小时内进行冷敷，冷敷每次 30 分钟，每次间隔 2~3 个小时。用冷水冲洗或用冰块冷敷受伤部位，以达到消肿、减轻瘀血和疼痛的目的。
3. 把受伤肢体放在舒适的位置并给予支撑，用绷带包扎受伤部位。

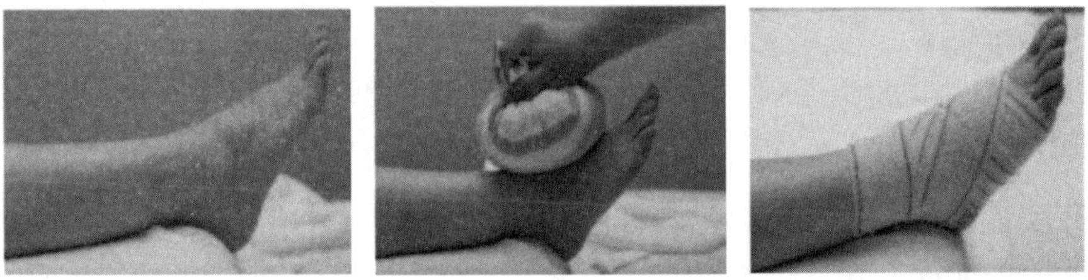

图 4-1 踝关节扭伤

【知识拓展】

现场急救的注意事项：

1. 腰肌扭伤，要让伤员保持安静，在现场进行处理后再送往医院，不要急着往医院赶，以免加重病情。
2. 腰部扭伤者最好睡硬板床，采取舒适体位，局部作冷敷，腰部系腰带，并锻炼腰背肌。
3. 在损伤的急性期间肢体要禁止活动，适当休息，以免造成软组织得不到修复时间，新伤变旧伤、局部持续疼痛、瘀肿不退。
4. 禁止不恰当的推拿和按摩，以免加重炎性反应。休息时尽量抬高受伤肢体，可促进血液循环，减轻踝部肿胀。

5. 手指扭伤后，应立即停止活动，首先冷敷，最好用冰块，现场如没有，就用冷水代替。把手指泡在水中 15 分钟，然后用冷湿布包敷，再用绷带或三角巾固定在伤指位置。如一周后肿胀未消退，可能发生了骨折，应到医院进行治疗。

6. 如踝关节扭伤，用冷水浸泡受伤的关节部位，减少伤肢的活动。用枕头把小腿抬高，必要时用绷带固定给予支撑。若脚踝关节扭伤后仍需要赶路，就不要脱去靴子，否则肢体肿胀后就无法再将靴子套在脚上。靴子还能起到类似夹板固定的作用。

7. 现场进行初步处理后，应立即送往医院，以排除韧带断裂、骨折等。

任务二　四肢骨折的现场急救

【任务描述】

如果摔倒或受其他外伤以后，四肢的某个部位疼痛剧烈、发生畸形或活动受限，就要想到可能是发生了骨折。骨折中最常见的是四肢某一部位的骨折。尤其是老年人，四肢受外伤更容易发生骨折。骨折病人应做紧急处理，然后送医院抢救

【相关知识】

四肢骨折的现场判断如下。

骨折的类型和部位不同，其症状不完全相同。骨折的局部症状主要有：

1. 疼痛：骨折部位疼痛，活动时疼痛加剧，局部有明显的压痛，可听到骨摩擦音。

2. 肿胀：由于骨折端小血管的损伤和软组织损伤水肿，导致骨折部位可出现肿胀。

3. 畸形：由于骨折端的错位，肢体常发生弯曲、旋转、缩短等畸形。当骨骼完全断离时，还可出现假关节样的异常活动。

4. 功能障碍：骨折后，肢体原有的骨骼杠杆支持功能丧失。如上肢骨折时不能拿、提，下肢骨折时不能站立。

5. 大出血：当骨折断端刺破大血管时，伤员往往出现大出血、休克。大出血时多见于骨盆骨折。

【任务实施】

四肢骨折的现场急救方法如下。

四肢如果发生了骨折，最好临时急救固定。根据受伤的具体情况，就地取材作固定，例如用树枝、木棍、木板、纸板、枕头都可作为临时应急固定使用。如找不到什么固定物时，可将上肢用布条悬吊起来，并固定在胸前。下肢可与健侧下肢绑在一起。在固定好后，应迅速将病人送到医院。

骨折的临时固定，是对伤处加以稳定不使其移动，使伤员在运送过程中不因搬运、颠簸时断骨刺伤血管、神经，避免遭到再次损伤以减轻伤员痛苦。

1. 止血：应先止血，包扎固定后再搬运。

2. 开放性骨折，由于出血严重，可用干净的纱布或手帕、毛巾等压迫止血，在纱布外面再用夹板固定。

3. 固定：用木板放在伤肢一侧，在木板和伤肢之间放好棉垫，再用绷带绑扎，松紧要适宜。木板长度要超过骨折部位的上下两个关节，作超过关节的固定。如事发现场没

有木板，可用树枝、雨伞、报纸卷、健侧肢体等代替。

【知识拓展】

1. 加垫。为了固定稳妥和防止骨头突出部位的皮肤磨损，在骨突处用柔软的棉布或毛巾等物品垫好，要使夹板等固定材料不直接接触皮肤。

2. 不要随意移动骨折部位。为防止骨折断端刺伤神经、血管，在固定时不随意移动搬运。外露的断骨不能送回伤口内，以免增加伤口感染。如现场环境不安全，要将伤员移至安全的地方进行现场急救，搬运时要固定好病人再搬运，以免加重伤情。

3. 固定的松紧要适宜。过紧引起血液循环障碍和神经麻痹，造成肢体坏死等严重后果。固定时要将肢体末端露出，以便检查末梢循环，如发现指（趾）出现苍白或青紫时，应放松重新包扎固定。当用夹板、绷带固定后，每隔 30 分钟，检查末梢循环情况是否良好，确认松紧适宜程度。过松容易滑脱，失去固定的作用。

4. 长度和宽窄要适当。骨折固定时用的夹板，应能将骨折处上下两个关节固定。夹板不能直接接触皮肤，要垫上棉布或绷带等柔软物品。在夹板的两端、骨突处及空隙处要用棉花或纱布等填塞，避免产生压迫性损伤。

5. 夹板应先绑在近骨折处的上下端，然后分别绑在上下关节，在肢体外侧打结。如肢体畸形而妨碍夹板固定时，可将伤肢沿其纵轴稍加牵引后再固定。固定要牢固，松紧度要适宜，过松会失去固定作用，过紧则会压迫神经血管。

6. 上肢骨折夹板固定后要用悬臂带将伤肢挂于胸前，下肢骨折夹板固定后可与健肢绑缚在一起后再搬运。

任务三　四肢切割伤的现场急救

【任务描述】

皮肤、皮下组织或深层组织受到玻璃碎片、刀刃等锐器的划割而发生破损裂伤，称切割伤。伤口特点是比较整齐，面积小，但出血较多，严重的可切断肌肉、神经等，甚至使肢体切离。现场急救主要是控制出血，减少感染的风险。

【相关知识】

通过按压和抬高肢体，较容易控制出血。较浅的、长度在 0.5 厘米以内的切割伤，伤口须压迫止血，外贴创可贴，几天即可愈合。只有出现血流不止，有异物嵌入伤口，有特殊感染的风险，如动物咬伤、被脏东西扎伤、有感染迹象的旧伤、有感染破伤风的可能等情况时，现场急救处置后，应立即将伤员送到医院救治。

一些开放性伤口可能含有细菌。细菌可能由引起受伤的物体带入，或来源于外界环境、呼吸、手指或伤口嵌入的异物等。出血时可冲掉一些脏物，白细胞也会杀死残留的细菌。但是如果污染物或坏死组织留在体内，感染可在体内扩散至全身，也会产生破伤风的危险。

在 48 小时内没有开始愈合的伤口就可以认为被感染。感染风险较高的伤员需要接受抗生素或破伤风免疫治疗。

感染性伤口的识别：

1. 伤口处疼痛加重；

2. 伤口红、肿、热痛；

3. 伤口内有脓液、渗液形成；

4. 颈部、腋窝或腹股沟处淋巴结肿大并有触痛感；

5. 皮肤上有轻微的红线通向颈部、腋窝或腹股沟处淋巴结；

6. 如有感染发生，会有发烧症状，如出汗、口渴、发抖和嗜睡等。

【任务实施】

切割伤的现场急救：

1. 较深的切割伤，不要慌乱，保持镇静，将伤指抬高到高于心脏的水平，以减少出血。

2. 止血。如手指出血时，捏紧指根两侧，压迫止血，用干净纱布包扎。

3. 用肥皂和水清洗伤口周围，擦洗时注意避开伤口，用干净的纱布或手帕、毛巾等将水蘸干。

4. 如果伤口较脏，用流动的自来水冲洗，然后用纱布擦拭，保持干燥，再覆盖纱布进行包扎。

5. 用悬吊或绷带抬高并支撑住受伤部位，有助于减少伤口周围的水肿。如有感染的风险，或出现发烧症状，立即送伤员到医院就诊。

6. 手指离断损伤，止血后，应迅速将离断的肢体用干净敷料包扎。冬天可保温避免冻伤转运；在炎热的夏天，可在断肢下放置冰块，但不可将断肢直接接触冰块，应先将断肢用干净的纱布包好，外隔塑料袋，再放冰块，外裹保温物品即可转运。要向医院提供准确的受伤时间和现场情况。

7. 如锐器系铁片，造成伤口污染严重，均应肌肉注射破伤风抗毒素，注前须作皮肤过敏试验。

【知识拓展】

一、四肢切割伤的现场急救注意事项

1. 对肢体离断伤，应尽快使伤者连同伤肢离开现场，安全迅速地转运到医院。

2. 如断肢有严重的出血，应使用加压包扎法，如不奏效，则可使用橡皮止血带或布带绞紧止血法。对不完全断离的肢体，应给予制动、固定，防止在运送过程中再次损伤。

3. 在急救现场和运送过程中要观察有无并发症的发生，如有休克、昏迷等 ，应给予及时处理。

二、抽筋

抽筋是肌肉突然出现疼痛性痉挛，一般在剧烈运动或睡眠时发生。肌肉中化学物质堆积、大量出汗或脱水和水分过度流失造成。

1. 足部抽筋。让伤员站起来，重心在前足，救护者将伤员抽筋的腿放在自己膝上，帮助伸展足部肌肉，痉挛缓解后，按摩足部。

2. 小腿抽筋。让伤员膝部伸直，将足部向小腿弯曲以伸展小腿肌肉，按摩小腿痉挛部位。

3. 大腿抽筋。让伤员躺下，抬高腿部，弯曲膝盖伸展肌肉，然后按摩痉挛部位。

【任务小结】

四肢创伤的现场急救，施救者要沉着应对各种情况，针对不同情形采取不同措施。本节对扭伤、四肢骨折和四肢切割伤的相关知识作了介绍，详细介绍了现场判断和急救方法。

【练习题】

简答题

1. 脑组织脱出后如何急救？
2. 踝关节扭伤后现场如何处理？
3. 简述切割伤的现场急救方法。
4. 小腿抽筋如何处理？
5. 简述脑震荡的判断和现场急救方法。

第五章
常见意外伤害和灾难事故的现场急救

第一节 气道异物梗阻的现场急救

【案例导入】

你可相信：一颗花生米可以夺命，一顿美食将成为最后的晚餐，一个果冻会使一个孩子再也不会叫妈妈了。请看下面案例。

1. 甘肃省理科状元，年仅 19 岁的北大才子，放暑假刚回家两天，不幸在家中猝死。猝死原因是，花生米进入气道，卡住气管，窒息而死。

2. 国庆放假，老同学相约叙旧，席间把酒言欢，笑声不断。突然间，小刘笑声戛然而止，只见他一手捂着脖子，一手举着一根里脊骨，脸上憋得发青。旁边的同学惊问：“噎着了吗？”于是赶紧给他拍背。有同学细心地递过一杯水，说“快喝水，看能不能冲下去”。可是，当十多分钟救护车赶到时，小刘心跳呼吸已停止。

3. 3.15 消费者权益保护日这天，上海女童吸食果冻时，突然出现面色紫绀，憋气，哭不出声音。小孩的父母给孩子拍背无效送往医院，后抢救无效死亡。

从上述例子中你有哪些启示？如果你在现场，你能做些什么？做过之后会有什么结果？

【学习目标】

1. 准确识别气道梗阻。
2. 根据病人的年龄和情况采取正确的急救方法。

【任务描述】

气道异物梗阻是由异物完全或不完全阻塞气道，导致空气不能进入肺部，影响正常呼吸，而出现一系列临床症状的急症。呼吸道异物是危及生命的常见紧急状况，如不及时处理，患者很快因缺氧出现紫绀、意识障碍而死亡。在国内、国际有很多的研究发现，对气道异物梗阻的病人，如果在事发现场得到正确的急救，有一半以上都有明显的缓解，而且不需要专业人员到达现场就可以缓解。

20 世纪 70 年代中期，美国海姆立克教授发明了 Heinlich Mameuver 急救法，简称海氏急救法，曾挽救了数以万计气道异物梗阻的患者。该法主要用于气管异物导致呼吸梗阻急救。气管异物不仅发生于幼儿，随着人口老龄化，老年人发生气管异物的情况已明显增多。因此，海氏急救法使用日渐广泛，并已成为心肺复苏的新的“成员”。

现场急救时间、方法及程序正确与否，是挽救患者生命的关键。

【相关知识】

一、气道异物梗阻的原因

好发人群：老年人、婴幼儿。

1. 老年人。

（1）咳嗽反射动作迟缓（进食时）。

（2）进食时说笑。

（3）吃大块食物（如鸡块、排骨、鲍鱼），速度太快，咀嚼不全，吞咽过猛。

2. 婴幼儿。

（1）婴幼儿食管与气管交叉处的会厌软骨发育不完全，好发于 3 岁以下，当口中含物说话、哭笑、打闹时。

（2）剧烈活动时，口含物很容易被吸入气管，引起气管阻塞，导致窒息。

二、气道异物梗阻分类

1. 轻度气道异物梗阻：神志清楚，无明显呼吸困难，咳嗽有力。

2. 重度气道异物梗阻：病人神志不清，出现明显的呼吸困难，面色青紫，咳嗽无声，喉喘等表现。

三、气道异物梗阻主要症状

1. 不完全阻塞: 病人可以咳嗽或咳嗽无力，喘息，呼吸困难，吸气时可以听到高调声音，皮肤、甲床、口唇、面色紫绀。

2. 完全阻塞: 较大的异物完全堵住喉部或气管，病人面色青紫，不能说话，不能咳嗽，不能呼吸，很快发生窒息，失去知觉，呼吸心跳停止。

3. 特殊表现：当发生梗阻时，病人常常不由自主地用手拇指和食指呈 V 字形状贴在颈前部，用力咳嗽和呼吸，张口睁目，表情恐怖，双手乱抓。

图 5-1　气道异物梗阻的特殊体征

四、气道异物梗阻的识别方法

这是抢救气道异物梗阻最关键的问题和最重要的前提。

1. 病人抓住自己的颈部（“V”型呼救手势），焦躁不安，面色发绀。
2. 用力咳嗽和呼吸。
3. 声嘶或失声或喘鸣。
4. 询问“你被噎到了？能说话吗？”患者无法言语，点头示意。

五、海姆立克急救法及原理

1. 海姆立克急救法。

海姆立克急救法 (Heimlich maneuver)，简称海氏法，又称 Heimlich 手法。是解除呼吸道异物梗阻的主要方法。其方法为一手握空心拳，另一手握住拳手，握拳手的拇指顶住脐上两横指处，快速向内向上连续冲击腹部 5 次，重复 4-6 次，反复进行，直至排出异物。

根据病人的情况采取立位、卧位和胸部冲击法。

2. 原理。

利用突然冲击腹部的压力，使膈肌抬高，使肺部残留空气形成一股向上的气流，这股气流具有冲击性、方向性，它会快速冲入气管，从而将异物排出。

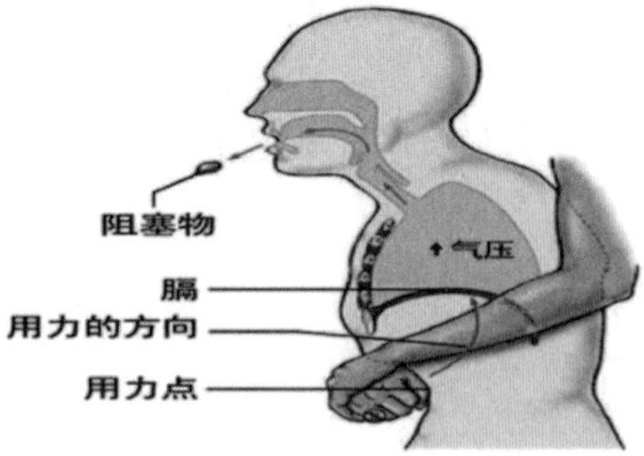

图 5-2　　海姆立克手法的原理

【任务实施】

一、1 岁以上的儿童和成人气道异物梗阻的急救方法

1 岁以上的儿童和成人，根据梗阻程度不同，采取不同的急救方法。

（一）轻度气道异物梗阻急救方法

适用于不空全气道梗阻、意识清楚的病人。

1. 咳嗽。鼓励患者自行咳嗽和用力呼吸，不要干扰患者排出异物的任何动作，通过咳嗽排出异物。如病人较长时间没将异物咳嗽出来，应启动急救系统，即打急救电话。

2. 立位腹部冲击法。抢救者站在患者的背后，用手臂绕其腰部，一手握空心拳，用另一手握住，将拳的拇指侧顶在患者腹部正中线脐上方两横指处，并快速向内、向上连续冲击 5 次，反复多次，直至将异物排出，解除梗阻。

3. 自我救护方法。

有一定救护知识和技能，无人在现场相助，并且发病时说不出话，打电话困难的病人。

（1）自我腹部压椅背

将上腹部对在椅背或桌缘或其他硬物上，使劲往上压，以造成人工咳嗽，排出异物。

（2）自我腹部冲击法

患者自行一手握拳头放在自己的肚脐上，用另一手握住，将拳的拇指侧顶在患者腹部正中线脐上方两横指处，并快速向内、向上连续冲击 5 次，反复多次，直至将异物排出，解除梗阻。

图 5-3 自我腹部冲击法

图 5-4 自我腹部压椅背法

（二）重度气道异物梗阻的急救方法

适用于完全气道梗阻病人。病人意识清楚，可用立位腹部冲击法。病人意识不清楚，用仰卧位腹部冲击法。

1. 对意识障碍的患者应尽早呼救，拨打急救电话，立即进行心肺复苏。解除异物梗阻，采用卧位腹部冲击法。方法同下 2(2) 卧位腹部冲击法。

2. 对意识清楚的患者，拨打急救电话后，帮助患者解除梗阻。根据年龄不同和病情轻重采取不同的方法，成人及 1 岁以上的儿童，采取立位腹部冲击法、卧位腹部冲击法、胸部冲击法。意识不清楚者，采取卧位腹部冲击法。

(1) 立位腹部冲击法。患者身体前倾，救助者站在患者身后，双臂环绕患者腰部，一手握拳，另一手抱住握拳的手，双手放在患者腹中线肚脐上方两横指处，剑突下与脐之间的位置，拳头的拇指一侧对准腹部，快速向上向后冲击腹部，在腹部形成压力，在气

道内形成气流，把异物冲出来，反复多次冲击直至异物排出。

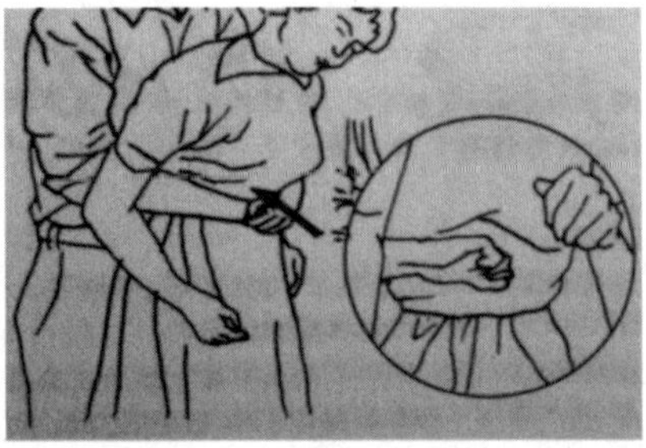

图 5-5 立位腹部冲击法

(2) 卧位腹部冲击法。用于体型比救助员大的患者或意识不清楚者。

让患者仰卧，救助者双腿分开跪在患者两侧，一手掌根部放于腹中线上，第二手叠放在就第一手背上，两手掌根重叠，向上快速冲击腹部，反复多次冲击，直至排出异物。

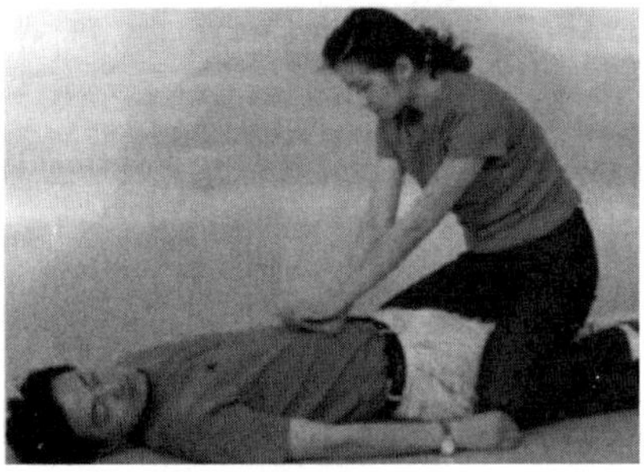

图 5-6 卧位腹部冲击法

(3) 胸部冲击法。用于妊娠晚期或过度肥胖的患者。

让患者身体前倾，救助者站在患者身后，双臂环绕患者胸部，一手握拳，拇指一侧对准胸部，另一手抓住握拳的手，双手放在患者胸骨中部，向后连续冲击，直至排出异物。

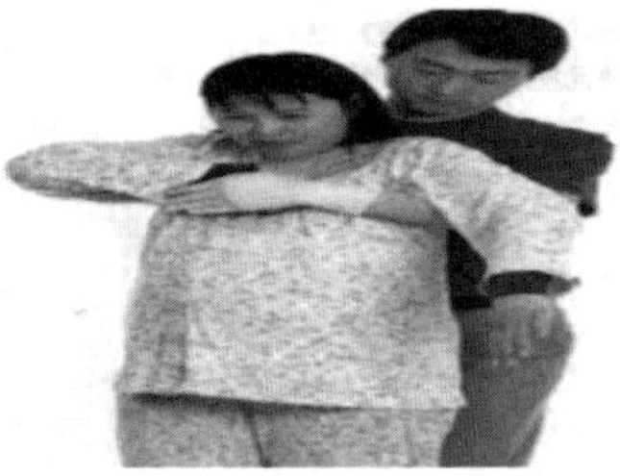

图 5-7　胸部冲击法

二、1 岁以下的婴儿气道异物梗阻的急救方法

根据《2010 年国际复苏指南》要求，清除 1 岁及 1 岁以下的有意识的儿童的呼吸道异物梗阻时，应该采用胸外按压与拍击背部相结合的方法。

1. 操作者取坐位或单膝跪地，将婴儿俯卧于操作者一侧手臂上，手要托住婴儿头颈部及下颌，头部低于躯干。

2. 将前臂靠在膝盖或大腿上。

3. 用另一手掌根部向前下方，用力叩击婴儿背部肩胛之间，每秒一次，拍打 5 次。

4. 用手固定头颈部，两前臂夹住婴儿躯干，小心将其翻转呈仰卧位，翻转过程中，保持婴儿头部低于躯干。

5. 用两指快速、冲击性按压婴儿两乳头连线正下方 5 次，每秒一次。然后，反复进行，直至异物清除或婴儿失去反应。

6. 打开口腔，检查被排出的异物，并用手指淘取出来。

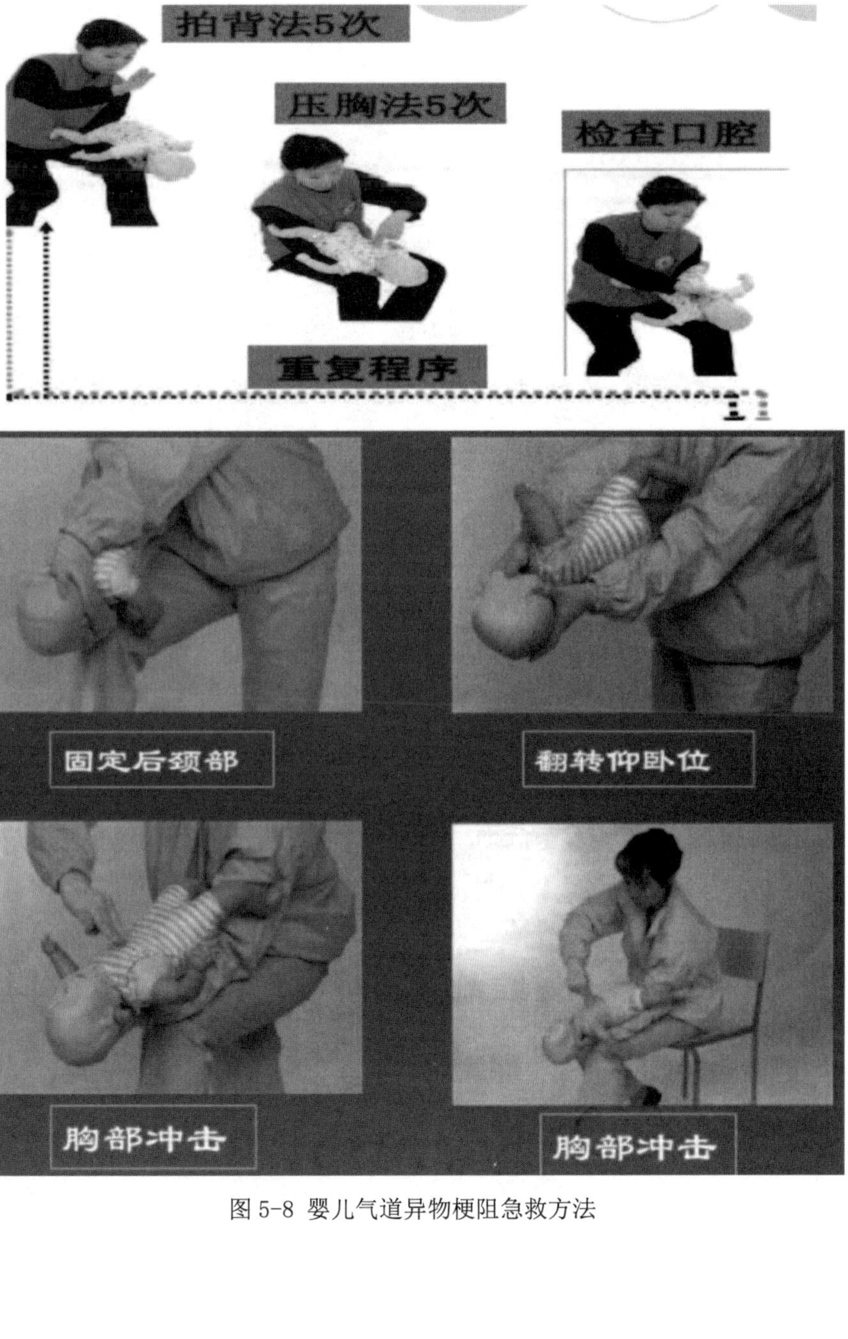

图 5-8 婴儿气道异物梗阻急救方法

【任务小结】

本节介绍了气道异物梗阻的定义、典型症状、现场识别气道异物梗阻和急救的方法。按不同情况和不同年龄正确使用急救方法。

1. 成人和1岁以上儿童采用腹部冲击法(立位和卧位)。意识清楚者用立位腹部冲击法，意识不清楚者用卧位腹部冲击法。

2. 孕妇和肥胖者采用胸部冲击法（立位和卧位）。

3. 婴儿采用拍背法、胸部冲击法。

气道异物梗阻救护图解

对于意识不清的气道梗阻的病人，救护人员应高声呼救，求助他人，启动急救系统，病人置于心肺复苏体位立即进行心肺复苏术。

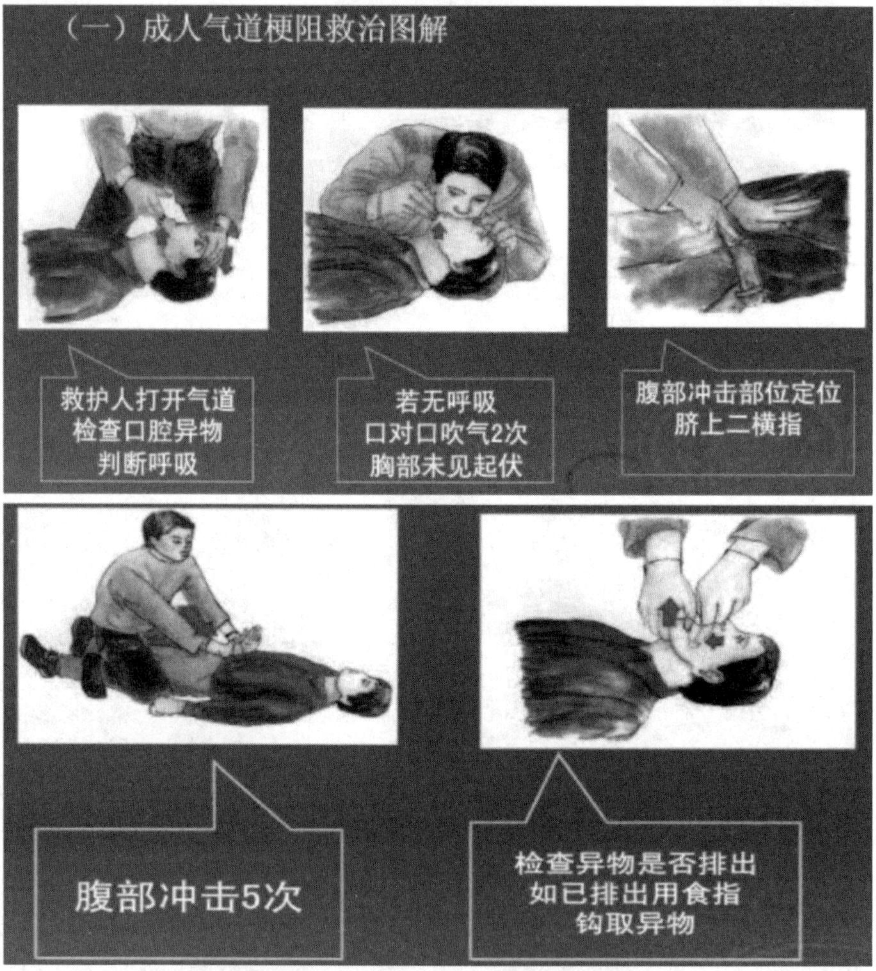

图 5-9　成人气道异物梗阻救治图解

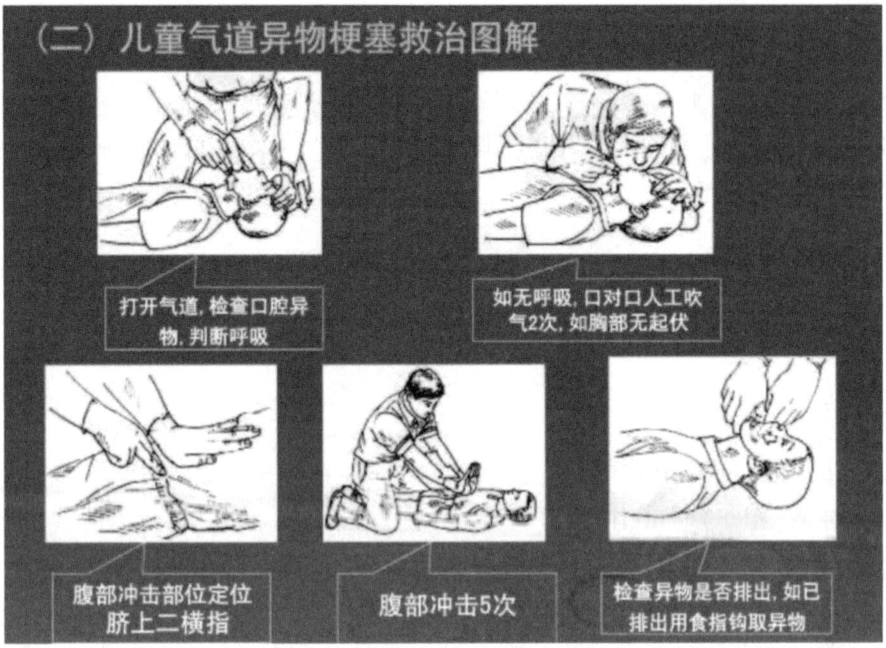

图 5-10　儿童气道异物梗阻救治图解

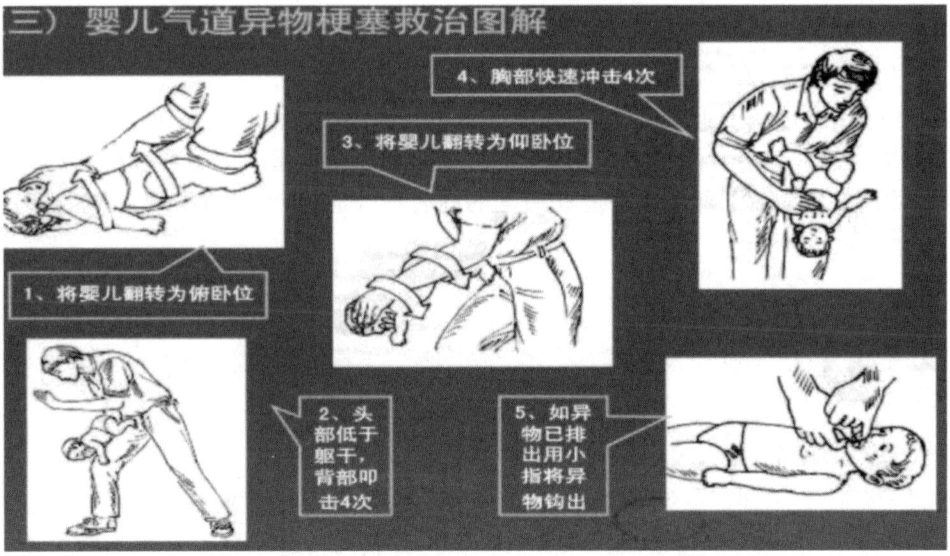

图 5-11　婴儿气道异物梗阻救治图解

【知识拓展】

气道又叫呼吸道，包括口、鼻、咽喉、气管、支气管、细支气管。呼吸系统由呼吸道和肺两大部分组成。呼吸道是传送气体的管道，包括鼻、咽、喉、气管和各级支气管。临床上通常把鼻、咽、喉称上呼吸道，把气管、主支气管及肺内的各级支气管称下呼吸道。肺是进行气体交换的器官，由肺实质（支气管树和肺泡）及肺间质（结缔组织、血管、淋巴管、淋巴结和神经等）组成。

呼吸系统的主要功能是执行人体与外界的气体交换，即不断地吸入外界的新鲜空气，呼出体内的二氧化碳，以保证人体的新陈代谢顺利进行。

一、鼻

鼻是呼吸道的起始部，也是嗅觉器官。由外鼻、鼻腔和鼻旁窦三部分组成。

（一）外鼻

外鼻呈锥体形，位于颜面中央，由骨和软骨作为支架，外覆皮肤和少量皮下组织。外鼻上端位于两眶之间狭窄的部分称鼻根。鼻根向下延伸成鼻背，其末端为鼻尖。鼻尖两侧呈弧状扩大称鼻翼。鼻翼在平静呼吸时，无明显活动；在呼吸困难时，病人可出现鼻翼扇动。小儿呼吸困难时，鼻翼扇动更为明显。从鼻翼向外下方到口角的浅沟称鼻唇沟。正常人，两侧鼻唇沟的深度对称，面肌瘫痪时，瘫痪侧的鼻唇沟变浅或消失。

（二）鼻腔

鼻腔位于两侧面颅之间的腔隙、腭的上方。由骨和软骨为基础，内面覆以黏膜或皮肤，被鼻中膈分为左、右两个鼻腔。鼻腔向前经鼻孔与外界相通，向后经鼻后孔通鼻咽部，并以鼻阈为界，分为前下部的鼻前庭和后部的固有鼻腔。鼻阈是皮肤与鼻黏膜的分界标志。

二、喉

喉既是呼吸器官，又是发音器官。喉上通咽喉，下接气管。喉以软骨为基础，借关节、韧带和肌肉连接而成。

（一）喉的位置

喉位于颈前正中部，成年人喉的上界平对第 4、5 颈椎体之间，下界平第 6 颈椎体下缘附近，女性和小儿的位置较高。喉上借甲状舌骨膜与舌骨相连；下接气管；喉前方被皮肤、筋膜和舌骨下肌群所覆盖；后方紧邻喉咽部；喉两侧邻颈部大血管、神经和甲状腺侧叶等。喉的活动性较大，当吞咽和发音时，可上下移动。

（二）喉软骨

喉软骨构成喉的支架，包括不成对的甲状软骨、环状软骨、会厌软骨和成对的杓状软骨等。

1．甲状软骨。

甲状软骨是最大的一块喉软骨，位于舌骨下方，环状软骨的上方，组成喉的前外侧壁。

甲状软骨由左右两块近似方形软骨板在前方合成。两板前缘相连形成前角，前角的上端向前突出，称喉结，成年男性特别显著。两板后缘游离，向上、下各伸出一对突起，上方的一对细长，称上角，借韧带连于舌骨；下方的一对较粗短，称下角，其内侧面有关节面，与环状软骨构成环甲关节。

2．环状软骨。

环状软骨位于甲状软骨下方，向下接气管。形似指环，前部窄低，称环状软骨弓；后部高而宽阔，称环状软骨板。板上缘两侧各有小关节面与杓状软骨构成环杓关节。环状软骨弓平对第 6 颈椎，是颈部的重要标志之一。环状软骨是喉和气管中唯一完整呈环形的软骨，对保持呼吸道的畅通有重要作用，损伤后易引起喉狭窄。

3．杓状软骨。

杓状软骨位于环状软骨板上缘之上，左右各一。杓状软骨略呈三棱锥体形，尖向上，底朝下与环状软骨板相关节。底向前方的突起，称声带突，有声韧带附着；向外侧较钝地突起，称肌突，是喉肌的附着处。

4．会厌软骨。

会厌软骨位于甲状软骨的后上方，喉入口的前方。形似树叶，上宽下窄。上端游离，下端借韧带连于喉结的后下方。当吞咽时，喉上提，会厌软骨遮盖喉口，以防止食物误入喉腔。

三、气管和主支气管

气管和主支气管是连接喉与肺之间的管道，管壁均由软骨、平滑肌和结缔组织所构成。气管软骨以“C”形的透明软骨为支架，以保持其开放状态。各软骨间彼此都以结缔组织相连，各透明软骨缺口都朝向后方，被平滑肌和结缔组织构成的膜壁所封闭，所以管的后壁呈扁平状。

（一）气管

气管通常由 16~20 个“C”形气管软骨借结缔组织相连，内面衬以黏膜构成。位于食管前方，上端在平第 6 颈椎下缘附近连接环状软骨，经颈部正中，向下进入胸腔，在胸骨角平面分为左、右主支气管，气管分杈处称气管杈。其内面形成向上凸的半月状纵嵴，称气管隆嵴，是支气管镜检查的定位标志。

根据行程和位置，气管可分为颈、胸两部。颈部较粗，位置表浅，沿前正中线下行，在颈静脉切迹上方可以摸到。前面除舌骨下肌群外，在第 2~4 气管软骨的前方有甲状腺峡，两侧邻近颈部大血管和甲状腺侧叶，后方与食管相邻。行气管切开术时，切开部位常选取第 3~5 气管软骨处。胸部较长，位于上纵膈内，两侧有重要的血管、神经。前面与胸骨之间有胸腺和大血管；后方仍紧贴食管。

（二）主支气管

左、右主支气管由气管分出后，各自斜向外下方走行，分别经左、右肺门进入左、右肺。左主支气管细而长，平均长 4~5cm，走行较倾斜，与气管中线的延长线形成 35^0~36^0 的角，约在平第 6 胸椎高度处经肺门入左肺。

右主支气管短而粗，平均长 2~3cm，走形较陡直，与气管中线的延长线形成 22^0~25^0 的角，约在平第 5 胸椎体高度处经肺门入右肺。因此，临床上气管内异物多坠入右主支气管。

对于意识不清的气道梗阻的病人，救护人员应高声呼救，求助他人，启动急救系统，将病人置于心肺复苏体位，立即进行心肺复苏术。

异物停留气道部位，跟异物性质、大小、形状、气道解剖特点有关。

1. 尖锐不规则异物停留在声门处（喉）。

2. 较大而润滑异物停留在气管处。

3. 细小异物停留在细支气管处。

4. 支气管异物较容易进入右侧支气管。

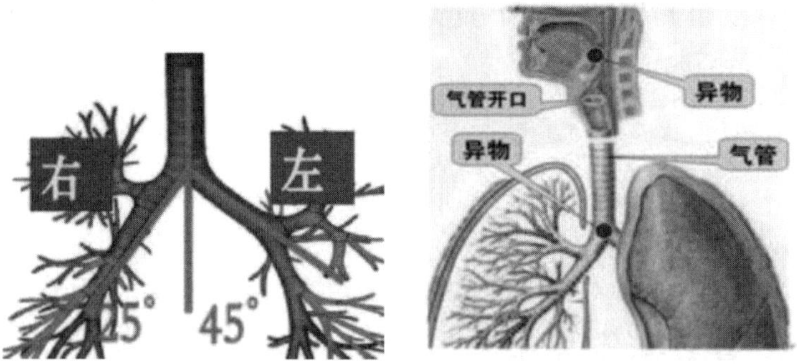

图 5-12　异物易阻塞部位

【练习题】

一、选择题

1. 现场救治婴儿气道异物梗塞时，应将婴儿置于下列（　）体位。

A. 平卧位　　　　B. 头低脚高位　　　　C. 头高脚底位

2、现场救治成人气道异物梗塞，进行腹部冲击部位是（　　）。

A. 脐下二横指　　B. 脐上二横指　　　　C. 胸骨下部　　D. 两乳头连线的中点

3. 下列不是成人气道异物阻塞时的表现（　　）。

A. 突然发生呛咳、不能说话

B. 用拇指和手指抓住自己的颈部

C. 头痛、腹痛

D. 面色、口唇青紫

4. 关于气道内异物阻塞时的表现及处理不正确的是（　　）。

A. 能够用力咳嗽，咳嗽时可能有哮鸣音，但梗阻持续，异物不能排除，必须现场先施救，直至医务人员到达

B. 能够用力咳嗽，咳嗽时可能有哮鸣音，有良好气体交换，可现场先施救，然后尽快送医院救治

C. 呼吸困难、哭不出声来，嘴唇、指甲、和皮肤出现紫绀，很快意识丧失、呼吸停止应尽快送医院救治

D. 呼吸困难、哭不出声来，嘴唇、指甲、和皮肤出现紫绀，很快意识丧失、呼吸停止必须尽快现场急救，直至医务人员到达

5. 关于气道内异物梗阻的急救原则下列哪项不正确的是（　　）。

A. 尽快解除呼吸道的阻塞

B. 对呼吸停止者进行人工呼吸和心脏按压

C. 在发生窒息现场先采取急救措施，勿盲目急着送医院

D. 婴儿呼吸道异物阻塞的识别和急救手法与成人相同

二、问答题

1. 气道异物梗塞时伤病员有哪些表现？

2. 请说出急性气道阻塞海氏手法的原理。

3. 请说出急性气道阻塞立位腹部冲击法的应用范围和具体手法。

4. 请说出急性气道阻塞仰卧位腹部冲击法的应用范围和具体手法。

三、分析题

1. 家人在饭店一起吃饭，邻桌一位老人进餐时突然发生剧烈呛咳，呼吸困难，面色发绀，你会怎么做？如施救无效，异物未能排出，患者转为昏迷，怎么办？

2. 你在散步时发现一位孕妇边走路边吃枣子，不小心发生了气道梗阻，你会怎么做？

3. 寒假的一天，你一个人在家边看电视边吃零食，不小心发生了气道异物梗阻，呼吸困难，呛咳不止，不能说话，你该怎么办？

第二节　交通事故的现场急救

【学习目标】

熟悉交通事故的伤情特点及原则，掌握现场急救方法。

【任务描述】

交通事故发生后，现场紧急救护是否得当，直接关系到伤员的生命安危。因此，每个救护员或司机必须了解交通事故的急救知识，掌握必要的事故现场急救技巧。这样方能在紧急情况发生时，做好自救和互救，以便迅速及时地挽救伤员生命。

【相关知识】

交通事故是指机动车和非机动车等在运行中因各种原因给人体造成的意外伤害或经济损失。轻者擦伤、碰伤，重者常出现多器官受损的复合伤，现场急救不及时残废死亡率很高。

车祸，已成为当今社会公害，为城市人口死亡的四大原因之一。车祸造成的伤害大体可分为减速伤、撞击伤、碾挫伤、压榨伤及跌扑伤等，其中以减速伤、撞击伤为多。减速伤是由于车辆突然而强大的减速所致伤害，如颅脑损伤、颈椎损伤、主动脉破裂、心脏及心包损伤，以及“方向盘胸”等。撞击伤多由机动车直接撞击所致。碾挫伤及压榨伤多由车辆碾压挫伤，或被变形车厢、车身和驾驶室挤压伤害同时发生于一体。因此，交通事故伤情复杂，伤势严重，并发症多，死亡率高。急救的宗旨是利用一切可以利用的手段，以最快的速度进行急救和转送，尽可能使伤者能活着到医院，并为进一步治疗创造条件。

据世界卫生组织统计，全世界每年有 120 万人死于交通事故，数百万人受伤或致残。中国因交通事故死亡、伤残的人数占世界的 20% 以上，平均每 5 分钟一人死亡，每 1 分钟一人伤残。在我国车祸所致的重伤员中，约有 2/3 因得不到及时有效的救助而在 30 分钟内死于现场或运输途中。

一、交通事故创伤特点

1. 发生率高，在临床医学上属常见病、多发病。
2. 伤情复杂。往往是多发伤、复合伤并存，表现为多个部位损伤，或多种因素的损伤。
3. 发病突然，病情凶险，变化快，休克、昏迷等早期并发症发生率高。
4. 现场急救至关重要，往往影响着临床救治时机和创伤的转归。
5. 致残率高。

二、不同受伤人员的伤情特点

（一）机动车内人员伤情特点

与座位有关，司机较多发生头面部、上肢损伤，其次是胸部、脊柱和股部的损伤；乘客较多发生锁骨和肱骨的损伤。

翻车事故时，乘客可被抛出致摔伤、减速伤、创伤性窒息、砸伤等；发生车辆追尾事故时，乘客可受挥鞭伤，出现颈椎、颅内损伤等；困在车内的乘客经多次抛投、撞击、挤压，造成严重多发伤。

（二）摩托车驾驶员的伤情特点

摩托车驾驶员在驾车行驶时，上半身基本上没有保护，易受伤。在乘客座位上的人员，多数是在撞击时被抛出而致摔伤。摩托车创伤致死者有 80% 的摩托车驾驶员和 90% 的摩托车搭乘人员死于头颈部创伤。

（三）骑自行车人的伤情特点

一般情况下，自行车车速较慢，冲击力不大，因自身因素发生的创伤多较轻。当机动车与其相撞而发生创伤时，骑自行车人被撞倒，如头部先着地，则造成颅脑伤；其次是上肢和下肢损伤；或继发辗压伤，或受第二次撞击造成腹部内脏损伤。

（四）行人的伤情特点

1. 在道路交通事故创伤中，行人的受伤多是由机动车辆撞伤，其受伤的作用力一是撞击伤，二是摔伤或辗压。

2. 行人因受撞击时所处的位置不同和车辆类型不同，伤情特点各异。小车正面撞击行人，直接碰撞行人的下肢或腰部，行人常被弹至车体上方，碰撞到挡风玻璃、车顶而致伤，摔至地面，可发生头颅或软组织损伤，又可遭受辗压。

3. 若侧面撞击，先被抛出，后遭另外车辆辗压。大型车辆撞击，多撞击行人的头部或胸腹部，易造成两手、两膝和头面部损伤。

这些都要求现场急救人员、事故处理人员、医务人员等有关工作人员尽最大努力争取时间，抢救伤员生命，避免或减少并发症的发生。

道路交通事故人员创伤是特殊类型的损伤，由运动的车辆和人之间交互作用而形成，机制复杂，伤情多变。其中最多见的和最典型的是撞击伤。就撞击伤而言，由于受伤者所处的具体条件的不同，伤情可有很大差异。有关统计资料表明，受伤部位发生率较高的是头部和下肢，其次为体表和上肢。重伤的发生率较高，约占创伤的40%，多为多发伤。创伤的性质以挫伤、撕裂伤、辗压伤和闭合性骨折最为多见。

三、现场急救的原则

一旦发生交通事故，在事故现场进行救护时，应遵循以下原则。

（一）人道原则

当事故发生后，救护者必须怀着崇高的人道主义精神，千方百计利用现场一切可利用的条件抢救伤员。救护者应保持镇定和清醒的头脑，使伤员尽快得到现场治疗，并及时呼救，转入后续治疗。

（二）快速原则

在车祸救护工作中，时间就是生命。“快抢、快救、快送”是决定伤员能否自下而上或减少伤残和后遗症和挽救生命的关键。救护人员要珍惜每一秒钟，火速急救，火速护送伤员到医院治疗。

（三）有序原则

交通事故的特点是“伤情复杂、严重、复合伤多”。因此，在抢救中一般应本着“先抢后救”“先重后轻”“先急后缓”“先近后远”的顺序，灵活掌握。首先采取止血、保持呼吸道的通畅、抗休克等措施；第二是处理好内脏器官的损伤；第三是处理好骨折；第四是包扎处理一般伤口。

（四）自救原则

“自救原则”是车祸现场救护、抢救伤员生命的一条宝贵经验，尤其是对发生在偏僻地区的车祸更是显得重要。在车祸现场不能消极等待，要积极采取“自救、互救”措施，充分利用就地现有器材，实施自救，以赢得救援时间。

四、事故现场伤员情况判断

交通事故发生后，由于车祸的“强烈袭击”，可使人体心、肺、神经、内分泌机能发生严重障碍，尤其是大量失血，直接威胁伤员生命，有些受伤者可能很快出现休克或者死亡。这就需要很好地判断伤情，以便急救。最早接触受伤者时，首先必须判断受伤者是否活着，有无呼吸和心跳，意识是否清楚，救护者必须对受伤者的伤情作出初步判断，以便按“轻重缓急”的原则急救和转送。

（一）呼吸的判断

为了确定受伤者是否呼吸，可以将耳朵贴近受伤者的口，同时平视他的呼吸，看胸部起伏情况。

（二）心跳的判断

脉搏是血液流经动脉血管时的压力波动，直接显示心脏的跳动，一般测试腕动脉（桡动脉）。检查心脏跳动的受伤者时，常检查他的颈动脉，在喉结与相连肌肉间的颈窝处，可以触知颈动脉的搏动。心跳停止时，颈动脉搏动消失，受伤者意识丧失，瞳孔散大，皮肤发紫。

正常人的脉搏（60 ～ 100 次 / 分）、呼吸（16 ～ 20 次 / 分），节律是均匀的。当发生车祸后，若伤员脉搏细快，面色苍白，皮肤湿冷，烦躁口渴，呼吸浅快甚至困难，是出血性休克和肺、胸膜损伤的表现。若脉搏慢而洪大，呼吸慢而深是脑损伤的表现。这些都是危险信号，应火速送就近医院抢救。

（三）意识的判断

正常人的意识是清楚的，反应是灵敏的。但当车祸发生后，因受伤部位的不同，其意识改变不尽相同。意识改变一般是由于脑部损伤，创伤性休克，剧烈疼痛等因素造成。若脑部有一时性不省人事，且时间不超过 10 至 20 分钟，那样表示伤不重；如受伤后一直昏迷或伤后昏迷一清醒一再昏迷，表示脑损伤严重，同时伴有剧烈持续的头疼和频繁的呕吐，以及瞳孔扩大或大小不等的改变。创伤性休克伤员，除休克的表现外，一般在休克晚期出现昏迷。而剧烈疼痛引起的意识丧失仅为一时性“应激”改变，会迅速恢复的。

（四）瞳孔的判断

在事故现场判断意识，以直观受伤者瞳孔的变化为主。正常时，两眼的瞳孔是等大等圆，遇到光线能迅速收缩。当受伤后，两眼瞳孔不一般大，可能缩小或放大；用手电筒光线刺激，瞳孔不收缩或收缩迟钝。当瞳孔逐渐散大，固定不动，对光反应消失时，病人陷于死亡。

检查瞳孔的方法是：右手持手电筒，左手拇指及食指分别将两侧上眼睑向上拉开，暴露瞳孔。正常瞳孔（黑眼睛中央的孔洞）直径约 3 ～ 4 毫米，双侧等大等圆，当受到光线刺激后双侧瞳孔立即缩小，移开光源后瞳孔迅速复原，受伤者死亡的特征就是指呼吸、心跳停止和瞳孔散大、固定。

（五）确定受伤的部位、性质、范围和程度

在交通事故现场短时间内，要确定伤员受伤的部位、性质、范围和程度有一定的难度，但只要细致观察，就可以做出初步判断。一般来说，伤情的轻重与全身情况是一致的，否则就可能有多发伤和内脏伤。因此，必须首先明确判断伤员伤情是出血性休克还是颅脑损伤；是内脏伤还是骨折；是脊髓损伤还是一般的外伤；是开放性的还是闭合性的损伤，以及受伤范围的大小和轻重程度等等，以便于及时救护。

四、交通事故现场伤员病情分类

在车祸现场，有时会产生大批伤员，为合理使用急救资源，确保危重伤员的救治，可将伤员分为以下四类，酌情处理。

第一类：心跳呼吸骤停或休克的伤员，应立即进行现场抢救，待病情稳定后转送医院继续救治。

第二类：外伤出血、骨折等伤员，及时处理，尽早转送医院继续治疗。

第三类：一般外伤且不危及生命的伤员，可以等现场处理后再决定是否转送医院。

第四类：已经死亡的和不需要急救处理的伤员，不须进行急救处理。

【任务实施】

一、 交通事故的现场急救

交通事故后对创伤人员的现场急救，对于抢救伤者生命、提高伤者的生活质量、降低伤者的致残率、减轻伤者的家庭负担及社会负担、缓解社会矛盾具有重要的意义。对交通事故受伤人员的现场急救是急救的第一步骤，急救措施采取得越快越好。抢救人员在对受伤者伤情进行初步判定后，要根据具体情况采取止血、包扎、固定和搬运等措施。

1. 迅速了解事故现场情况。急救人员迅速确认环境是否安全，去除威胁伤者生命安全的因素，使伤病员迅速脱离出事地点，转移到安全和便于救治的地方。

2. 紧急呼救，拨打急救电话。

3. 判断病情，有无意识、脉搏、呼吸、出血情况和骨折等伤情严重程度。

4. 分类急救。根据分类，分轻重缓急进行救护，本着先救命后救伤的原则进行具体急救。

（1）对无呼吸无心跳伤者立即进行现场心肺复苏。

（2）对外伤出血进行止血、包扎。

（3）固定和搬运。搬运骨折伤员时应先固定，避免加重损伤和增加伤员痛苦。对怀疑有脊柱损伤的伤者，搬运时必须注意保护脊髓，以免受损伤或加重损伤。

5. 保持呼吸道通畅。对昏迷、气道发生阻塞的伤者应将其头部偏向一侧，松开伤员的衣领、内衣、皮带和裤，除去口腔异物等。

二、车祸自救

1. 胸部剧痛，呼吸困难。

如果伤者感觉到剧痛和呼吸困难，则有可能是发生了肋骨骨折及气胸。

（1）肋骨骨折。如果怀疑骨折，伤者不要贸然移动身体。最好向他人求救。

（2）气胸。如果感觉或听到胸部有气体进出的声音，则表明可能是气胸，立即用塑料膜密封伤口。

2. 腹部疼痛，怀疑伤情——肝脾破裂。

（1）伤员首先要判断自己是否还留在车里，如车里有起火隐患，则要缓慢离开车子。

（2）不要长时间站立和走动，同时动作要缓慢。

3. 出血，怀疑伤情——外伤。

（1）颈部的血管是最重要的部位，最好先检查颈部是否有出血。

（2）在大量出血时最好能用毛巾或其他替代品临时包扎，以免出血过多。

4. 肢体疼痛，肿胀畸形，怀疑伤情——骨折。

搬运伤者前一定要先固定。

5. 脖子疼，怀疑伤情——颈椎损伤。

尽量不要搬动伤员，在万不得已要搬运时，固定颈部和用硬板担架搬运。

三、汽车掉入水中逃生

1. 抓紧固定。

一旦落水，不能惊慌失措，双手抓紧扶手或椅背，让身体后靠，紧贴着靠背，随着车体翻滚，避免被撞昏。

2. 闭嘴咬牙。

坠落过程中，应紧闭嘴唇，咬紧牙齿，以防咬伤舌头。

3. 关闭车窗。

当汽车落水后，水会慢慢涌入车内，只要车门没开，进水是一个慢慢的过程，直到水面超过车门钢板高度50%，压力才会逐渐增加，即使车辆进水，车主仍有足够时间逃生。

4. 开灯照明。

开亮前灯和车厢照明灯，既能看清四周，也便于救援人员搜索。

5. 等待时机。

逐渐下沉中，车身孔隙不断进水，这段时间要镇定，耐心等待。

6. 弃车逃生。

当水位不再上升时，做一个深呼吸，然后打开车门或从车窗跳出。外衣需在先脱下，假如车门打不开，可用修车工具或在手上缠上衣服后打碎车窗玻璃。

7. 多人同时在车里。

假如车里不止一人，应手牵着手一起出来。

【任务小结】

近几年来，我国车辆越来越多，车祸发生已成为一大公害。交通事故伤情复杂，病情严重，死亡率高。在车祸现场，对受伤人员的现场急救是急救的第一步骤，急救措施采取得越快越好。抢救人员在对受伤者伤情进行初步判定后，要根据具体情况采取止血、包扎、固定和搬运等措施。成功的交通事故急救主要包括正确的伤情判断和及时正确的抢救措施。现场急救技术主要包括止血、包扎、固定和搬运。

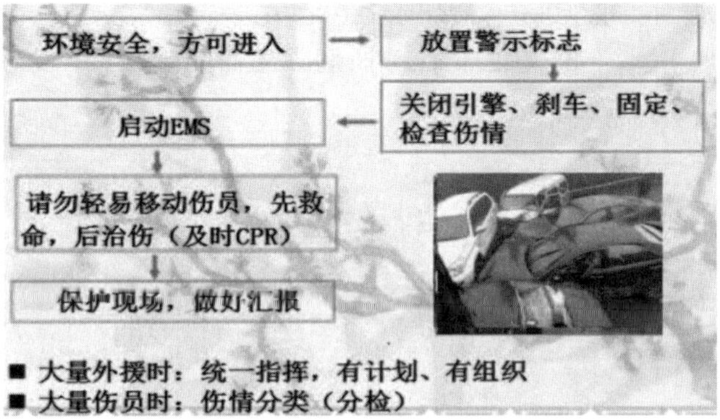

图 5-13　交通事故的现场急救流程

【练习题】

一、选择题

1. 下列哪项行为会导致交通危险（　　）。

A. 不跨越交通护栏　　B. 不穿越高速公路

C. 不超速行驶和强行超车　D. 在机动车道内拦车

2. 发生交通事故，有人被压在车轮或货物下时，错误的救援方法是（　　）。

A. 设法抬升车辆　　B. 拨打急救电话

C. 拉拽伤者的肢体　　D. 搬走货物

3. 在交通事故现场抢救脊柱骨折的伤员时，您认为下列做法错误的是（　　）。

A. 不乱加搬动　　B. 保持脊柱安定

C. 勿扶持伤者走动　　D. 使用软担架运送

4. 搬运交通事故重伤员应该（　　）。

A. 随意搬抬伤员　　B. 两人或多人抬伤员

C. 首先固定颈部、搬运时保持脊柱稳定一致　　D. 可以放在软担架上

5. 发生重大交通事故后应当（　　）。

A. 立即截车运送重伤员到医院

B. 将伤员搬至路边等待急救医生来后进行急救

C. 原地抢救伤员同时向 120 呼救，经初步急救，由医生护送医院

D. 使用软担架运送重伤员

6. 发生交通事故后，搬运昏迷或有窒息危险的伤员时，应采用（　　）的方式。

A. 俯卧　　B. 仰卧　　C. 侧卧　　D. 半卧

7. 严重创伤的伤员，在现场首先应采取急救措施是（　　）。

A. 保持伤员呼吸道通畅　　B. 止血包扎

C. 立即转送附近的医　　D. 立即叫 120

8. 急救人员到达创伤现场后，首要的任务是（　　）。

A. 安全地运送　　B. 除去正在威胁病人生命的因素

C. 骨折固定　　D. 包扎伤口

二、简答题

1. 简述交通事故创伤特点。
2. 简述交通事故现场急救原则。

第三节　火灾事故的现场急救

【学习目标】

掌握火灾现场自救和互救方法及不同场所的逃生技巧。

【任务描述】

火灾事故的现场急救是指发生火灾后，救护者对被困人员进行的转送医院前的现场急救和伤员自救。火灾发生时，产生的火焰可造成人体烧伤；产生的浓烟可引起窒息或中毒；物体倒塌会引起砸伤、埋压、刺伤或割伤等。

现场急救的首要任务是维持生命，减少伤残，防止病情恶化。在急救过程中按“三先三后”原则即“先抢后救，先重后轻，先救后送”进行抢救。

【相关知识】

一、火灾现场的主要特点

火灾现场是人、车、物聚集的地方，火灾现场往往同时出现火光、烟尘、油污。

1. 火灾、烟气蔓延迅速。
2. 空气污染，通气不畅，视线不良。
3. 人物聚集，杂乱拥挤。
4. 心理恐慌，行为错乱。

二、火灾现场被困人员的行为特征

1. 趋熟。选择熟路的概率为选择其他路径的两倍多。
2. 向地。下意识地从楼上跑到地面，向地表现之一就是跳楼。
3. 奔光。浓烟中被困人员本能地奔光逃生。
4. 退避。恐惧引起的一种避险行为，躲在卫生间、桌子、床下。
5. 沿墙。被困人员沿着墙壁逃生。
6. 从众。人多有依靠，安全感增强。

三、影响被困人员的主要因素

1. 性别因素。
女性：哭泣、呼喊、退缩、依附和服从。男性：鲁莽、冲动、过度防御和惊逃。
2. 年龄因素。
火灾报警，通知他人避险 60% 为年轻人和中年人。
3. 训练水平。
在火灾成功逃生人员中，大多受过逃生知识的培训和现场急救相关知识的培训。
4. 火场温度。
（1）高温。
体温超 40℃、呼吸温度超 37℃，人体热积蓄增大，有幻觉、烦躁等心理反应。
（2）浓烟。
导致心理紧张，反应迟钝，不知所措，做出错误行为。
（3）噪音。
产生听觉障碍，造成心理疲劳、烦燥。
（4）有限空间。
身体难以正常活动，引起口渴、头痛、眩晕、腰酸、浑身无力、四肢僵硬。
（5）现场状况。
有人员组织疏散时，心理平稳；无人员组织疏散时，心理出现波动。

四、被困人员伤亡原因

1. 火灾时，中毒窒息占 76%，表明燃烧产生气体毒性强，烧伤、爆炸比例也较高。后果也严重，有头痛、神志不清、虚脱、肌肉功能障碍、中毒、窒息、皮肤灼伤。

2. 在逃生中，通道堵塞，缺少逃生知识、秩序混乱等也是造成伤亡的原因。

五、逃生基本原则

1. 镇定：情绪稳定，不烦不躁。
2. 选择：安全通道，合理方法。

3. 快速：行动要快，动作要准。
4. 离开：远离火场，不恋财物。

【任务实施】

一、火灾现场的急救方法

1. 进行疏散，应尽快离开火灾现场。
（1）按工作人员指引，自行按秩序疏散。自发疏散时不要盲从，无序疏散时靠两边。
（2）先疏散着火层，然后疏散着火层以上的楼层，再疏散着火层以下的楼层。
（3）疏散的路径：室内防烟楼梯、封闭楼梯、普通楼梯、走道、阳台。
2. 采取有效的措施迅速灭火。
3. 防治休克和感染。
4. 对烧伤创面不作特殊处理，尽量不弄破水泡，不要随意涂药。
5. 包扎创面，防止感染。
6. 伤者出现心跳、呼吸停止，立即进行心肺复苏。搬运病人时动作要轻、平稳，以减少伤者的痛苦。
7. 当吸入浓烟时，出现头痛、心慌、恶心呕吐、全身无力、晕厥等症状。严重者出现昏迷、抽搐，甚至死亡。应立即将伤员移到通风处，有条件的给予吸氧，注意保暖。
8. 昏迷者，应立即拨打急救电话，心脏骤停时进行心肺复苏。

二、火灾逃生方法

1. 熟悉环境，暗记出口，镇定不慌。当身处陌生环境，如在酒店、商店、超市、公共娱乐场所时，要留意所在场所的安全通道及楼梯等。

2. 明辨方向，保持镇静，迅速撤离。突遇火灾时，不要惊慌，不要盲目地跟随人流乱冲乱撞，相互拥挤要朝明亮处或空旷的地方撤离，尽量朝楼层下面跑，若通道已被烟火封住，则应背向烟火方向撤离。

3. 不入险地，不恋钱财。发生火灾，情况紧急，不要把逃生的宝贵时间浪费在寻找或搬运贵重物品上，时间就是生命。已逃离了火灾现场，千万不要重返险地。

4. 简易防护，掩鼻匍匐。浓烟弥漫时，用毛巾遮住口鼻或戴上口罩，匍匐撤离，防止烟雾中毒，预防窒息。

5. 善用通道，莫入电梯。发生火灾时，要根据情况选择相对安全的楼梯通道。千万不要乘普通的电梯逃生。

6. 缓降逃生，滑绳自救。迅速利用身边的绳索、床单、窗帘或衣服等自制简易救生绳，并用水打湿从窗台或阳台沿绳缓滑到下面楼层或地面。

7. 避难场所，固守待援。若用手摸房门时已感到烫手，逃生通道已被切断且短时间无人救援时，应关紧迎火的门窗，打开背火的门窗，用湿毛巾、湿布堵住门缝或用水将打湿的棉被蒙上门窗，然后不停用水浇洒，防止烟火继续进入，固守原地，等待救援。

8. 传送信号，寻求救援。被烟火围困暂时不能逃离时，在白天可以向窗外晃动鲜艳的衣物或向外抛轻型晃眼的物品，在晚上可以用手电筒在窗口不停闪动或敲击东西，及时发出有效的求救信号。在被浓烟窒息失去自救能力时，应尽最大努力爬到墙边或门边，这样便于救护者营救，也可防止房屋倒塌时砸伤自己。

9. 火已及身，切忌惊跑。当身上着火时，应赶紧脱掉衣服或就地打滚或及时用水浇灭，不要跑动或拍打。

三、不同场所火灾事故的现场急救

（一）饭店火灾事故的现场急救

旅游团下榻的饭店在深夜，大家熟睡时失火，会造成严重后果。导游人员不要因火灾事故不多而掉以轻心，也不要因没有经历过而惊慌失措。

1. 互救措施。

（1）迅速撤离。

（2）立即报警。导游人员获悉饭店失火，要立即报警。

（3）快速通知游客。采取一切可行的措施通知领队和全团旅游者。

（4）有序疏散。火灾逃生时，要轻装、快速、有序，避免摔倒，不盲目跳楼或搭乘电梯。

（5）集中旅游者。旅游人员撤至安全地带，就要寻找本团旅游者，让大家聚集在一起。发现有人失踪，就应组织人力尽快寻找；有人受伤，应及时救治。

2. 自救。

发现火灾已晚，无法逃离火灾现场时，旅游者要设法自救。

（1）用湿手巾捂住口鼻，趴在墙根，使面部贴近墙壁或地面，爬行穿越浓烟，爬到烟少的地方，避免被烟气熏呛烧伤或窒息，可能时打开窗户。

（2）大火封门时，或泼水降温，或用浸湿的衣被封堵塞严，越严实越好。

（3）房内有明火时，或泼水灭火，或用浸湿的被褥包住身体保护自己等待救援。

（4）若身上着火，就地打滚，或用浸湿的衣被压灭火苗。

（5）不入险地，不贪恋财物。人的生命最重要，不要再顾及贵重物品，也不要重返险地。

（6）消防队员到来后，要一面高声喊叫，一面挥舞色彩鲜艳的衣物，争取救援。

游客得救后，导游应立即抢救受伤者，对重伤者应拨打急救电话，进行现场处理，送往医院救治。同时安抚游客，做好心理疏导，并报告旅行社。

（二）飞机火灾事故的现场急救

1. 预防和现场急救方法。

(1) 导游应提醒游客在登机以后数一数自己的座位与出口之间隔着几排。这样，如果机舱内充满了烟雾，游客仍然可以摸着椅背找到出口。

(2) 让游客仔细阅读前排椅背上的安全须知。即使游客已经对这些程序了如指掌，再看一遍也没有坏处。

(3) 游客在着陆时做好适当的准备。这时候，不应该坐靠在位置上，而是应该双手交叉放在前排座位上，然后把头部放在手上，并在飞机着陆前一直保持这个姿势。

(4) 飞机停下之后，带着游客尽快走向出口，同时尽量保证安全。因为大火和有毒气体可能很快充满整个机舱。

(5) 尽快带领游客离开出事地点，因为那里的环境对游客的健康不利。

(6) 乘飞机旅行时着装应该得体。尽量避免穿 T 恤和短裤，应该穿长袖衬衫和长裤，因为一旦起火长衣长裤可以提供更好的保护。最好不要穿凉鞋，以免脚部受到玻璃、金属等的伤害。

2. 空难时逃生。

空难逃生错一小步都足以致命。禁忌用以下方法逃生。

(1) 忌用手机砸玻璃窗。

飞机的窗户是透明的树脂合成的，即便是用枪射击也很难击碎，用手机、高跟鞋肯定没用。

(2) 忌直接从破壁跳下。

飞机机身较高，离地至少几米，直接从机舱断裂处往下跳，容易致残，最好能借助救生滑梯往下跳。每架飞机根据其大小都配备了救生滑梯，一般在登机门附近，遇到紧急情况时，受过专业训练的机组人员会打开救生滑梯。

(3) 忌急于逃生堵死出口。

飞机坠落之后，逃生舱门可能会发生变形卡死，出现不好开的情况，机组一般配备有工具，用于打开逃生舱门，组织乘客有序离开飞机。如果乘客都一股脑涌向紧急出口，势必会堵死逃生通道，贻误逃生时间。

(4) 忌拎着行李逃生。

（三）汽车火灾逃生

为了提高乘坐的舒适度和密封性，目前的汽车都采用封闭式玻璃，如在特殊情况下没有逃生的技巧必将酿成惨祸。通常情况下如果遇到火灾，会有三种方法可以帮助乘客逃生：一是消防救生锤；二是前后车门；三是车顶上的逃生天窗等。

1. 汽车火灾逃生安全技巧。

(1) 当遇到紧急情况时，应该取下消防救生锤，用力砸向张贴在玻璃“安全出口”的提示上，砸的部位应该在玻璃窗的边缘，最好是四个角的位置，距离边框 5 厘米左右。

(2) 车上如没有消防救生锤，乘客可用身边的其他硬物或用手肘部、脚跟部击碎窗户脱险，还有比如皮带扣、女士高跟鞋来代替消防救生锤。

(3) 前后车门和后窗户也是逃生的渠道。

一般情况下如果遇见火灾等紧急情况时，由于恐慌所有的人都会拥挤到车门前，造成车门打不开的情况。除了前后车门，车顶上的逃生天窗和后窗户也是逃生的方式。

图 5-14　紧急时敲碎安全玻璃

2. 自救。

(1) 捂住口鼻。车上发生火灾，烟雾中有大量一氧化碳和其他有害气体，吸入后容易造成窒息而导致死亡。用手巾或衣物遮掩口鼻，不但可以减少烟气的吸入，还可以过滤微碳粒，有效防止窒息的发生。当然，手巾洒水后遮住口鼻，效果更好。

(2) 弯腰行进。车上发生火灾，因火势顺空气上升，贴近地面的空气层中，烟害往往是比较轻的。俯身弯腰行走，可以较好地规避烟尘，并且可以避免火焰直接灼伤。

(3) 暂时屏气。车上发生火灾，因为空间狭小密闭，浓烟中一氧化碳的浓度很高，所以在冲出火灾现场的瞬间，屏气将助你安然摆脱火海。

(4) 切忌大声喊叫。以避免有毒烟雾吸入，导致窒息。

(5) 不要奔跑。汽车上发生火灾，千万不要奔跑，可就地打滚或用厚重的衣物压灭火苗。奔跑后火焰会更大，而且还可能将火种播散，引发新的火灾。

（四）列车火灾的逃生方法

1. 利用车厢前后门逃生。旅客列车每节车厢内都有一条人行通道，车厢两头有通往相邻车厢的手动门或自动门。当某一节车厢内发生火灾时，这些通道是逃生的主要通道。发生火灾时，游客尽快利用车厢两头的通道，有秩序地逃离火灾现场。

2. 利用车厢的窗户逃生。列车窗户装有双层玻璃。当火势不大时，不要打开窗户，以免空气进来后加速火势的蔓延。当火势较大时，可以用竖硬的物品砸破玻璃，从窗户逃离火灾现场。

3. 疏散人员逃生。运行中的列车发生火灾时，列车乘务员引导乘客通过各车厢互连的人行通道逃离火灾现场，打开所有的车门和车窗，将乘客向外疏散。

4. 当车厢内有浓烟弥漫时，应蹲下身子迅速逃离火灾现场。

四、火灾事故的预防

（一）做好提醒工作

提醒旅游者不携带易燃、易爆物品；不乱扔烟头和火种，不要躺在床上吸烟；向旅游者讲清，在托运行李时应按运输部门有关规定去做，不得将不准作为托运行李运输的物品夹带在行李中。

（二）熟悉饭店的安全出口和转移路线

导游员带领旅游者住进饭店后，在介绍饭店内的服务设施时，必须介绍饭店楼层的太平门、安全出口、安全楼梯的位置，并提醒旅游者进入房间后，看懂房门上贴的安全转移路线示意图，掌握因一旦失火时应走的路线。

（三）牢记火警电话：119

导游人员一定要牢记火警电话；掌握领队和全体旅游者的房间号码。一旦火情发生，能及时通知旅游者。

【任务小结】

火灾发生后，首先判断现场环境是否安全，如不安全，应尽快离开现场。本节重点介绍了逃生技巧和现场急救方法，以提高自救互救能力。

【练习题】

一、选择题

1. 火灾发生后，被围困于高楼中的人员选择（　　）逃生措施是正确的。

A. 向室外抛扔枕头等软物，房间用手电光发出求救信号，等待救援

B. 向室外抛扔重物，引起响声求救，并等待救援

C. 迅速跳楼或进入电梯，避免被火焰灼伤

D. 迅速用水淋湿被子、毯子堵住门、窗缝隙，防烟堵火

2. 烧烫伤的处理方法不正确的是（　　）。

A. 立即抹烫伤膏或用创可贴

B. 反复用冷水冲洗或用冰块等冷敷伤口

C. 不破坏受损皮肤

D. 用无菌纱布包裹伤口

3. 火灾使人致命的最主要的原因是（　　）。

A. 被人践踏　　　B. 窒息　　　C. 烧伤

4. 火灾时以下几种逃生方法中，（　　）是不正确的。

A. 用湿毛巾捂着嘴巴和鼻子

B. 弯着身子快速跑到安全地点

C. 躲在床底下，等待消防人员救援

D. 马上从最近的消防通道跑到安全地点

5. 下面火灾现场处理正确的是（　　）。

A. 沿安全通道逃出门外，不乘电梯

B. 用湿毛巾捂住口鼻，弯腰俯身或趴在地上匍匐前进

C. 身上着火时，不乱跑，就地打滚扑灭火苗

D. 以上都对

6. 火灾发生后，现场逃生的正确方法是（　　）。

A. 沿安全通道快速爬行　B. 用湿毛巾或衣服捂住口鼻　　C. 以上均正确

7. 据统计，火灾中死亡的人有 80% 以上属于（　　）。

A. 被火烧死　B. 烟气窒息致死　C. 跳楼或惊吓致死

二、问答题

1. 火灾的救护原则是什么？

2. 火灾发生时现场救护要点有哪些？

第四节　烧烫伤的现场急救

【学习目标】

1. 了解烧烫伤的病因和症状。
2. 熟悉烧烫伤的判断。
3. 掌握烧烫伤的现场急救方法。

【任务描述】

烧烫伤，是生活中常见的意外伤害，包括物理性烧烫伤和化学性烧烫伤。物理性烧烫伤主要是火焰，高温的气体、固体对人体的破坏作用，生活中如沸水、滚粥、热油、热蒸汽的烧烫伤。化学性烧烫伤主要是具有腐蚀性的化学物质对人体的破坏作用，如强酸强碱等。烧烫伤不仅伤及皮肤或相邻组织，还影响全身脏器，尤其是大面积烧烫伤常并发休克及感染，死亡率高，而且外貌的改变和心理影响也会给病人带来较大的影响。一旦发生烧伤或烫伤，现场急救十分重要，它是烧烫伤治疗的基础，对减轻疼痛和降低烧伤深度，以及缓解病情有重要作用。

【相关知识】

一、烧烫伤对人体的危害

烧烫伤首先损伤皮肤，轻者皮肤肿胀，起水泡，疼痛；重者皮肤烧焦，甚至血管、神经、肌腱等同时受损。呼吸道也可烧伤。烧烫伤引起的剧烈疼痛和皮肤渗出等因素能导致休克，晚期出现感染、败血症而危及生命。

二、烧烫伤程度的判断

（一）烧烫伤面积的判断

手掌估算法：将病人五个手指并拢，其手掌面积即估算为体表面积的 1%。烧烫伤的深度如下划分。

1. Ⅰ度烧烫伤：表皮受损，皮肤发红，有轻度肿胀、疼痛，创面干燥无渗出液，无水泡。

2. Ⅱ度烧烫伤：表皮及真皮层受损，局部红肿明显，渗出多有水泡，剧烈疼痛。

3. Ⅲ度烧烫伤：皮肤及皮下组织。局部皮肤苍白、焦黄或炭黑色，疼痛消失，痊愈后留有疤痕畸形。

（二）烧烫伤严重程度判断

烧烫伤的严重程度与受伤的原因、烧烫伤面积及深度有很大关系。

1. 轻度烧伤：总面积在 10% 以下的Ⅱ度烧伤。

2. 中度烧伤：总面积在 11%~30%，或Ⅲ度烧烫伤面积在 10% 以下。

3. 重度烧伤：总面积在 31%~50%，或Ⅲ度烧烫伤面积在 10%~20%。

有的烧烫伤面积虽不到 30%，但有下列情况时也属重度：

（1）全身情况较差或已有休克；

（2）合并其他严重创伤或化学中毒；

（3）严重吸入性损伤。

4. 特重烧烫伤：总面积在 50% 以上，或Ⅲ度烧伤面积在 20% 以上。

（三）烧烫伤现场急救原则

去除致伤原因，脱离现场，保护创面，防止感染，及时送医，针对烧烫伤的原因可分别采取相应的措施。

（四）烧烫伤现场急救的注意事项

1. 不能采用冰敷的方式治疗烫伤，冰会损伤已经破损的皮肤导致伤口恶化。

2. 不要弄破水泡，否则会留下疤痕。

3. 不随便将抗生素药膏或油脂涂抹在伤口处，这些黏糊糊的物质很容易沾染脏东西。

4. 用大量清水冲洗创面后，最好不再对创面作任何处理，不要在创面上涂酱油、牙膏、鸡蛋清、紫药水等。

5. 烧烫伤较重时禁止给予饮水饮食。

【任务实施】

烧烫伤的现场急救如下所述。

一、轻度烧烫伤的现场急救

1. 冲：将烧烫伤部位用流动的自来水冲洗，直到冷却局部疼痛减轻，或者用冷毛巾敷在伤处至少 10 分钟。不可把冰块直接放在伤口上，以免使皮肤组织受伤。一般的自来水中细菌含量很少，完全可以使用，不用担心可能发生感染。如果在没有自来水的情况下，井水、河水也可以使用。如果现场没有冷水，可用其他任何凉的无害的液体，如牛奶或罐装的饮料。

2. 脱：在穿着衣服被热水、热汤烫伤时，千万不要脱下衣服，而是先直接用冷水浇在衣服上降温。充分冲洗和泡湿伤口后，在冷水中小心除去衣物，如衣服和皮肤粘在一起时，切勿撕拉强行剥去任何的衣物，以免弄破水泡，水泡表皮在烧烫伤早期有保护创面的作用，能够减轻疼痛，减少渗出。只能将未粘着部分剪去，粘着的部分留在皮肤上以后处理，再用清洁纱布覆盖伤面，以防污染。

由于烧烫伤后该部位及邻近部位会肿胀，要在伤处尚未肿胀前把戒指、手表、皮带、鞋子或其他紧身衣物去除，以防止肢体肿胀后无法去除，而造成血运不畅，出现更严重的损伤。

3. 泡：继续浸泡于冷水中至少 30 分钟，此时，主要作用是缓解疼痛，而在烧伤极早期的冲洗能够减轻烧伤程度，十分重要。但对于烧伤面积大或年龄较小的患者，不要浸泡太久，以免体温下降过度造成休克，而延误治疗时机。但当患者意识不清或叫不醒时，就该停止浸泡赶快送医院。

4. 盖：使用干净的或无菌的纱布或棉质的布类轻轻覆盖于伤口，并加以固定。这样可以减少外界的污染和刺激，有助于保持创口的清洁和减轻疼痛。如没有，让小面积伤口暴露于空气中，大面积伤口用干净的床单、布单或纱布覆盖。不要弄破水泡。

5. 送：最好到设置有烧伤整形外科的医院求诊。

第一时间打 120 急救电话，在急救车到来之前，检查患者的呼吸道、呼吸情况和脉搏，做好心肺复苏的急救准备，如监测呼吸次数和脉搏。

二、严重烧烫伤的现场急救

（一）消除致伤原因，迅速灭火，脱离现场

病人应尽快脱去着火的衣服，如不能及时脱去时，应立即平卧于地，慢慢滚动躯体以灭火，或跳入附近水中。切勿站立、呼喊或奔跑，以免火焰因奔跑而燃烧更旺，因呼喊吸入炽热气体而造成吸入性烧伤。赤手扑打火焰可致手部烧伤，亦应避免。他人可用大量清水或其他灭火材料将火扑灭，或用棉被、毯子、大衣等覆盖在病人身上灭火。热流体或蒸汽烫伤时，应使病人离开现场并脱去浸湿的衣服，以免衣服上的余热继续产生作用。

（二）紧急处理

在灭火及脱离现场后，首先判断有无立即危及生命的情况并作紧急处理。如果病人在密闭的环境中受伤，有吸入热蒸汽及化学物质的可能，或已表现出呼吸困难，或有鼻毛烧焦，声音嘶哑，应考虑吸入性烧伤（即呼吸道烧伤），此时要保持呼吸道通畅，发生心跳、呼吸停止的应立即进行心肺复苏。

（三）保护创面

用干净物品包扎创面，局部尽量不用外用药，避免使用有色外用药。

（四）保暖

天寒季节，尤其是夜间要注意保暖，以免加速发生或加重休克。

（五）转送

1. 原则：尽早、尽快送至就近医疗单位。必要时舍近求远，送至烧伤专科医院或有能力救治的较大综合医院。在实际中要灵活机动，要考虑病人的伤情、运送距离、运送时间及运送的安全性。

2. 运送途中注意事项：汽车运送时，如有可能，病人取横放位置，即与汽车纵轴相垂直，否则采取病人足向车头、头向车尾方向的位置。飞机运送时，病人取横位，或起飞时，病人头部向飞机尾侧，降落时将病人头部换向飞机头侧方向，尽可能避免颠簸。

3. 后送： 根据不同面积确定后送时间。

(1) 烧伤面积小于 29% 者，可随时后送。

(2) 烧伤面积 30%~49% 者，伤后 4h 内送到指定医院，否则最好在当地抗休克后再后送，并在途中补液。

(3) 烧伤面积 50%~69% 者，伤后 4h 送到指定医院，或就地抗休克使伤员情况相对稳定后，于受伤 12~24h 后再后送。

(4) 烧伤面积 70%~100% 的伤员，伤后 1~2h 内送到附近医院，否则应积极抗休克，待休克控制，受伤 48h 后再后送。

三、几种特殊烧烫伤的处理

（一）吸入性烧伤的处理

1. 迅速使伤者离开现场。
2. 保持呼吸道通畅。
3. 密切观察生命征象。
4. 拨打 120 急救电话。

（二）电烧伤的处理

1. 切断电源开关。
2. 对心跳呼吸停止者立即进行心肺复苏术。
3. 事故现场如有条件，可给予氧气吸入。
4. 拨打 120 急救电话，安排转送医院，注意保护颈椎，做好固定。
5. 用敷料盖住伤口。

（三）化学烧烫伤的处理

化学物质烧伤时，在脱离现场时应立即脱去化学物质沾染或浸透的衣服、手套、鞋袜等；立即用大量清水持续冲洗，时间不得少于 30 分钟，切勿因寻找拮抗剂、中和剂耽搁时间。要特别注意病人眼部感觉并仔细检查。对个别有剧毒的化学物质，应在大量冲洗的同时，尽早采取相应的解毒措施。

1. 生石灰烧伤时，应除去生石灰颗粒后再行冲洗，以防生石灰遇水生热，加重损伤。磷烧伤时应将创面浸于水中，尽量剔除磷粒，以防磷在空气中继续燃烧。

2. 强酸烧伤时，局部创面用大量清水冲洗。 强酸烧伤消化道时，严禁催吐和洗胃，立即口服牛奶、蛋清、豆浆，保护胃黏膜。

3. 强碱烧伤，如伤及皮肤及眼时用清水冲洗。眼烧伤时禁用酸性液体冲洗。

【任务小结】

烧烫伤是生活中常见的意外伤害，可对人体造成不同程度的伤害和损失，重者危及生命。现场急救是治疗烧烫伤的关键，对预后具有决定性影响。现场急救的首要任务是维持生命，减少伤残，将损失降低到最低程度。在急救中遵循“先重后轻，先急后缓，先救命后处理创伤”的原则，对烧烫伤的局部处理采用“冲、脱、泡、盖”急救处理。现场处理应包括维持生命、缓解症状及避免合并症。熟悉各种烧烫伤特性及现场紧急治疗措施。

【练习题】

一、单选题

1. 烧伤和烫伤主要由火焰、沸水、热油、电流、辐线、化学物质（如强酸、强碱）等物质引起。最常见的是（　　）伤。

A. 火焰、沸水　B. 火焰烧伤，热水、热油烫　C. 热水、热油烫　D. 以上都对

2. 烧伤和烫伤首先损伤皮肤，轻者皮肤（　　）。

A. 肿胀，起水泡。　B. 溃烂，起水泡。　C. 肿胀，溃烂。　D. 以上都对

3. 烧伤和烫伤重者皮肤烧焦，甚至血管、神经、肌腱等同时受损。呼吸道也可烧伤。烧伤引起的剧烈疼痛和皮肤渗出等因素能导致休克，晚期出现（　　）。

A. 感染，损伤皮肤　B. 败血症、坏疽　C. 渗出，危及生命　D. 以上都不对

4. 烧烫伤急救五步（　　）。

A. 冲 -- 脱 -- 泡 -- 盖 -- 送　B. 泡 -- 盖 -- 送 -- 冲 -- 脱

C. 冲 -- 泡 -- 脱 -- 盖 -- 送　D. 泡 -- 脱 -- 冲 -- 盖 -- 送。

5. 冲——将烧烫伤的部位用清洁的流动冷水轻轻冲或浸泡，（　　）左右，冷水可将热迅速散去，以降低对深部组织的伤害。

A. 20~30 分钟　B. 10~30 分钟　C. 10~20 分钟　D. 20~ 40 分钟

6. 如果在没有自来水的情况下，井水、河水也可以使用，不要在伤处涂抹（　　）等，可能会造成伤口细菌感染，并有可能加重烧伤深度。

A. 草药、牙膏　B. 醋　C. 酱油、色拉油　D. 以上都对

7. 脱——在充分地冲洗和浸泡后，在（　　）中小心除去衣物。

A. 热水　B. 冷水　C. 生理盐水　D. 以上都对

8. 盖——使用干净的或（　　）或棉质的布类覆盖于伤口，并加以固定。

A. 生理盐水　　　B. 灭菌药棉　　C. 无菌的纱布　D. 以上都不对

二、问答题

1. 如何用手掌法来估计烧烫伤面积？
2. 如何判断烧烫伤的深度？
3. 烧烫伤的现场急救原则是什么？
4. 轻度烧烫伤的现场急救方法是什么？

第五节　雷击伤的现场急救

【学习目标】

1．了解雷击伤的概念及对人体的影响。

2．掌握雷击伤的现场急救及预防措施。

【任务描述】

夏天是雷雨多发季节，夏季冒雨行走或在破裂电线旁最易被雷击，特别是衣服被雨淋湿时更容易被雷击。

雷电造成的灾害除经济损失外，还可造成人身伤害以致威胁到人的生命安全。发生雷击伤后，应及时做好自救和互救。为减少雷击伤的发生，最好的方法是做好预防工作。

【相关知识】

雷击伤是由雷雨云产生的一种强烈放电现象，电压高达 1 亿至 10 亿伏特，电流高达几万安培，同时还放出大量热能，瞬间温度可达 1 万度以上。其能量可摧毁高楼大厦，能劈开大树，击伤人畜。

人是导电体，若被雷电直接击中头部，并且通过躯体传到地面，可以使心脏和神经麻痹，心脏可能停止跳动，或者发生室颤，即心跳极不规则，心脏不能有效地射血，被击者无脉搏、无血压；脑神经受损可直接抑制心跳和呼吸中枢，使人几分钟内死亡。此外，尽管没有被雷电直接击中，也可能会造成伤害。这是由于人体距离雷击点很近时，一部分雷电电流可通过“跨步电压”进入人体。

一、雷击伤的现场判断

1. 皮肤被烧焦。
2. 鼓膜或内脏被震裂。
3. 心室颤动，心跳停止，呼吸肌麻痹。

二、预防雷击

1. 雷雨天不在室外走动或大树下避雨，拿掉身上的金属，蹲下防雷击。关闭电源，不接打手机电话。

2. 打雷时远离电灯、电源，不靠近柱和墙壁。

3. 在高楼必须快速入室内，在高山快下山，下水快上岸。

4. 关好门窗，关闭家电。

5. 在室外感到头发竖立，皮肤刺痛，肌肉发抖，即有将被闪电击中的危险，俯卧于地面。

【任务实施】

雷击伤的现场急救如下所述。

在雷电多发的夏季，人们对防雷电应该高度重视，掌握一些救急救命的方法。

1. 被雷电击伤后如衣服等着火，应该马上躺下，就地打滚，或趴在有水的洼地、水池中，使火焰不致烧伤面部，以防呼吸道烧伤窒息死亡。救助者可往伤者身上泼水灭火，也可用厚外衣、毯子裹身灭火。伤者切记不要惊慌奔跑，这会使火越烧越旺。烧伤处可用冷水冲洗，然后用清洁的手帕或洁净的布包扎。

2. 将被雷击者就地平卧，松解衣扣、腰带。

3. 如果雷电时发现有人突然倒下，口唇青紫，叹息样呼吸或不喘气，大声呼唤其无反应，表明伤者意识丧失，呼吸心跳骤停。这时应立即进行现场心肺复苏，并拨打急救电话，做心肺复苏，直至病人苏醒或医务人员赶到。

【任务小结】

雷击伤的现场处理是救治的关键。现场急救要根据伤者情况采取相应措施。做好预防工作是减少雷击伤的最好方法。

第六节　电击伤的现场急救

【学习目标】

1. 掌握触电的现场判断。

2. 掌握触电的现场急救。

【任务描述】

电击伤又称触电，是指一定电流的电能通过人体，造成机体损伤或功能障碍，甚至死亡。

人体是导电体，可以传导电流。人体接触电流后，电流通过人体，轻者引起刺麻不适，重者可引起心脏骤停和呼吸停止。对人体损伤的程度取决于电压、电流强度及电流种类。

【相关知识】

电击伤的现场判断如下。

1. 有接触电源后摔伤或触电史。

2. 轻度者神志清楚，但感觉乏力、头昏、胸闷、出冷汗，甚至恶心呕吐。

3. 中度者出现神志昏迷，但呼吸、心跳还存在。

4. 重度者出现神志昏迷、休克，心跳和呼吸停止。

【任务实施】

电击伤的现场急救如下所述。

1. 确保现场安全，注意判断现场安全，如地面有水，可穿绝缘鞋或戴手套，站在干燥木板上保护自身安全。

2. 拉开电源开关，迅速切断电源，或用干燥的木棍将电线拨开，电源不明时不要用手直接接触。

3. 挑开电线。如果电源线搭在触电者身上，可用干燥的木棒、竹杆等挑开，使触电者脱离电源。

4. 立即施救。

（1）如果伤员没有意识和呼吸，则立即进行心肺复苏。

（2）如果伤员意识清楚，则按烧烫伤对伤口进行处理。

5. 及时送往医院。

【任务小结】

在触电现场进行救助，首先要检查现场安全，做好自身保护，将病人脱离触电现场，再进行救护。如病人出现了心跳、呼吸停止，应立即做心肺复苏。由于用电越来越广，触电现场急救必须熟练掌握。

【练习题】

一、选择题

1. 以下（　　）情况不宜采用口对口人工呼吸。

A. 触电后停止呼吸的

B. 高处坠落后停止呼吸的

C. 硫化氢中毒呼吸停止的

2. 电击伤现场急救中下列错误的是（　　）。

A. 立即使病人脱离电源

B. 如病人仍抓着电线，应将病人推开

C. 如衣服在燃烧应将其扑灭

3. 遇雷击伤最严重的是（　　）。

A. 失去记忆

B. 心跳呼吸停止

C. 全身抽搐

第七节 溺水的现场急救

【案例导入】

三名大学生为救落水少年而英勇献身的英雄事迹：长江大学学生结成人梯救溺水者。

【学习目标】

1. 熟悉溺水的概念和致死的原因。
2. 掌握溺水的现场判断和急救方法。
3. 掌握水中进行口对鼻人工呼吸的方法。
4. 溺水心肺复苏的方法。

【任务描述】

当人溺水时，首先出现一种保护性的反射，即呼吸暂停，经过0.5~1分钟，由于缺氧又开始呼吸，水和其中夹带的泥沙被吸入呼吸道。此时因各种反射仍然存在，因此可发生剧烈呕吐，呕吐物又被吸入，引起呼吸道阻塞。由于严重窒息缺氧，意识丧失，淹死过程仅4~5分钟。溺水窒息后，最易受损害的是脑细胞。缺氧的时间和程度，直接影响着心肺复苏的成功率。因此，溺水早期现场抢救必须快速有效，力争做到早发现、早复苏、早治疗。

【相关知识】

一、溺水定义

溺水又称淹溺，是指人淹没于水中，常因失足落水或游泳时发生意外所致，分为湿溺和干溺。由于呼吸道被水、污泥、藻草等物堵塞（湿性溺死占90%）或因喉头、气管发生反射性痉挛（干性溺死占10%）而造成窒息和缺氧，甚至造成呼吸、心跳停止而死亡。

1. 湿溺：水进入肺内引起气体的交换障碍，可导致窒息，把这种情况叫作湿溺。

2. 干溺： 没有水进入肺内，而是患者（落水者）因为惊吓、紧张、恐惧或者是寒冷而引起的喉痉挛导致患者的气道关闭，患者同样会窒息，把这种情况叫作干溺。

二、溺水的后果

湿溺和干溺都有可能导致死亡。淹溺的进程很快，若抢救不及时，一般4~6 分钟即可呼吸心跳停止死亡。研究指出，溺水者溺水6~9 分钟死亡率达65%；超过25 分钟，就可100%合并严重的后遗症甚至死亡。但是，若在1~2 分钟内得到正确救护，挽救成功率可以达到100%。因此，溺水急救必须分秒必争。

三、溺水致死的原因

大量水、藻草类、泥沙进入口鼻、气管和肺，阻塞呼吸道，而引起窒息；惊恐、寒冷使喉头痉挛，呼吸道梗阻而窒息。淹溺的进程很快，一般 4~5 分钟就可因呼吸心搏停止而死亡。

四、溺水的现场判断

溺水的环境及时间长短，决定窒息后病症的轻重。一般先呼吸停止，而后心脏停搏。

1. 溺水轻者，落水时间短，出现轻度缺氧症状：口唇、四肢末端青紫，面部肿胀，四肢发硬，呼吸浅表。

2. 溺水重者，落水时间长，出现低氧血症：面色青紫，口吐白沫，腹部膨胀，意识不清，呼吸及心搏微弱或停止。

五、溺水的现场急救原则

1. 首先应将溺水者尽快救出水面。

2. 保持呼吸道通畅：将溺水者平放在地面，迅速撬开口腔，清除口腔和鼻腔异物，如淤泥、杂草，假牙等，并拉舌于口外，防止后坠，使其呼吸道通畅。

3. 迅速恢复有效呼吸：当溺水者呼吸停止或极为微弱时，应该立即实施人工呼吸法，必要时施行胸外心脏按压，并一直坚持到专业救护人员到来。

【任务实施】

溺水的现场急救如下所述。

一、确认自身环境安全

首先要确定现场安全和自身安全，在不确定水质和水流的情况时，一定不要贸然下水。

二、立即呼救

大声呼喊，向周围的人群呼救；拨打“120” 和“119”，向急救系统和消防系统求救，启动这两个系统。

三、帮助落水者上岸，尽早脱离险境

1. 如果救护者和落水者的距离很近时，而且水很浅，可以考虑使用长棍、钓鱼竿、木棍等把落水者拉上岸。

2. 如果救护者和落水者的距离较远时，或者是水很深，可以考虑将一些漂浮物捆在绳子上，然后扔给落水者，将他们拉上岸来，比如游泳圈、气垫。

四、水中急救

1. 检查落水者的反应和呼吸。如果万不得已的情况下，一定要到水中救落水者，可以给他提供一些水中的帮助，但前提是一定要在浅水区或者是浮出水面才能进行。在这个时候应该做的是检查落水者的反应和呼吸。

2. 进行口对鼻人工呼吸。救护者进入浅水区或让落水者浮出水面检查呼吸，如果落水者没有呼吸，就要尽早进行人工呼吸。对非溺水者做人工呼吸时是口对口的人工呼吸，但在水中做口对口人工呼吸比较困难，一般在水中做口对鼻的人工呼吸。

方法是用一只手托起患者的头，让患者浮出水面，然后用另一只手托住患者的下巴，使他的口腔完全关闭，之后吹一口气，对着落水者的鼻子吹气。在吹气的时候一定要注意用你的嘴巴完全包住落水者的鼻腔，这样才不会漏气，气体才会进入到落水者的呼吸道内。

五、上岸后急救

当落水者上岸之后，需要做的事情如下。

1. 上岸后一定要清除异物，保持呼吸道通畅。清除落水者口鼻的异物，避免水草、淤泥等阻塞落水者的呼吸道，或假牙脱落后阻塞呼吸道。

2. 如果在水中没有检查落水者的反应，这时应及时检查反应和呼吸的情况。

3. 心肺复苏。落水者没反应和呼吸，应立即做心肺复苏。对溺水者而言，主要的问题是气道的阻塞，是通气的障碍。所以要调整心肺复苏的顺序，在这个时候应先用仰头抬颏法打开气道，然后 2 次口对口人工呼吸，再 30 次心脏按压。

4. 患者有反应、有呼吸或者经过急救后反应和呼吸恢复。

（1）首先去除患者的冷湿衣物，防止患者低体温的发生。去除冷湿的衣物同时注意保暖，然后将患者放至复苏的体位上。

（2）复苏的体位可以避免舌后坠，可以保证气道的通畅。同时，如果患者呕吐，呕吐物很容易从口中流出来，不会引起误吸。

5. 复苏体位的摆放。

（1）跪于患者一侧，将患者同侧手臂、肩、肘关节摆放成直角，然后将对侧手臂拉向同侧，手背朝上，放于同侧脸颊上。

（2）将患者对侧腿屈曲，使其膝盖朝上，脚踩地面。

（3）保持患者对侧手放于脸颊上。

（4）拉动对侧腿翻转患者，使其侧卧。

【知识拓展】

一、控水问题

溺水，有水进入肺内，所以我们要让患者的水倒出来。但是实际上，前面讲的溺水致死原因有一部分是干溺，没有水进入肺内，所以不需要倒水。还有一部分是湿溺，确实有水进入肺内，但是进入肺内的水，很快就会被肺内的毛细血管吸收，所以也不需要倒水。因此，在这个时候，进行倒水或者是用腹部冲击法来排水，只会耽搁心肺复苏的时间。因此这三种方法都是不推荐进行的。

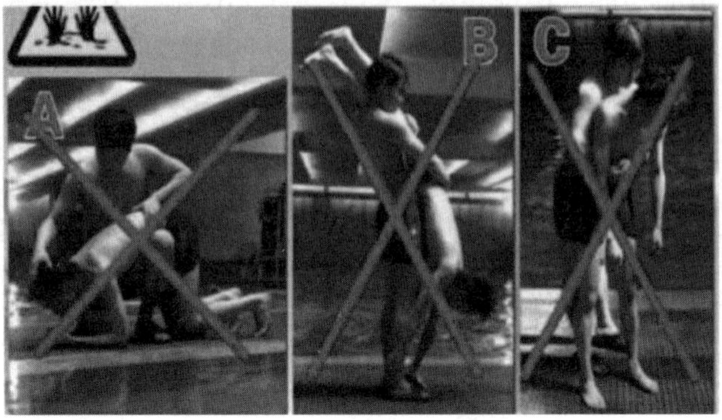

图 5-15　错误溺水急救法

图 5-15 的这些照片上的做法是不正确的。

二、预防淹溺的措施

1. 不要私自外出游泳，尤其是单独外出游泳。
2. 不要到不熟悉的水域游泳。
3. 游泳训练时，要严密组织，科学施训。
4. 游泳前应做好充分的准备活动。
5. 不要在不明水情的情况下跳水和潜水。
6. 不要在身体状况不佳和自然条件不好时游泳。
7. 学会游泳，掌握基本的溺水自救互救的技能。

三、水中抽搐的急救

在水中发生肌肉抽搐时，首先要保持镇定，然后用力拉长（伸展）抽搐的肌肉。如小腿肚子抽搐（最常见的抽搐部位），先用一手按住膝盖，另一只手抓住脚底或脚趾做勾脚动作，并用力向身体方位拉，反复几次即可缓解。

1. 手指抽痉，痉挛的手握拳头，再用力张开，这样快速交替做几次，直到痉挛停止。
2. 手掌抽筋：用另一手掌将痉挛的手掌用力压向背侧，同时做振颤动作。
3. 手臂抽筋：将手握成拳头并尽量屈肘，再用力伸直，直到痉挛解除。
4. 脚趾抽筋：将痉挛脚拇趾持续用力向前上方拉，使拇指翘起，直到痉挛停止。

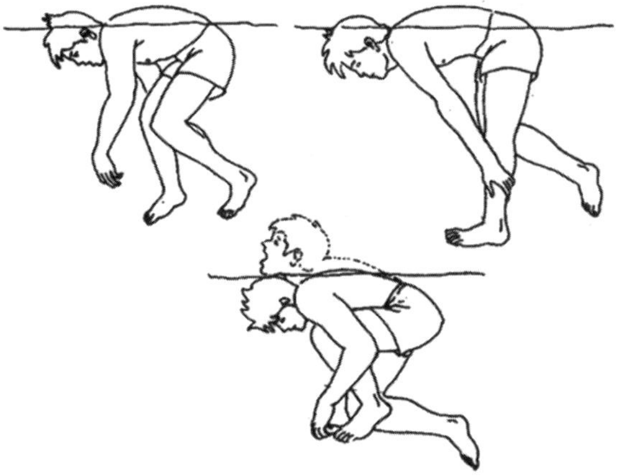

图 5-16　肌肉抽搐的自救方法

四、没有救护器材的急救

若没有救护器材，会游泳者可以入水直接救护。接近溺水者时要转动他的髋部，使其背向自己，抓住其头部或腋窝然后拖运。拖运时通常采用侧泳或仰泳拖运法。

图片说明：对精疲力尽的淹溺者，抢救人员可从头部接近。对神志清楚的淹溺者，抢救人员应从背后接近，用手从背后抱住淹溺者的头颈，另一只手抓住淹溺者的手臂游向岸边。

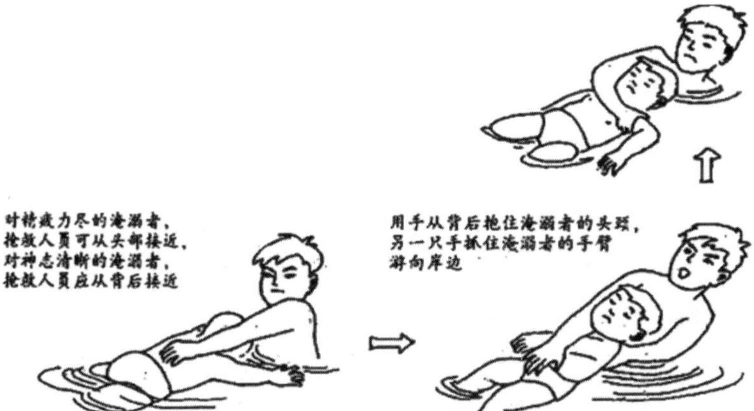

图 5-17　水中徒手救人的方法

【任务小结】

水也能致命。溺水分为湿溺和干溺。湿溺和干溺是导致患者死亡的原因。溺水后果严重，轻者缺氧，重者窒息死亡。现场早发现、早复苏、早治疗是抢救溺水的关键。溺水心肺复苏与非溺水心肺复苏不同的是先开放气道，进行人工呼吸，然后心脏按压。在水中做人工呼吸时，做口对口人工呼吸比较困难，而是做口对鼻人工呼吸。

第八节　冻伤的现场急救

【学习目标】

掌握冻伤的自救和互救方法，应对在低温环境下，发生冻伤后的意外伤害，提高救护技能。

【相关知识】

冻伤是指当皮肤接触到非常冷的空气或物品，引起血管痉挛、瘀血、肿胀，严重的可能引起水疱，甚至溃烂、肢体坏死、死亡。在严冬或长时间低温环境下，容易发生冻伤。

冻伤急救的注意事项：

1. 复温过程中不可揉搓及火烤皮肤；

2. 复温时水温及加热物体温度不可过高；

3. 如果衣物已冻结在病人的肢体上，不可强行脱下，以免损伤皮肤，可连同衣物一起浸入温水中，待解冻后取下；

4. 复温后保持患处温暖、干燥和无菌，促进循环恢复。

【任务实施】

冻伤的现场急救如下所述。

一、脱离低温环境

应尽快将病人撤离寒冷环境，转移到比较干燥的安全地方。

二、尽早复温

（一）对于局部冻伤者

1. 轻者用温水（38℃ ~42℃）浸泡患处，浸泡后用毛巾或柔软的干布进行局部按摩。也可放在未冻伤部位利用体热进行复温。

2. 重者若出现破溃感染，应进行局部清洗和消毒，外涂冻疮膏等，保暖包扎，送往医院进一步治疗。

（二）对于全身冻伤者

1. 无论轻重，先应迅速复温。迅速而稳妥地将病人移至温暖环境，脱掉湿衣服、鞋袜，采取全身保暖措施，盖上棉被或毛毯，并用热水袋（注意用衣服或毛巾隔开，不要直接放在皮肤上）放腋下及腹股沟。有条件者用电毯包裹躯干，但要注意安全。

2. 也可用温水进行复温。条件允许时，将病人躯干浸入 38℃ ~42℃的温水中，头露出水面。

3．服用温热饮料。如病人清醒，可给予温热糖水等服用。

4．及时送医院或拨打急救电话，并注意保暖。

5．在户外时严禁通过饮酒来取暖。

第九节　中暑的现场急救

【学习目标】

通过本节的学习，掌握高温下出现的中暑症状和急救方法，提高应急能力。

【相关知识】

由于高温和热辐射的长时间作用，体内热量不能及时散发，机体出现体温调节障碍。大量出汗使体内血液浓缩、黏稠度增高，水电解质代谢紊乱，皮肤与肌肉内血管紊乱扩张引起血压下降，脑部缺血而导致的一种突发病症。人体体温升高，大量水分和体液流失，甚至出现精神异常。

一、中暑的现场判断

1. 先兆中暑的症状：出现大汗，感到口渴，伴随头痛、头晕、眼花、耳鸣、恶心、心慌、四肢无力、注意力不集中、动作不协调等。

2. 轻度中暑的症状：除以上症状外，体温在38℃以上，面色潮红成苍白，血压下降，脉搏增快。

3. 重度中暑的症状：胡言乱语、抽搐、昏迷，皮肤干燥无汗，体温高达40度以上高热，甚至意识丧失。

二、中暑的预防

1. 避免长时间的高温，避开高温时候出行。

2. 防止热源的直接照射，外出时做好防护措施。

3. 合理膳食，多饮水，食富含维生素的水果，要有充足的睡眠，做到劳逸结合。

4. 夏季外出旅游备好防暑药物。

【任务实施】

中暑的现场急救方法如下。

1. 脱离高温。迅速撤离高温环境，将患者抬到阴凉处。

2. 促进散热。让患者平躺，解开衣扣、腰带，使其全身放松，将头部垫高，以利呼吸和散热。

3. 物理降温。用冷毛巾湿敷或酒精擦拭全身或冰敷颈部、腋窝、腹部等大血管处，帮助散热。如果可能，将患者移到有冷气设备的地方。体温降到 37 度左右，停止降温，以防虚脱。

4. 药物降温。在额部、颞部涂抹清凉油、风油精等，或服用人丹、十滴水、藿香正气水等中药。掐患者人中、合谷等穴位促其苏醒。

5. 补充水电解质。知觉恢复后，补给含盐的饮料。对昏迷病人禁止饮用任何东西，以免发生窒息。

6. 及时送往医院。如降温处理不能缓解病情，及时拨打 120 送往医院救治。

【任务小结】

高温和热辐射的作用下，人体由于不能散热而出现体温调节障碍，导致身体不适。在事发现场，作出正确判断，及时采取有效的急救措施，是现场急救的关键。

第十节　动物咬伤的现场急救

任务一　猫狗咬伤的现场急救

【相关知识】

随着人们生活水平的提高，饲养宠物的人越来越多，无证养狗的也随处可见，但随之而来的人畜共患疾病也时有发生，狂犬病则是一种较为凶险的病症。

一旦被猫狗咬伤，重要的是做好现场救护工作。千万不要急着去医院诊治，而是应该立即就地彻底冲洗伤口。万一在现场找不到水源，可以用人尿代替清水冲洗，随后再设法找水源。

【任务实施】

猫狗咬伤的现场急救方法如下。

处理伤口方法：首先在伤口上方扎止血带（可用手帕、绳索等代用），防止或减少病毒随血液流入全身。

1. 迅速用洁净的水或肥皂水对伤口进行流水清洗，彻底清洁伤口。对伤口不要包扎。

2. 迅速送往医院进行诊治，在 24 小时内注射狂犬病疫苗和破伤风抗毒素。

3. 被猫狗咬伤后，一定要反复冲洗伤口，千万不可被咬伤后，伤口不作任何处理。错上加错的是不仅伤口不冲洗，而是涂上碘伏后包上纱布更有害。切忌长途跋涉赶到大医院求治，而是应该立即就地彻底冲洗伤口。

【知识拓展】

狂犬病是被狗、猫、狼等动物咬伤而感染狂犬病毒所致的急性传染病。狂犬病毒能在狗、猫、狼等唾液腺中繁殖，咬人后通过伤口残留唾液使人感染。人发病时主要表现为兴奋、恐水、咽肌痉挛、呼吸困难和进行性瘫痪直至死亡。潜伏期为 20~90 天，个别可至 19 年。潜伏期较短的多见于年龄幼小者；咬伤头、颈、面、上肢者；咬伤较深者；病毒毒力较强者。外伤、受寒、劳累等也能促使患者提早发病。一旦发病，治疗上目前无特效药物，病死率极高，几乎是100%。典型疯狗常表现为两耳直立、双目直视、眼红、流涎、消瘦、狂叫乱跑、见人就咬；也有少数疯狗表现安静，离群独居，一受惊扰狂叫不已，吐舌流涎，直至全身麻痹而死。有的狗、猫虽无“狂犬病”表现，却带有狂犬病毒，它们咬人后照样可以使人感染狂犬病毒而得“狂犬病”。

狂犬病一旦发病几乎无救，关键在于预防。预防的重点是加强犬类管理，严格控制犬类，捕杀野犬，管理家犬；需要养犬时，应按公安、城管等部门有关规定办理登记，按期注射犬用狂犬疫苗，即三个月至一岁狗进行初种犬用狂犬疫苗。后肢皮下注射活疫苗一针（灭活疫苗两针），以后每年加强免疫1次，可维护2年以上免疫效果。剂量：6个月龄大小犬3毫升，6~12个月龄犬4毫升，12个月龄以上犬5毫升。

狂犬病全病程仅5~6日，病势凶险，自然痊愈者极其罕见。患病后一般病程分3期：

前趋期。有低热、头痛、疲倦、全身不适、烦躁不安和情绪不稳等现象。80%病人在早已愈合的被咬伤处，又出现疼痛；当温度变化或气流通气时，伤愈处感觉过敏，有疼痛、发冷、麻木、发痒，甚至有蚁行似的感觉。这时对强光、高声敏感，肌张力增高，特别是咽喉肌肉有紧缩感，流口水。此期约1~4日。

兴奋期。兴奋和恐惧是本期的突发表现，病人恐水、怕水，有发作性咽喉和呼吸肌肌肉痉挛。每当喝水时，痉挛便发作，以至饮水难咽，并可引起呼吸困难，被迫把水吐出。结果病人极渴，但又怕喝水，甚至看到水或听到水流的哗哗声也引起发作。微风和扇扇子也能引起痉挛发作。因此，我国古代民间均把犬咬伤后，用扇子扇病人而发生畏惧者诊为狂犬病。此外，声音、光亮、触动等刺激也可引起痉挛发作，每次发作时病人烦躁、大汗淋漓、发热、流涎满口、声音嘶哑，进而魇语、全身不自主抽动、狂躁和昏迷交替，但发作的间歇期病人神智清楚。病人多死于痉挛发作中，此期一般持续1~4日。

麻痹期。病人由狂躁不安转入安静，出现软瘫，以四肢为主，面部和咀嚼肌次之；病人表情淡漠、闭口不合、下颈下坠、失音、神智渐不清至昏迷死亡。此期仅约6~18小时。

大多数病人呈暴躁型；极少数是麻痹型，从四肢麻痹发展全身，迅速衰竭死亡。

狂犬病人直接把病毒传染给另一个人的可能性极小，但确实存在。除病人可通过如角膜、器官移植手术，将狂犬病传播他人外，不能排除病人咬人或通过唾液直接或间接污染健康人的伤口而传播狂犬病的可能性。对狂犬病人必须隔离，使其镇静以减少对周围人员的威胁，并通过医疗手段减轻病痛，延长病人生存时间。

任务二 蜂蜇伤的现场急救

【相关知识】

蜂蜇伤的现场判断：

人被蜂刺后，局部有疼痛、红肿、麻木等症状，数小时后能自愈。少数伴有全身中毒症状，刺伤处出现水泡。若被蜂群咬伤，可出现头晕、恶心呕吐等，严重者可出现休克、昏迷或死亡。有的出现过敏症状如荨麻珍、哮喘或过敏性休克。

【任务实施】

蜂蜇伤后的现场急救方法如下。

1. 蜂类蜇伤后，其毒针会留在皮肤内，必须用消毒针将叮在肉内的断刺剔出。蜂刺的头上有毒囊，拔的时候不要把毒囊弄破，以免毒液进入体内，加重中毒情况。可以用镊子或针在蜂针附近轻压，使针露出来部分更多些，然后用镊子把它夹出来，处理过程中动作要轻。

2. 蜂针拔出来后，先挤出毒血，再用清水和肥皂充分冲洗伤口。清洗时不要抓挠伤口，否则指甲上的细菌会感染伤口。然后再涂些食醋或牛奶。

3. 可用冰敷，减轻伤口的红肿和痛痒，但不要把冰块直接放在伤口上，要用清洁的毛巾或手帕包好。

4. 万一发生休克，在等待医务人员来救援的过程中或去医院的途中，要注意保持被蜇伤者呼吸畅通，并进行心肺复苏等急救处理。

5. 少部分人在被蜂咬后会产生严重的过敏反应，出现皮肤发红及红斑、面部及眼睑肿胀、呼吸困难等，应立即口服抗过敏药并送医院抢救。

任务三　毒蛇咬伤的现场急救

【任务描述】

在蛇出没的季节，郊外游玩、田间劳作等，都有可能被毒蛇咬伤。被毒蛇咬伤，是一种很严重的情况，蛇毒迅速进入体内，引起急性全身中毒性疾病。咬伤后现场急救很重要，应采取各种应急处理措施，迅速排出毒液并防止毒液的吸收与扩散。

【相关知识】

蛇毒分为血液毒素和神经毒素。血液毒素可以导致人体出血不止，引起死亡。神经毒素可以使呼吸抑制，导致死亡。伤口局部出现肿胀、水泡，甚至缺血坏死。因此蛇咬伤是一种很严重的急症，我们在郊外旅游一定要注意做好防护，避免蛇咬伤。

一、蛇的习性

为避免蛇咬伤，首先要了解蛇的习性。

1. 蛇出没的季节：每年的 4~10 月。

2. 蛇出没的地点：草丛、灌木林、岩石区、沼泽、地下洞穴。

二、个人防护

在蛇出没的地方，要做好防护。

1. 在野外旅行、工作时，尤其在夜间最好穿长衣裤、穿皮靴、戴帽子。夜间行走时要携带照明工具。

2. 带登山杖或拿根树枝，在过树丛、草丛时用其探路，千万不可用手直接伸入洞穴等隐蔽的地方。在草丛、灌木林等地行走时，把雄黄粉和大蒜搅在一起，用纱布包起来，挂在腰上或者绑在鞋上，可以驱蛇；此外还可以用风油精驱蛇。

3. 扎营时，要把周围的环境看好，选好营地，不要将营地建在有可能有蛇鼠洞的地方，还要把周围杂草除干净以免蛇藏身其中。建好营地后要在其周围挖一条较深的排水沟。在营地周围撒雄黄、石灰粉、草木灰或浸泡的烟叶，蛇闻到这些气味就不敢靠近了。

4. 遇到蛇时不要惊慌，要绕开它行走。所谓人不犯我我不犯人，蛇一般不主动进行攻击，只有在受惊吓的时候才发起攻击。如果发现蛇跟着你时，你要向坡上跑，按左右弯曲的路线跑，切忌向坡下跑，如若甩不掉，被追上，要打蛇的后脑。如在草丛、石缝、枯木、竹林、溪畔等地遇到蛇，可用衣物赶走蛇。

5. 前行的过程中遇到有石头或木头挡住了前路，不要直接跨过石头或木头，可能蛇就隐藏在石头或木头另一侧，要绕行。跨过石头或木头时，注意防止另一侧有毒蛇栖息。

6. 蛇喜欢在岩石、草丛当中出没，在这些地方，不要徒手伸入中空的原木或杂草堆，或翻动石块。

7. 不要轻易尝试抓蛇或逗蛇，即使认为已经死了的蛇，在 2~3 小时之内，它仍然可以反射性地咬人，仍然可以释放毒素，所以死蛇也能咬人。

三、毒蛇咬伤的判断

在野外旅游时，一旦被蛇咬伤要迅速判断是否被毒蛇咬伤。

1. 判断是否毒蛇，从伤口上看，毒蛇咬伤的伤口表皮常有一对大而深的牙痕，或两列小牙痕上方有一对大牙痕，有的大牙痕里甚至留有断牙。无毒蛇咬伤则无牙痕，或有两列对称的细小牙痕。如果蛇咬伤发生在夜间无法看清蛇形，从伤口上也无法分辨是否为毒蛇所伤时，不能等待伤口情况是否发生变化来判断被毒蛇咬伤，此时必须按毒蛇咬伤进行处理。

2. 从蛇形上看，毒蛇的头多呈三角形，身上色彩单调，尾细而长。

四、毒蛇咬伤急救原则

延迟毒素吸收，控制症状，减少并发症。

1. 安慰患者，保持冷静。

2. 让患者躺下，减少活动。

3. 启动急救系统，拨打 120 急救电话。

4. 取下咬伤部位的首饰，脱掉过紧的衣物。

5. 轻柔洗净伤处。不要用力揉搓、挤压和按摩，以免加快毒素的吸收。

毒蛇咬伤后，伤口局部无炎症表现，仅有轻微刺痛、微痒、麻木、感觉减退，往往不引起注意而耽误诊治。全身中毒症状出现较迟，一般在咬后 1~6 小时才开始，一旦出现，病情迅速发展，可出现全身不适、头晕眼花、呼吸困难、视力模糊等症状，如不及时抢救可危及生命。

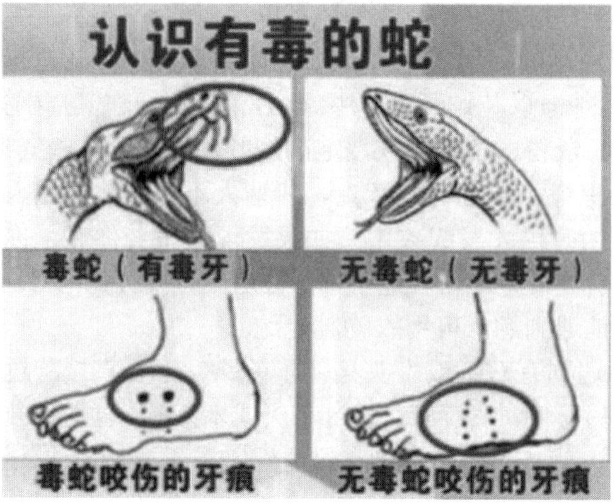

图 5-18 有毒和无毒蛇的牙痕

【任务实施】

毒蛇咬伤的现场急救方法如下。

1. 防止毒液扩散和吸收。被毒蛇咬伤后，不要惊慌和奔跑走动，这样会促使毒液快速向全身扩散。伤者应立即坐下或躺下，将伤口处尽量放低，自己或呼唤别人来帮助，迅速用鞋带、裤带之类的绳子绑扎伤口的近心端，如果手指被咬伤可绑扎指根；手掌或前臂被咬伤可绑扎肘关节上；脚趾被咬伤可绑扎趾根部；足部或小腿被咬伤可绑扎膝关节下；大腿被咬伤可绑扎大腿根部。绑扎松紧度以插入一根手指为宜。

2. 可以用双手挤压或拔火罐的方式吸出毒液。如果没有正式的火罐，可用玻璃瓶、陶瓷杯，口一定要厚而光滑，以免火罐口太薄伤及皮肉，底部最好宽大呈半圆形。点火入罐，操作要迅速，将着火的探子在罐中晃上几晃后撤出，将罐迅速放在要治疗的部位；火还在燃烧时就要将罐口捂紧在患处，不能等火熄，否则太松，不利于吸出毒液，要有罐口紧紧吸在身上的感觉才好。

3. 不要使用止血带止血，不要用嘴吮吸伤口，不要针刺和切开伤口，不要让患者饮酒，不要涂抹草药。

4. 尽早就医，如不能确定蛇的种类，应打死蛇一起带去。

【任务小结】

毒蛇咬伤后，发病急，演变快，若不及时救治，常可危及生命。在蛇出没的地方，要做好个人防护。现场采用伤口处近心端结扎止血，以阻断毒素的吸收。

任务四　蜈蚣咬伤

【相关知识】

蜈蚣有一对很尖的牙，毒液会顺着尖牙注入被咬者体内。被小蜈蚣咬伤时，只会产生局部红肿和疼痛。如果被热带大蜈蚣咬伤，会引起局部坏死、发热、头晕、头痛、恶心、呕吐等症状。被蜈蚣咬伤后，马上用 3% 氨水或肥皂水反复冲洗伤口或者就地采摘鲜蒲公英、鲜扁豆叶、鱼腥草中任意一种50~100克捣烂敷在伤口上，或用南通蛇药涂在伤口周围，千万不要直接涂在伤口上，也可局部冷敷。有过敏症状者，服用抗过敏类药物如扑尔敏、苯海拉明等。剧痛或全身症状较重的，要尽快送到医院救治。

第十一节　地震的现场急救

【学习目标】

通过本节学习，掌握各种环境的逃生方式和现场自救及互救。

【任务描述】

地震，是地球内部发生的急剧破裂产生的震波，在一定范围内引起地面震动的现象。地震是地球上经常发生的一种自然现象。地震造成的灾害往往突然而严重，同时伤员多，伤情复杂，多发性损伤多。主要原因是地震造成房屋倒塌致人体砸伤、压伤，头颅、胸腹、四肢、脊柱均可受伤。

【相关知识】

地震造成的伤害突然而严重，伤者众多，伤情复杂。

一、地震伤害特点

地震伤害特点是灾区范围广，伤员多，伤情复杂而且严重，现场抢救困难。地震伤害以外伤为主，多为复合伤、挤压伤，常合并休克或心肺功能衰竭，运动系统和神经系统的损伤导致患者瘫痪及四肢骨折、脱位。大面积损伤常为开放性，由于环境污染严重，常继发感染，此类感染严重，运送途中救治不及时容易造成死亡。地震越是发生在人口密集、建筑群多的地方，对人类造成的伤害越严重。

二、地震的逃生方式

（一）地震发生时室内正确逃生方式

1. 地震时是跑还是躲，我国多数专家认为，震时就近躲避，震后迅速撤离到安全地方，是应急避震较好的办法。避震应选择室内结实、能掩护身体的物体旁，易于形成三角空间的地方，开间小、有支撑的地方，室外开阔、安全的地方。

2. 身体应采取伏而待定、蹲下或坐下、尽量蜷曲身体、降低身体重心的姿势。同时，抓住桌腿等牢固的物体。

3. 保护头颈、眼睛，掩住口鼻。

4. 不要随便点灯火，因为空气中可能有燃气管线破裂泄漏的易燃易爆气体。

5. 在室内避震时，应在室内寻找逃生的路线，一般选择原则是靠外不靠内，近水不近火，避开危险路线如电梯和楼梯。在室内寻找生命三角区躲藏，选择结构比较密实、姿态比较平稳的家具，蜷曲身体，掩护口鼻。

（二）地震发生在公共场所的逃生

1. 听从现场工作人员的指挥，不要慌乱，不要拥向出口，要避开人流，避免被挤到墙壁或栅栏处。

2. 就地蹲下或趴在排椅下：注意避开吊灯、电扇等悬挂物；用坚硬物等用品保护头部；等地震过去后，听从工作人员指挥，有组织地撤离。

3. 在商场、书店、展览馆、地铁等处选择结实的柜台、商品（如低矮家具等）或柱子边，以及内墙角等处就地蹲下，用手或其他东西护头。

4. 避开玻璃门窗、玻璃橱窗或柜台；避开高大不稳或摆放重物、易碎品的货架；避开广告牌、吊灯等高耸悬挂物。

5. 在行驶的汽车内抓牢扶手，以免摔倒或碰伤；降低重心，躲在座位附近。地震过去后再下车。

（三）地震发生在户外的逃生

1. 就地选择开阔地逃生：蹲下或趴下，以免摔倒；不要乱跑，避开人多的地方；保护头部；不要随便返回室内。

2. 避开高大建筑物或构筑物下：楼房，特别是有玻璃幕墙的建筑；过街桥、立交桥上下；高烟囱、水塔下。

3. 避开危险物、高耸或悬挂物、变压器、电线杆、路灯、广告牌、吊车等。

4. 避开其他危险场所如狭窄的街道；危旧房屋、危墙；女儿墙、高门脸、雨篷下；砖瓦、木料等物的堆放处。

（四）地震发生在学校的逃生

正在上课时，要在教师指挥下迅速抱头、闭眼，躲在各自的课桌下或课桌旁。在操场或室外时，可原地不动蹲下，双手保护头部。注意避开高大建筑物或危险物。震后应当有组织地撤离。必要时应在室外上课，不要回到教室去。

（五）地震发生在野外的逃生

避开山边的危险环境，避开山脚、陡崖，以防山崩、滚石、泥石流等；避开陡峭的山坡、山崖，以防地裂、滑坡等。遇到山崩、滑坡，要向垂直于滚石前进的方向跑，切不可顺着滚石方向往山下跑；也可躲在结实的障碍物下，或蹲在地沟、坎下；特别要保护好头部。

【任务实施】

一、现场自救

1. 避开危险。

(1) 在室内，选择室内结实、能掩护身体的物体，易于形成三角空间的地方，开间小有支撑的地方。避开身体上方不结实的倒塌物或其他危险物。

(2) 在室外，切忌乱跑，以保存体力。不要扎堆，应避开人多的地方。远离高大的建筑物、高压线，到空旷开阔地方。注意保护头部，防止砸伤。

(3) 应采取的姿势是伏而待定、蹲下或坐下，尽量蜷曲身体，降低身体重心。

2. 地震发生后，不要惊慌，要保持镇静，树立生存的信心。

3. 维持生命。如果被埋在废墟的时间较长，救援人员未到，要想办法维持自己的生命。如能找到水和食物，要计划使用。

4. 自我急救。如果自己出现出血或骨折，应想办法止血和固定。

5. 不用火电。不要使用火电，以免发生爆炸。

6. 捂住口鼻。闻到煤气及有毒的异味或灰尘时，要用湿衣物捂住口鼻，防止窒息。

二、震后互救

抢救的时间越及时，抢救的希望就越大。震后救人，力求时间要快，目标准确，方法恰当。救治原则是先救近处或容易救的人，可使他们帮助救援；先救青壮年和医务人员，可使他们在救灾中发挥作用；先救命后治伤。

1. 先将被埋压人员的头部从废墟中暴露出来，清除口腔异物，保持呼吸道通畅。

2. 对饥渴、受伤、窒息较严重、埋压时间又较长的伤者，被救出后要用深色布料蒙上眼睛，避免强光刺激。给予少量的水，不要一次性补入太多的水。

3. 根据受伤轻重，对伤者进行对症处理，如止血、包扎或心肺复苏等。

【任务小结】

救护人员必须掌握现场特点，及时将伤员转运到安全环境中进行现场救护。救护人员还需根据患者受伤程度、部位、生命体征变化分类，有利于按伤员伤情的轻重缓急进行救护和转运。

【练习题】

一、选择题

1. 当地震发生时你在家里（楼房），应（　　）。

A. 躲在桌子等坚固家具的下面，房屋倒塌后能形成三角空间的地方

B. 去楼道

C. 原地不动

D. 跳楼

2. 地震发生后，从高楼撤离时应走（　　）。

A. 安全通道

B. 跳楼

C. 乘坐电梯

D. 从窗户抓绳下滑

3. 在避震“自救瞬间”的首先选择的是（　　）。

A. 先保护头
B. 先保护胸部
C. 先保护双手
D. 先保护双脚
4. 震后救人时对处于黑暗窒息、饥渴状态下埋压过久的人，正确的护理方法是（　　）。
A. 尽快救出来，尽快见光亮
B. 尽快救出来，尽快进食
C. 蒙上眼睛救出来，慢慢呼吸、进食
D. 尽快救出来，尽快输氧
5. 震后被埋压时求生的对策是（　　）。
A. 不停地呼救
B. 不顾一切的行动
C. 精神崩溃，惊慌失措
D. 保存体力，寻找脱险捷径
6. 为避免异物伤害，避震时可以（　　）。
A. 用枕头、被褥或书包保护头部
B. 用木板、铁板、玻璃板保护头部
C. 用塑料布、毛巾、床单保护头部

二、简答题

1. 地震时的避震原则是什么？
2. 地震时如何保护头部？
3. 在楼房外怎样避震？
4. 在室内如何避震？

第十二节　泥石流的现场急救

【学习目标】

1. 掌握泥石流灾害特性。
2. 掌握泥石流的现场自救与互救。

【任务描述】

泥石流多发生在山区沟谷中，是由暴雨、冰雪融化等水源激发的，含有大量的泥沙、石块的特殊洪流。泥石流发生频率高，破坏性大。

泥石流具有突然性以及流速快、流量大、破坏性强等特点，发生泥石流常常会冲毁公路、铁路等交通设施，甚至村镇等，造成的损失巨大。

【相关知识】

泥石泥灾害特性：

1. 季节性。泥石流爆发主要是受连续降雨、暴雨，尤其是特大暴雨等集中降雨的激发。因此，泥石流发生的时间规律是与集中降雨时间规律相一致，具有明显的季节性。一般发生在多雨的夏秋季节。

2. 周期性。泥石流活动周期与雨洪、地震的活动周期大体一致。

【任务实施】

自救。

1. 泥石流发生时，不能在沟底停留，应迅速向山坡坚固的高地或连片的石坡撤离，抛掉一切重物，跑得越快越好，爬得越高越好。

2. 垂直逃生。根据现场地形，以泥石流流向垂直的方向逃生，不要与泥石流同向方向奔跑。不能沿沟向下跑，而应向两侧山坡上跑，离开沟道、河谷地带，不要在土质松软、土体不稳定的斜坡停留，以免斜坡失稳下滑，应在基底稳固较为平缓的地方。另外，不应上树躲避，因泥石流不同于一般洪水，其流动中可沿途切除一切障碍，所以上树逃生不可取。避开河沟道弯曲的凹岸或地方狭小高度又低的凸岸，因泥石流有很强的淘刷力及直进性，这些地方很危险。

【任务小结】

泥石流一旦发生，来势凶猛，破坏性和伤害性大。应根据泥石流发生的季节性和周期性，避开高发时间。通过本节的学习，掌握现场自救，提高保护自己的能力。

第十三节　踩踏事故的现场急救

【案例导入】

当2015年新年第一天的钟声即将敲响之时，当人们沉浸在辞旧迎新的欢乐和对来年的美好祈望之时，在我国最国际化的大都市上海，在上海向世界展示国际大都市形象的外滩，却迎来了新的一年踩踏事故悲剧的开场，这是在历来重视传统节日“平安吉祥”“健康快乐”的我国，让每一个国人都难以承受的事实和悲痛。

上海外滩又发生“跨年悲剧”，陈毅广场群众拥挤踩踏，致3 6人死亡，4 7人受伤。这次踩踏，受害者多为学生。

【学习目的】

1. 掌握踩踏事故伤情特点。

2. 掌握踩踏事故现场自救与互救。

【任务描述】

踩踏事故是指在某一事件或某个活动过程中，因聚集在某处的人群过度拥挤，致使一部分甚至多数人因行走或站立不稳而跌倒未能及时爬起，被人踩在脚下或压在身下，短时间内无法及时控制、制止的混乱场面，形成踩踏事故。

【相关知识】

一、踩踏事故的原因

重大活动或聚会场所、学生下课时、学校突发意外情况时，人们会惊恐慌张，容易发生严重踩踏事件。踩踏事件中的死亡者大多数为妇女、儿童及老年人。

二、踩踏事故现场及伤情特点

1. 现场特点：踩踏事故多数发生在重大活动或集会场所，现场人数众多，秩序极度混乱，人群失去控制。混乱中最早受伤者遭受反复踩踏，伤情不断加重，得不到及时救助，同时新的受伤者不断增加。

2. 踩踏事故致伤因素：踩踏事故中，主要有撞击、挤压、碾伤以及烧伤、烫伤等致伤因素，这些因素可单独作用于某个伤者身上，也可能同时作用于一个伤者，造成身体多处受伤。

3. 踩踏伤伤情特点：机体在强大暴力作用下，一般伤情比较严重；很多伤者可见多脏器损伤，如颅脑损伤、血气胸、肝脾破裂、肢体及肋骨骨折、脊柱损伤等；伤者的致残率及死亡率均很高。

三、踩踏事故的致死原因

1. 被压死。所谓压死，其实是窒息死亡。当一个人仰卧，另一个人压在其身上，受压者会出现呼吸费力困难；当三个人压上去，受压者因胸廓无法进行呼吸运动，导致窒息缺氧死亡。

此类死亡者基本找不到明显外在伤口、骨折以及内在脏器出血征象。上海踩踏事件幸存者曾有数分钟几乎无法呼吸的经历，也有人目击身边伤者出现脸色铁青而昏迷。

2. 被踩死。所谓踩死，就是踩踏造成的伤者机械性损伤，例如骨折、外出血、肝脾破裂、肋骨骨折导致心肺损伤等。如女性高跟鞋刺入伤者腹腔、暴力踩踏颈部致颈椎及气道损伤、肋骨骨折刺入心肺导致心脏破裂、张力性血气胸等均可能短时间致命。踩踏伤者外在大出血很少，更多的是内出血。在上海踩踏事件中有多位现场目击者描述见伤者大口吐血，应该是肺出血表现。这样的伤者非常危重，大失血可导致休克，肺出血导致通气换气功能丧失，随时会因心跳呼吸停止而死亡。

【任务实施】

踩踏事故的现场急救如下。

一、互救

踩踏事故现场伤者可能是一个或多个，同一个伤者可能多处受伤。现场救护要分清主次、轻重、缓急，以先救命、后治伤为原则。

第一步：维持秩序。当发生踩踏意外伤害时，不要惊慌失措，要保持冷静，设法维护好现场秩序，为伤者及时救治创造一个合适的环境。

第二步：在人群聚集场所加强自我保护。

第三步：紧急呼救。

第四步：判断伤情。踩踏事件中伤者的伤情与交通事故伤或地震坍塌伤等基本类似。需要特别注意的是在踩踏事件中，伤者有可能多处或反复遭受严重踩踏、挤压，有可能并发烧伤、烟雾致气道损伤等，形成复合伤。伤情可能较为复杂，需要更加仔细地考虑和检查。

判断生命体征变化。

1. 休克：常为大失血所致的临床表现，有精神淡漠、烦躁不安、皮肤湿冷、心律加快、血压下降。在无严重外出血可见时必须考虑是否存在胸、腹内脏的损伤，骨盆骨折，四肢长骨骨折等。

2. 呼吸困难：头、面、颈部的损伤，多发肋骨骨折，连枷胸、血气胸均有可能引起呼吸困难。

3. 意识障碍：常由于颅脑外伤所致，可有脑震荡、脑挫裂伤、脑疝。

第五步：心肺复苏。

第六步：分检伤员，运送伤员。

二、自救与预防措施

（一）对拥挤的人群紧急自救与预防措施

1. 发觉拥挤的人群向着自己行走的方向拥来时，应该马上避到一旁，但是不要奔跑，以免摔伤。

2. 如果路边有商店、咖啡馆等可以暂时躲避的地方，可以暂避一时。切忌逆着人流前进，那样非常容易被推倒在地。

3. 若身不由己陷入人群之中，一定要先稳住双脚。切记要远离店铺的玻璃窗，以免因玻璃破碎而被扎伤。

4. 遭遇拥挤的人流时，一定不要采用体位前倾或者低重心的姿势，即便鞋子被踩掉，也不要贸然弯腰提鞋或系鞋带。

5. 如有可能，抓住一样坚固牢靠的东西，例如路灯柱之类，待人群过去后，迅速而镇静地离开现场。

（二）出现混乱局面的自救与预防措施

1. 在拥挤的人群中，要时刻保持警惕，当发现有人情绪不对，或人群开始骚动时，就要做好准备保护自己和他人。

2. 此时脚下要敏感些，千万不能被绊倒，避免自己成为拥挤踩踏事件的诱发因素。

3. 当发现自己前面有人突然摔倒了，马上要停下脚步，同时大声呼救，告知后面的人不要向前靠近。

4. 若被推到，要设法靠近墙壁。面向墙壁，身体蜷成球状，双手在颈后紧扣，以保护身体最脆弱的部位。

（三）危急时刻保持心理镇定的自救措施

1. 在拥挤的人群中，一定要时时保持警惕，不要总是被好奇心理所驱使。当面对惊慌失措的人群时，更要保持自己的情绪稳定，不要被别人感染，惊慌只会使情况更糟。

2. 已被裹挟至人群中时，要切记和大多数人的前进方向保持一致，不要试图超过别人，更不能逆行，要听从指挥人员口令。同时，发扬团队精神，因为组织纪律性在灾难面前非常重要，专家指出，心理镇静是个人逃生的前提，服从大局是日常生活逃生的关键。

【任务小结】

踩踏事故发生时，多为群体伤。伤者人数多，病情重，现场拥挤，专业救援人员难以迅速到达现场。此时现场第一反应者的现场急救和患者的自救尤为重要。

第十四节　异物入耳的现场急救

异物入耳多指小虫进入耳道。少数指游泳、玩耍时水或异物进入耳道。病人出现的症状因异物的大小、种类不一样而不同。小虫入耳，耳内可有异物爬行感和跳动感，如处理不当，会伤及耳膜，出现耳鸣、耳痛和听力下降。

一、飞虫入耳

1. 不要慌张，因为紧张和乱动，可能会引起小虫子在耳道里乱窜，会加重疼痛和损伤。

2. 如果虫子在耳道扑动较大，造成耳朵强烈的声音刺激，可用手掌盖住耳朵并张大嘴巴，以减轻刺激。

3. 在耳道内滴油。将进虫子的一侧耳朵朝上，往耳朵里滴入食油、酒精等将虫子黏住并淹死。

4. 医院取出。立即去医院取出虫子及清洁耳道。

二、水入耳

1. 侧头。

耳道进水时，侧头并用手将耳朵往下拉，水一般会很快流出。

2. 跳动。

如果侧头水没有流出，可同时跳几下，直至水流出。

三、豆粒入耳

1. 吸出。

豆料入耳时，可选一根与耳孔大小相近的吸管，轻轻插入耳道，然后嘴对着吸管外吸，豆子会被吸住，然后取出来。

2. 送医院。

如果吸不出来应立即送往医院。

四、注意事项

1. 飞虫入耳时，不可用手指掏、烟薰、光照等方法试图将小虫引出来。
2. 豆粒、玉米、大米等干燥物入耳，不能用水或油滴等方法。
3. 豆粒入耳时，不能用镊子夹取，可能会因滑脱而掉得更深。
4. 如果异物进入耳道多天，或疼痛较重时，尽快到医院检查。

第十五节　异物入眼的现场急救

异物入眼主要是指异物进入眼表面。如果灰尘、砂砾、飞虫等异物进入眼睛后，会出现流泪、不愿张开眼睛，眼内有难受的感觉。

1. 泪水冲洗。

先闭上眼睛休息片刻，等到眼泪大量分泌，不断夺眶而出时慢慢睁开眼睛，多眨几下。多数情况下，大量的泪水会将眼内异物自动流出来。

2. 清水冲洗。

可准备一盆清洁干净的水，让患者闭上双眼，将面部浸入脸盆中，双眼在水中眨几下，这种方法也能将异物冲出。

3. 棉签粘取。

将眼皮翻开，用棉签或干净的手帕粘湿将异物轻轻粘掉。

4. 送往医院。

如果上述方法未能将异物取出，应及时到医院取出。

第六章
常见急症的现场急救

第一节　心脏猝死的现场急救

【学习目标】

1. 认识猝死的危险性、严重性。

2. 掌握猝死的特点及现场急救方法。

【任务描述】

猝死是人类的最严重的疾病。平素身体健康或貌似健康的患者，在出乎意料的短时间内，因自然疾病而突然死亡即为猝死。猝死 80% 是急性心肌梗塞，多发生在医院外，这就需要现场及时正确有效地救护。

【相关知识】

一、猝死的特点

特点即患者是“因病突然死亡”。这 6 个字准确精练地概括了猝死三个特点，即死亡急骤、出乎意料、自然死亡或非暴力死亡。

1. 病魔之首。

猝死是最可怕的疾病。在人类所有的疾病中，就其突发性、紧急性、严重性、恶性程度和后果而言，无论是过去、现在还是将来，世界上没有任何一种疾病能够与猝死相比。

2. 发病突然。

猝死是患者猝然而死，无论是患者本人还是亲朋好友，都将始料不及。有时发病后患者甚至无法留下一句话，这就是猝死为什么是世界上最可怕的疾病的原因。

3. 高发病率。

绝大部分的猝死患者是死于心脏停搏，而心脏停搏的发病率非常高。美国心脏协会 2013 年 6 月在《循环》杂志网站上发表的徒手心肺复苏（CPR）共识指出：心脏停搏是美国最致命的公共卫生问题之一，它导致的死亡人数超过大肠癌、乳腺癌、前列腺癌、流感、肺炎、车祸、枪支案件和家庭火灾致死人数的总和。我国每年有 180 万人死于猝死，平均每分钟有 3~4 人因猝死而死亡。

4. 多发生在医院外。

绝大多数的猝死死于心搏骤停，87.7% 的猝死是发生在医院外。在院外发病就意味着发病后患者无法及时得到医疗专业人员的急救，同时大众的心肺复苏技能也十分匮乏。这就是猝死发生率如此之高的重要原因之一。

二、猝死常见病因

1. 心源性猝死也称为心脏性猝死，指由于心脏原因导致的患者突然死亡。患者以往患有心脏病或无心脏病史，从发病到死亡的时间一般在瞬间至一小时之内。心脏性猝死在所有猝死患者中占绝大多数，其中最常见的病因是冠心病猝死。如果患者没有得到及时的心肺复苏或复苏失败，就会发生猝死。

2. 非心源性猝死也称非心脏性猝死，指患者因心脏以外原因的疾病导致的突然死亡，约占全部猝死的 25%。临床常见的主要疾病包括呼吸系统疾病如肺梗死、支气管哮喘、神经内科疾病的急性脑血管病（如脑出血）等。

三、预防措施

冠心病猝死占全部心源性猝死的 90% 以上，是导致猝死的主要原因，因此预防猝死，其主要的目标是预防冠心病猝死。如果能做好冠心病猝死的预防，就能大大降低猝死的发生率。

主要预防措施：6 个字——静、卧、服药、呼救。

1. 静：指发病后患者要安静、镇静及冷静。冠心病发生时，患者的心肌极度缺血，此时任何增加心脏做功的因素都可能加重病情，甚至诱发室颤，如精神紧张、恐惧等，故保持冷静非常重要。

2. 卧：患者应该就地休息，不要走动，全身放松，采取舒适的体位，如卧位、半卧位及坐位等。卧是让患者尽可能减少心脏负担，以减少室颤的发生。

3. 服药：冠心病发生后，最常用的是服用硝酸甘油，药的作用是减少心脏负荷，扩张冠状动脉。

4. 呼救：立即呼叫救护车，并且强调需要带除颤器的救护车。如急救人员无除颤器，一旦发生室颤，医生也缺乏有效的治疗方法。此外要注意，一定要等医生来，患者发病时不要自己去医院，在没有心电监护的情况下去医院极其危险，患者途中有发生室颤的可能。

患者已经发生了室颤，还有最后一道防线——心肺复苏，通过心脏按压等措施为患者建立血液循环，以终止死神的脚步。

四、现场急救措施

立即拨打医疗急救电话，同时让患者平卧，为患者实施持续的心脏按压及人工呼吸，每按压 30 次，为患者实施口对口人工呼吸 2 次。心肺复苏操作不能停顿，一直坚持到专业急救人员到来，患者可能还有一线生机。

【任务小结】

猝死是人类最可怕的疾病，发病急骤，死亡率高。本节介绍了猝死的发病特点、常见病因，根据病因采取有效的预防措施。冠心病是心脏猝死的常见病因，做好冠心病的预防是防止猝死的有效措施。在事发现场，一旦发生猝死立即进行心肺复苏，掌握心肺复苏术操作方法对救治病人至关重要。

【练习题】

1. 心脏猝死有哪些特点？
2. 如何对心脏猝死病人进行现场急救？

第二节　心绞痛的现场急救

【学习目标】

通过本节学习，了解和掌握心绞痛发病特点、现场判断和急救方法。

【任务描述】

心绞痛是冠状动脉供血不足，心肌急剧暂时缺血与缺氧所引起的临床综合征。其特点为阵发性的前胸压榨性疼痛，主要位于胸骨后部，可反射至心前区和左上肢。常见病因是冠状动脉硬化。心绞痛是中老年人常见的急症，也可能是心肌梗死的前驱症状。一旦发作，如得不到及时的救助，可能危及生命。进行正确迅速的急救，对于患者的生命安全起着至关重要的作用。

【相关知识】

一、心绞痛的现场判断

1. 心绞痛特点为阵发性、压榨性前胸疼痛，疼痛主要位于胸骨后部，可放射至前胸区及左肩和左上肢。
2. 疼痛性质：压迫感、压榨样、紧缩性，偶伴恐惧、濒死感。
3. 伴有心悸，面色苍白、恶心、呕吐、出冷汗、恐怖感，迫使病人停止活动。
4. 持续时间：每次发作持续 3~5 分钟。可数日一次，也可一日数次。
5. 诱因：本病多见于男性，多数 40 岁以上。劳累、情绪激动、饱食、受寒、阴雨天气、急性循环衰竭等为常见诱因。

二、心绞痛的预防

1. 有冠心病史的游客，最好有同伴随行，并随身携带常规服用的药物及急救药物，例如硝酸甘油等。

2. 在旅游途中，常常会引发胃肠炎或是晕车、晕船等症状，如果没有及时地调整和治疗，也可能会诱发心脏疾病。

3. 在旅游中，需要保持良好的生活规律，过于饥饿或是过饱都有可能诱发冠心病的急性发作。尽量少吃甜食或是含胆固醇、脂肪过高的食物，最好多吃些清淡的食物。

4. 旅行途中，要做到劳逸结合。每日的活动时间不能超过 6 小时，睡眠的时间不得少于 10 个小时。

5. 冠心病患者在旅途中必须要避免过度紧张或是情绪过分激动，这都可能诱发心脏疾病。

【任务实施】

心绞痛的现场急救方法如下。

1. 多数病人心绞痛的发作都是在劳累或是情绪激动的状态下发生的，因此一旦发病，要在第一时间安抚病人的情绪，使其平静下来。

2. 立即就地卧位休息，停止活动。让病人卧位休息，头部略抬高，不可搬运病人。

3. 马上取一片硝酸甘油或是速效救心丸，让病人舌下含服，只要是心绞痛而不是心肌梗塞，一般在两分钟左右就能够减轻疼痛。

4. 解开病人的衣领扣子、领带和腰带，使其呼吸道保持畅通。

5. 有条件者给予吸氧。

6. 迅速拨打急救电话，说清楚地址以及患者的病情，以便救护人员能够尽快携带正确的急救设施赶到现场。

7. 在等待救护车到来的过程中，应注意时刻关注病人的生命体征，如果发现有心跳骤停、呼吸停止，应立即实施人工呼吸和心脏按压。

【任务小结】

心绞痛发病时情况紧急，多在劳累、情绪激动时发病。心绞痛特点为阵发性、压榨性前胸疼痛，可放射至左侧肩部。若在现场能正确判断，迅速采取有效急救方法，将使患者转危为安。掌握心绞痛现场急救技能，是本节学习的重点。

【练习题】

1. 心绞痛的疼痛特点有哪些？

2. 如何对心绞痛的病人进行现场急救？

第三节　急性心肌梗塞的现场急救

【学习目标】

1. 掌握急性心肌梗塞发病先兆。
2. 掌握急性心肌梗塞发病的现场判断。
3. 掌握急性心肌梗塞的现场急救方法 。

【任务描述】

急性心肌梗塞是急性心肌缺氧性坏死，在冠心病的基础上，发生的冠状动脉血液供应急剧减少或中断，使相应的心肌严重而持久地缺血坏死，是冠心病的一种严重类型，是最危重的心脏急症，是导致中老年人心脏猝死的主要原因之一。许多人因为不懂急救措施，酿成无法挽救的后果。急性心肌梗塞的表现形式多样，有典型症状和不典型症状，有些患者以头疼、牙痛或者腹痛就诊，却无相应脏器的病理改变，不可忽视非典型心梗的存在，如能及早识别，及早进行预防和治疗，能大大地减轻心肌梗塞的严重程度，改善预后，降低死亡率。

【相关知识】

一、心肌梗塞发病前的先兆症状

急性心肌梗塞多见于年纪较大者，是一种突发的危险疾病，发病前多会出现各种先兆症状。

一般在心肌梗死发作前 1~2 天内。

（一）典型先兆

1. 患者心绞痛发作会比以前次数增多，服用硝酸甘油片效果不明显。
2. 患者自觉胸骨下或心前区剧烈而持久疼痛，或心前区闷胀不适，疼痛有时向手臂或颈部放射。
3. 同时伴有面色苍白、心慌、气促和出冷汗等症状，休息后也不能缓解。
4. 有明显诱因，当运动过多、劳动后，情绪激动、精神紧张、气候变化等。

（二）不典型性

1. 有些患者以头疼、牙痛或者腹痛就诊，却无相应脏器的病理改变。
2. 有些患者无剧烈感觉，或由于心肌下壁缺血表现为突发性上腹部剧烈疼痛，但会表现更加严重，休息和服用速效扩血管药物不能缓解疼痛。

如果出现以上症状，患者要立刻停止任何重体力活动，躺下休息，观察病情，平息激动的情绪以减轻心肌耗氧量。如果发现病势加重，应抓紧请医生，并立即进行现场救护。

二、急性心肌梗塞的现场判断

突然发生或出现较以往更剧烈而频繁的心绞痛，心绞痛持续时间更长，含服硝酸甘油后症状不见好转。

【任务实施】

心肌梗塞的现场急救方法如下。

若身边无救助者，患者本人应立即拨打 120 急救电话。在救援到来之前，可深呼吸，然后用力咳嗽，这是有效的自救方法。作为救护者或家属，如果发现有人突发心肌梗塞，应该保持镇定，果断急救。

1. 拨打 120：尽快与医院、急救站联系，请医生速来抢救或送医院抢治。

2. 就地平卧：立即让病人就地平卧，双脚稍微抬高，严禁搬动，因为任何搬动都会增加心脏负担，危及生命。

3. 镇静：如病人身上带有药物，立即取出硝酸甘油片让病人含化，或将亚硝酸异戊酯 1 支，用手巾挤碎捂鼻吸入，同时口服 1~2 片安定片，使病人镇静下来。周围的人也不要大声说话。

4. 吸氧：如有供氧条件，应立即给予吸氧。

5. 发生心脏骤停时尽快做心肺复苏。

【任务小结】

心肌梗塞是心脏猝死的常见原因，是最危重的心脏病，常发病急骤，危险性大，死亡率高。正确判断心肌梗塞，及早进行现场急救，对挽救病人生命至关重要。

【练习题】

1. 如何识别急性心肌梗塞？

2. 如何对急性心肌梗塞进行现场急救？

第四节　休克的现场急救

【学习目标】

通过本节的学习，了解和掌握以下内容：

1. 休克的定义。

2. 休克对人体的影响。

3. 休克的现场判断。

4. 休克的现场急救方法。

【任务描述】

休克是指因为某些原因导致的全身有效循环血量不足，全身组织和脏器血流灌注不良，导致组织缺血缺氧，氧的供需失衡，以致重要器官功能、代谢严重障碍的综合征，多由创伤、失血过多、心律失常、感染和过敏等引起。主要表现为脸色苍白、出冷汗、脉搏细弱而快、神情淡漠、口唇发绀等。休克是各种严重疾病常见的并发症之一，是患者病情严重的信号之一，如不及时抢救可危及患者的生命。

【相关知识】

休克的共同特征是有效循环量不足，组织和细胞的血液灌注虽经代偿仍受到严重的限制，从而引起全身组织和脏器的血液灌注不良，导致组织缺氧、微循环瘀滞、脏器功能障碍和细胞的代谢功能异常等一系列病理生理改变。

休克的发病规律一般是从代偿性低血压（组织灌注减少）发展到微循环衰竭，最后导致细胞膜的损伤和细胞死亡。

休克的现场判断如下。

1. 休克早期：病人神志清醒，但烦躁不安，可焦虑或激动；面色、皮肤苍白，口唇和甲床可有紫绀；出冷汗，四肢湿冷，可有恶心、呕吐、心跳加快、脉搏细快；血压不稳定，可偏高、正常或偏低，脉压减少，尿少等。

早期观察的内容有：

（1）嘴唇：当病人开始出现休克时，嘴唇常变为苍白色。

（2）皮肤黏膜：休克早期病人皮肤变得比平时苍白，用手触摸四肢，感觉湿冷。

（3）脉搏：正常人脉搏每分钟 60~100 次，脉搏跳动均匀有力而富有弹性。早期休克病人脉搏加快，要达到每分钟 120 次以上，同时脉搏跳动又细又弱，病人感觉心慌、气急、无力等。

（4）指甲：健康人指甲用手指压变白，松开手后立即变为红润。对早期休克病人按压指甲后再放松指甲时，往往在松手 5 秒钟以上才能恢复原来红润的颜色。

（5）神志：早期休克病人由于大脑开始缺氧，出现烦躁不安或表情淡漠、反应迟钝、神志不清等表现。

（6）尿量：正常人每小时尿量在 30 毫升以上，而早期休克病人的尿量每小时 25 毫升以下，甚至出现无尿。

（7）血压：正常人收缩压为 90~120 毫米汞柱，舒张压为 60~90 毫米汞柱。发生休克时，病人的血压低于正常人水平，有的甚至测不到血压。

如果病人具有以上全部或部分表现，就可以判断病人已处于休克早期或已经休克，必须进行紧急救护。

2. 休克中期：随着休克的加重，病人意识模糊，表情淡漠，反应迟钝，脉搏细速，呼吸加深加快，血压进行性下降，尿量明显减小或无尿，并可出现进行性加重的代谢性酸中毒。

3. 重度休克：呼吸急促，甚至昏迷，血压降低甚至测不出来，无尿等。

【任务实施】

休克的现场急救方法如下。

1. 保持呼吸道通畅。对休克病人必须保持呼吸道通畅。将病人的头部偏向一侧，以防止呕吐物吸入呼吸道，尤其是昏迷病人。

2. 休克的体位。头和胸部抬高 20° ~ 30°，下肢抬高 15° ~ 20°，头胸高位有利于膈肌活动，减轻呼吸的负担；下肢抬高，有利于静脉血回流，增加回心血量。松解病人的衣领和袖口。

3. 注意病人的体温。休克病人体温降低、怕冷，应注意保暖，给病人盖好被子。如休克伴有高热，应给予降温，在颈、腹股沟等处用冰袋或用酒精擦浴等。

4. 病人烦燥不安，应让病人保持安静，做好心理安抚工作。

5. 立即拨打 120 或送往医院。在运送过程中，应有专人护理，随时观察病情变化。

6. 休克由多种原因引起，如因过敏引起的休克，应安排患者离开过敏源。

7. 因外伤引起的休克，应先做止血、包扎等处理。

8. 对心脏病引起的休克，不搬动病人，有条件者给予吸氧。

9. 休克病人的转移和运送。现场急救条件有限，对休克病人搬动越轻、越少越好，尽量避免长途运送。在运送途中应有专人护理，随时观察病情变化。

10. 密切观察病人的意识、脉搏、呼吸、末梢血液循环（手指或足趾末端）。

【任务小结】

休克不是一种独立的疾病，而是许多疾病在危急情况时产生的一种严重的全身综合征。休克来势凶猛，病情险恶，危及生命。因此，休克的早期发现非常重要。现场人员能及时地识别、早期给予急救，就能赢得治疗时间，挽救生命。

【练习题】

1. 如何现场判断休克？
2. 如何对休克进行现场急救？

第五节　高血压危象的现场急救

【学习目标】

掌握高血压危象的现场判断和现场急救。

【任务描述】

高血压危象是指原发性和继发性高血压在疾病发展过程中，在某些诱因作用下，使血压急剧升高，病情急剧恶化，小动脉舒缩障碍而影响重要器官血液供应所产生的危急状态。此时舒张压超过 120 毫米汞柱。此外，若舒张压高 140~150mmHg 和 / 或收缩压高于220mmHg，无论有无症状亦应视为高血压危象。如不立即给予降压，将产生严重并发症而危及病人生命。

高血压危象是一种极其危急的情况，常有劳累、情绪波动、精神创伤等诱因。

【相关知识】

高血压危象的现场判断：

1. 血压急剧升高，突然出现剧烈头痛、眩晕、耳鸣、视物不清或失明；
2. 恶心呕吐、心慌气短、面色苍白或潮红；
3. 两手发抖、烦躁不安；
4. 严重者出现暂时性瘫痪、失语、心绞痛，逐渐发展为意识不清。

【任务实施】

高血压危象的现场急救方法：

1. 采取去枕平卧，头偏向一侧，以保持呼吸道通畅，避免将呕吐物吸入呼吸道，造成窒息；
2. 稳定情绪，不要在病人面前惊慌失措，要安慰病人，减少紧张；
3. 尽量不要搬动病人，如必须移动，要保护病人的头部；
4. 现场如有条件，应给病人吸氧；
5. 检查病人的意识、呼吸和脉搏。如有异常，及时做心肺复苏；
6. 启动急救系统，拨打急救电话，快速将病人送往医院。

【任务小结】

高血压病人在诱因因素的作用下，周围小动脉突然强烈痉挛，周围阻力骤增，血压急剧升高。高血压危象起病急，后果严重，甚至危及病人生命，在急救现场对病人进行处置，能减轻病情，挽救生命。

【练习题】

1. 人体的正常血压是多少？
2. 如何做好高血压危象的现场急救？

第六节　昏迷的现场急救

【学习目标】

通过本节的学习，掌握以下内容：

1. 昏迷的现场判断。
2. 昏迷的现场急救。

【任务描述】

昏迷是意识的严重障碍，主要是大脑皮层与中脑的网状结构发生高度抑制的一种病理状态。它是最危急的急症之一，其主要特征是随意运动丧失，对外界刺激失去正常反应，并出现病理反射活动。昏迷和死亡也可能只有一线之隔，必须立即进行现场急救，快速送到医院进行抢救。

【相关知识】

一、昏迷的分类

按意识障碍的严重程度分嗜睡、意识模糊、昏睡和昏迷四种表现。主要表现为完全意识丧失、随意运动消失，对外界刺激的反应迟钝或丧失。

二、昏迷程度的判断

1. 轻度昏迷：意识大部分丧失，无自主运动，对声光刺激无反应，对疼痛刺激可出现痛苦表情或肢体退缩等防御反应。各种反射均存在。

2. 中度昏迷：对周围事物及各种刺激无反应，对剧烈刺激或可出现防御反射活动。各种反射减弱。瞳孔对光反射迟钝，眼球无转动。

3. 深度昏迷：全身肌肉松弛，对各种刺激全无反应，深浅反射消失。

【任务实施】

昏迷的现场急救方法如下。

1. 让病人处于合适的体位，取侧卧位，头偏向一侧，以防呕吐物阻塞呼吸道。
2. 如为外伤所致昏迷，不要轻易搬运病人，应保持固定位置。
3. 保持呼吸道通畅，仰头抬颏法，打开气道。
4. 检查呼吸和脉搏，随时观察病情，如无呼吸和脉搏应立即进行心肺复苏。
5. 疼痛刺激。手指掐病人的人中穴等，使其苏醒。
6. 给病人肢体保暖，切勿给病人饮食。
7. 启动急救系统，将病人送往医院。

【任务小结】

昏迷是最严重的急症之一，与死亡可能只有一线之隔，现场急救非常重要。一旦遇到昏迷病人，应果断采取急救，挽救病人生命。

【练习题】

1. 在急救现场如何判断昏迷？
2. 如何对昏迷病人进行现场急救？

第七节　脑血管意外的现场急救

【学习目标】

通过本节学习，了解和掌握以下内容：

1. 脑血管意外的概念及危急程度。

2. 脑血管意外的现场判断和现场急救方法。

【任务描述】

脑血管意外又称中风、卒中，起病急，病死和病残率高，为老年人三大疾病（脑血管病、冠心病和肿瘤）死因之一。脑血管意外是一种急性脑血管疾病，是由于脑部血管突然破裂或因血管阻塞导致血液不能流入大脑而引起脑组织损伤的一组疾病。

脑血管意外具有发病率高、死亡率高和致残率高的特点。抢救方法很关键，若不正确和及时，则会加重病情。

【相关知识】

一、脑血管意外的分类

脑血管意外可分为脑溢血和脑血栓形成两种。

1. 脑溢血多发生在情绪激动、过量饮酒、过度劳累后，因血压突然升高导致脑血管破裂。脑溢血多发生在白天活动时，发病前少数人有头晕、头痛、鼻出血和眼结膜出血等先兆症状，血压较高。病人突然昏倒后，迅即出现昏迷、面色潮红、口眼歪斜和两眼向出血侧凝视、出血对侧肢体瘫痪、握拳、牙关紧闭、鼾声大作，或面色苍白、手撒口张、大小便失禁。有时可呕吐，严重的可伴有胃出血，呕吐物为咖啡色。

2. 脑血栓形成通常发生在睡眠后安静状态下。发病前，可有短暂脑缺血，如头晕、头痛、突然不会讲话，但不久又恢复，肢体发麻和感沉重等。往往在早晨起床时突然觉得半身不听使唤，神志多数清醒，脉搏和呼吸明显改变，逐渐发展成偏瘫、单瘫、失语和偏盲。

不同类型的脑血管意外，其治疗方式不同。由于一直缺乏有效的治疗手段，目前认为预防是最好的措施，其中高血压是导致脑血管意外的重要可控危险因素，因此，降压治疗对预防脑血管意外发病和复发尤为重要。

二、脑血管意外的现场判断

1. 突然肢体麻木或者乏力，特别是出现在肢体一侧。

2. 突然言语不清或言语理解困难。

3. 突然单眼或者双眼视物困难，或视物重影。

4. 突然行走困难或者平衡失调。
5. 突然眩晕，无明显原因的剧烈头痛。
6. 意识障碍。严重者突然昏迷，轻者神志恍惚、昏睡，叫醒后又很快入睡。

即使这些症状在几分钟内消失，也不能排除脑血管意外的可能性。

三、危重症的识别

1. 突然昏迷，逐渐加深，血压显著升高。
2. 呕吐不止，鼾声大作。
3. 呼吸微弱、断续，叹息样呼吸。

以上危重情况可以出现在脑溢血和脑血栓形成的疾病，但蛛网膜下腔出血的症状有所不同。

四、蛛网膜下腔出血的识别

1. 头痛常发生在一侧或头后部。
2. 脖子僵硬。
3. 恶心、呕吐。
4. 偶有视觉障碍。
5. 昏迷，轻症病人可神志清醒。

【任务实施】

脑血管意外的现场急救方法：

1. 病人出现意识障碍，无呼吸、无脉搏时，立即进行心肺复苏；
2. 去枕平卧，头偏向一侧，保持呼吸道通畅，避免将呕吐物吸入到呼吸道，造成窒息；
3. 就地抢救，不要移动病人，如确需要移动，注意保护头部；
4. 启动急救系统，及时将病人送往医院。

【任务小结】

脑血管意外起病急，致残率和死亡率高，在现场急救中能根据脑血管意外的特点判断，及时给予现场急救，能减少后遗症，提高病人的生存质量。

【练习题】

1. 如何判断脑血管意外？
2. 脑血管意外的现场急救要点有哪些？

第八节　晕厥的现场急救

【学习目标】

1. 掌握晕厥的发病特点。
2. 掌握晕厥的现场急救措施。

【任务描述】

晕厥是一过性的大脑突然供血不足或缺氧导致的短暂意识丧失状态。发作是患者因肌张力消失不能保持正常姿势而倒地。一般为突然发作，迅速恢复，很少有后遗症。如跌倒，易造成头部外伤。

【相关知识】

晕厥发病特点如下。

发作前：一般无特殊症状或自觉头晕、恶心、出汗、视物模糊。

发作时：迅速出现眼前发黑，突然摔倒（跌倒或跪倒）。面色苍白、青紫、充血，机体活动呈强直或阵挛，四肢发凉，脉细而弱，血压下降。持续数十秒到几分钟。

发作后：恶心呕吐、乏力、嗜睡，甚至大小便失禁等。

典型的晕厥发作，意识丧失时间很少超过 20~30 秒。

【任务实施】

晕厥的现场急救措施：

1. 迅速让患者平卧，头部略低，脚部略高；
2. 解开患者衣领、裤带，以保持患者呼吸道通畅；
3. 开窗通风以保持空气流通，有条件给予吸氧；
4. 检查有无外伤，对症处理；
5. 及时寻求帮助，快速送往医院治疗。

【任务小结】

晕厥是一过性脑部缺血、缺氧引起的短暂的意识不清。在大脑供氧恢复后，能立刻苏醒。所以在现场急救中要防止因跌倒而引起的外伤。

【练习题】

1. 晕厥的发病特点是什么？
2. 如何对晕厥病人进行现场急救？

第九节　发热的现场急救

【学习目标】

1. 掌握发热的分类。
2. 掌握发热的现场急救。

【任务描述】

当感染性或非感染性因素导致体温调节中枢出现功能障碍而使体温超出正常范围，称为发热。主要表现为体温升高、怕冷寒战、脸色苍白或潮红、精神或食欲变差。

【相关知识】

一、分类

按温度高低分为低热型、中热型、高热型和超高热型。

1. 低热型：腋下体温不超过 38℃。
2. 中热型：38.1℃ ~39℃。
3. 高热型：39.1℃ ~40℃。
4. 超高热型大于 41℃。

二、常见病因

分为感染性发热和非感染性发热。

1. 感染性发热为各种病源性微生物引起的发热，如病毒性感染、感冒、麻疹、腮腺炎、SARS 等和细菌性感染、急性咽炎、扁桃体炎、肺炎、肠炎、急性肾炎等。

2. 非感染性发热为严重创伤、大手术、烧伤等组织损伤和中枢神经性疾病，如脑外伤、脑血管疾病等或产热散热异常等。

3. 发热的表现：分为体温上升期、高热期、体温下降期。

(1) 体温上升期：产热大于散热使体温升高。表现为皮肤苍白、干燥无汗、疲乏无力、肌肉酸痛、畏寒或寒战。

(2) 高热期：表现为皮肤潮红灼热、呼吸加深加快、口渴、烦燥和头痛等。

(3) 体温下降期：产热少而散热增加，体温逐渐下降，恢复正常体温，表现为大量出汗。

【任务实施】

发热的现场急救：

对低热和中等度热一般可不作特殊处理，不轻易用退热药和抗生素。过高的发热或高热伴惊厥、休克或心功能不全，高温中暑给予退热降温处理，减轻发热对身体造成的影响。一般降温措施有物理降温和药物降温。

1. 物理降温法。

加强通风，尽量使室温保持在25~30度左右。

（1）冷湿敷法：用冷毛巾或冰袋敷头部。

（2）酒精擦浴法：用30%~50%酒精擦额、颈、腋下、四肢，腹股沟等处，擦至皮肤发红，在颈、腋下、腹股沟处重点擦拭。

（3）温水擦浴法：用38度温水擦拭皮肤，在颈、腋下、腹股沟处着重擦拭。一般用于高热、昏迷并血液循环较好的病人。

2. 发热患者应卧床休息，多饮水，加强营养，饮食以易消化的流质为主。

3. 出汗多时，应及时擦干汗液，更换衣物和床单。

4. 如经上述处理后未见好转，立即送往医院。

【任务小结】

发热是常见病、多发病，如治疗不及时，将会加重病情和诱发原发病。在现场进行急救时要掌握发热的处理，特别是冷敷的方法，是现场降温非常有效的方法，简单又易于操作。

【练习题】

北京导游员小孙在接待某旅游团的时候，游览中发现某位游客面色苍白，精神萎靡，经量体温有点发烧，小孙就给游客服用了退烧药。半天后该游客病症并未消失，请问小孙的做法是否有不妥之处？应该如何处理？

第十节　头痛的现场急救

【学习目标】

掌握头痛的现场判断和现场急救。

【任务描述】

头痛是以头部疼痛为主的一种症状。头痛常常为过度劳累、紧张、受凉、睡眠少等原因造成的以头部疼痛为主要症状的一种病症，经过休息、睡眠消失，一般不会引起人们的重视。但某些疾病引起的头痛，是疾病的先兆，应认真检查，明确诊断，及时治疗。头痛常见于发热、高血压、鼻炎、颅内疾病、神经官能症和偏头痛等，由颅脑病变、颅外病变和全身性疾病等引起。

【相关知识】

头痛的现场判断：

1. 急性头痛伴发热者，常见于急性感染。

2. 有高血压病史而突然发病，头痛、呕吐、肢体偏瘫时，可能为脑出血。

3. 头痛呈弥漫性进行性加剧，并有颅内压增高的表现及局部神经麻木体征者，常见颅内占位性病变。

4. 有创伤史者，应疑为脑外伤。

5. 剧烈头痛伴呕吐、怕光等，应考虑偏头痛。

【任务实施】

头痛的现场急救措施：

1. 立即停止活动。平卧或静坐休息，停止活动。出现头痛应根据病人年龄、病史以及体征、疼痛的性质、部位和程度采取相应的措施。以前无头痛病史，突然出现的中等强度的头痛或头部受到外力的作用下出现的头痛，应立即送往医院。

2. 剧烈头痛伴有恶心呕吐，血压高者，或出现肢体活动受限时，应立即送往医院。让患者卧床休息，并且保持室内空气流通，多饮开水，进流质或半流质食物。

3. 偏头痛时，可用冷水毛巾或热水毛巾敷前额止痛。

4. 头痛难忍时，用双手手指按压左右两侧的太阳、合谷等穴位，通常可以减轻头痛。

5. 注意观察病人的神志是否清醒，有无面部及口眼歪斜等症状的出现。

6. 在原因不明的情况下，不要用止痛剂，以免掩盖病情。

【任务小结】

头痛是一种症状，多种疾病可引起，是某些疾病的先兆。在现场急救中，对症处理，严重时拨打120，将病人送往医院。

【练习题】

请回答头痛的现场急救要点。

第十一节　急性腹痛的现场急救

【学习目标】

掌握腹痛的现场急救。

【相关知识】

急性腹痛是指病人自觉腹部突发性疼痛，常由腹腔内或腹腔外器官所引起。腹痛通常称为“肚子痛”，是常见的急症。痛起来，病人在床上打滚，坐立不安，满头大汗，非常痛苦。内科性急性腹痛常先有发热、恶心和呕吐，常不能准确说出疼痛部位，腹痛时轻时重。

【任务实施】

腹痛的现场急救：

1. 让患者保持安静，取仰卧位，双腿向上屈曲，可使腹痛减轻，也可用双手适当压迫腹部使疼痛缓解。

2. 对间歇性发作的腹痛可用热水袋热敷，如超过 30 分钟疼痛不缓解，应立即送往医院。

3. 禁食禁饮。不论何种原因引起的急性腹痛禁止吃东西和喝水。症状缓解后进流质或半流质食物，忌食辛辣食物。

4. 腹痛伴发热往往提示有感染，应及时送往医院就诊。

5. 腹痛剧烈而病因尚未查清前，慎用止痛剂。

6. 外科疾病忌用泻剂、刺激肠蠕动药物和灌肠，以免疼痛加剧和病情恶化。

7. 对腹痛患者给予精神安慰，以缓解精神紧张。

【任务小结】

急性腹痛早期的病因较难找到，在现场对症处理，随时观察。病情加重，立即送往医院救治，在现场急救中禁用止痛药品。

【练习题】

请回答急性腹痛的现场急救要点。

第十二节　惊厥的现场急救

【学习目标】

掌握惊厥的现场判断和现场急救。

【相关知识】

惊厥的现场判断：

惊厥俗称抽筋、抽搐，是全身或局部骨骼肌不自主地抽动或强烈收缩。突然意识模糊或丧失，阵发性四肢和面部肌肉抽动，多伴有两眼上翻、凝视或斜视，双手握拳，有时伴有口吐白沫或嘴角牵动，呼吸暂停，面色青紫，有时反复发作，甚至呈持续状态，有的伴有尿失禁和舌咬伤。

【任务实施】

惊厥的现场急救：

1. 将患者平卧，头偏向一侧以防分泌物或呕吐物进入气管发生窒息。

2. 松开病人的衣物，保持呼吸道通畅，不强压抽搐的肢体。

3. 防止病人咬伤舌头，可用纱布将压舌板裹好放入患者一侧上下牙之间。另外，须防止跌伤。

4. 拨打急救电话 120。

【任务小结】

主要是防止在发病时造成的二次伤害，所以在现场急救时保护好患者，防止咬伤舌头，并保持呼吸道通畅。

【练习题 】

请回答惊厥的现场急救要点。

第十三节　过敏的现场急救

【学习目标】

掌握过敏的现场判断和现场急救。

【任务描述】

过敏反应是指人体自身的免疫系统对致敏源产生的一种反应，这种反应会表现为多种多样的形式。当吃下、接触或吸入某些物质时，身体产生过敏的反应。

【相关知识】

一、过敏源

1. 吸入性过敏源。如花粉、柳絮、粉尘、油烟、油漆、煤气和动物皮屑等。

2. 食入性过敏源。如牛奶、鸡蛋、鱼虾、牛羊肉、海鲜等。

3. 接触性过敏源。如冷空气、热空气、紫外线、化妆品、化纤用品、染发剂、肥皂、塑料、金属用品、细菌、霉菌、真菌等。

二、过敏的现场判断

常见的症状有荨麻疹、哮喘等，比较严重的会出现休克甚至死亡，但这是比较罕见的。对花粉过敏比较常见，有花粉症的人对花粉非常敏感。一般在空气中只要有植物都会有花粉的存在，特别是有一些人对结种子的树木敏感，像法国的梧桐树、蓖麻、柏树，空气中的花粉的含量是比较高的。对于一些比较敏感的旅游者，吸入这种花粉以后会产生一些不适的症状。刚开始的症状就是鼻子发痒，连续打喷嚏，紧接着流清水样的鼻涕，但大部分人很快表现出皮肤起风团状的风疹块，即我们通常说的荨麻疹，有的病人会出现腹泻、呕吐甚至是呼吸困难、休克或死亡。

【任务实施】

一、花粉过敏的急救

轻度花粉症的人可以离开致敏源，离开致敏源以后可以不治自愈。但是对于严重的，花粉症特别敏感的，会出现休克甚至死亡，应紧急呼救，拨打急救电话，做心肺复苏。

二、食物过敏的急救

其实真正对食物过敏的人只有1%，大部分的人都是对牛奶、蛋白、大豆中各种蛋白，还有海鲜过敏，表现在嘴唇、舌头、面部、眼睛，全身的症状是呼吸困难、哮喘等。出现这种情况，将病人转移，离开产生致敏源的环境，轻的可以不治自愈，严重的则需要及时送往医院。

【任务小结】

过敏性疾病在致敏源的作用下，导致出现相应的症状。在现场，迅速将病人脱离致敏源，通过自救互救，减轻症状，控制病情加重。

【练习题】

如何对过敏进行现场急救？

第十四节　低血糖的现场急救

【学习目标】

掌握低血糖现场的判断和现场急救。

【任务描述】

低血糖症是由多种原因引起的血糖浓度过低所致交感神经过度兴奋和脑功能障碍，严重者可昏迷。早期及时补充葡萄糖可使之迅速缓解，晚期将出现不可逆的脑损伤甚至死亡。

【相关知识】

低血糖的现场判断如下。

1. 轻者先有饥饿感、乏力、四肢麻木，情绪不安、面色苍白、头晕、呕吐、心慌、胸闷等。

2. 严重时，大汗淋漓，皮肤湿冷，有时出现抽搐、惊厥、不省人事、大小便失禁、昏迷等。

【任务实施】

低血糖现场急救。

1. 患者低血糖发作时，应立刻停止劳作，坐下或者躺下休息非常重要。

2. 外出旅游时，口袋里要带巧克力或是水果糖等含糖食品。

3. 如果没有吃早餐或是吃得很少，在午餐前如果出现心慌或是饥饿感，需要立即吃几颗糖果。

4. 外出旅游时，出现低血糖症状，如果身上没有带糖果，可以喝一些甜的饮料，或是吃一些含糖类的食物。

5. 如果出现低血糖症状并突然晕倒，应立即让其平躺休息，松开衣服的扣子，并在病人口腔黏膜、牙龈上涂抹含糖食物等。

6. 如经过以上处理，病情未好转或加重，应立即拨打急救电话或送往医院。

【任务小结】

在急救现场，通过现场判断，能及时给予对症治疗。危重者要立即送往医院。

【练习题】

如何对低血糖进行现场急救？

第十五节　哮喘的现场急救

【学习目标】

掌握哮喘的预防和现场急救。

【任务描述】

哮喘是一种常见的呼吸道疾病，诱发哮喘的原因可分为外源型和内源型。外源型哮喘包括变应性（过敏性）哮喘和运动性哮喘，这类病人大都有过敏体质或有家族过敏史，通常伴有过敏性鼻炎、荨麻疹等过敏疾病。而内源型哮喘则包括感染性哮喘等，这类病人很少有家庭及个人过敏史。而引发哮喘的过敏源非常多，花粉、真菌、动物皮毛、蚕丝、昆虫排泄物，以及各种刺激性气体，如煤气、烟雾、汽车废气、油漆、涂料或粉尘等都可激发或加重哮喘。

【相关知识】

一、哮喘的现场判断

气促、咳嗽、喘息或胸闷等症状突然发生或进行性加重，伴有呼吸困难，呈哮鸣音。

二、预防

春夏之交更是哮喘的高发季节，空气中花粉、霉菌孢子等过敏源的浓度增加 6~8 倍。花粉过敏是春夏季引发哮喘的主要因素，避免或减少与花粉接触，是预防哮喘最重要的手段。老人、小孩、有哮喘病史的高危人群在此期间应减少户外活动，尤其是在午间及午后或大风天，此时空气中花粉浓度很高。如果要出去玩耍，则要避免在花丛中逗留时间过长，同时要备好哮喘药物，以防不时之需。

【任务实施】

哮喘的现场急救：

1. 哮喘严重发作或者状态持续，则需要及时进行有效治疗，否则会危及患者生命。

2. 就地让患者坐起，让患者吸入平喘药物，补充水分防止脱水，安慰患者，消除紧张和恐惧心理，注意保暖，保持环境安全。

3. 迅速拨打急救电话，以便及时送往医院抢救。

【任务小结】

哮喘是一种过敏性疾病，因个体不同，过敏源也不同，只有离开了导致过敏的过敏源，病人才能缓解。在现场急救中要让患者离开事发现场，并进行对症处理。哮喘重在预防。

【练习题】

1. 如何预防哮喘？
2. 简述哮喘的现场急救要点。

第七章 急性中毒的现场急救

中毒是指当人体接触某些物质后，引起全身性损害，出现一系列症状和体征。引起中毒的外来物质称为毒物。急性中毒是大量毒物或少量毒性较大的毒物进入人体后，迅速引起中毒甚至死亡。急性中毒发病急骤、症状严重、变化迅速，如治疗不及时，可危及生命。在现场急救中，必须快速作出判断，及时采取急救措施。

一、现场判断

急性中毒发生后，应立即进行现场判断，正确识别急性中毒。

（一）重点询问患者的中毒史和职业情况

1. 是否有在较短时间内出现许多相同症状的人。

2. 了解病人发病时身边有无药瓶、药袋等，中毒症状出现的时间等。

（二）病人的身体状况

1. 不同的毒物急性中毒产生不同的中毒症状。检查时首先查意识状态、呼吸、脉搏、瞳孔及皮肤黏膜等的变化。

2. 病人神志是否清醒，有无反应。

3. 检查呼吸。

（1）病人有无咳嗽、胸痛、呼吸困难，如有多见于刺激性及腐蚀性气体，如强酸、甲醛类的中毒。

（2）呼吸有无气味：如有机磷中毒时有大蒜味，硫化物中毒时有臭蛋味，氰化物中毒时有苦杏仁味，乙醇中毒时有酒味，硝基苯中毒时有鞋油味等。

（3）呼吸加快：见于甲醇、水杨酸中毒时。

（4）呼吸减慢：见于催眠药、麻醉药、吗啡等中毒对呼吸中枢的抑制。

4. 瞳孔情况。

（1）瞳孔缩小：见于有机磷中毒、农药和吗啡类等中毒。

（2）瞳孔扩大：见于阿托品、乙醇、氰化物等中毒。

5. 皮肤黏膜症状。

（1）皮肤及口腔粘膜灼伤：口腔出现糜烂、溃疡等，多见于强酸、强碱引起的腐蚀性损害。

（2）面色发绀：因氧合血红蛋白不足而引起，见于硝酸盐、磺胺、麻醉药中毒。

（3）口唇樱桃红色：是一氧化碳、氰化物中毒特有的表现。

（4）皮肤潮红：多见于乙醇、阿托品、血管扩张药引起的中毒。

6. 循环系统症状。

（1）心律失常：兴奋迷走神经药物如洋地黄、夹竹桃、乌头等引起，兴奋交感神经药物如肾上腺素类药物等引起。

（2）休克：奎宁、奎尼丁等可引起血管源性休克；强酸、强碱可引起低血容量性休克。

（3）心脏骤停：洋地黄中毒，河豚鱼等引起的中毒。

7. 神经系统。

（1）中毒性脑病：多见于有机磷农药中毒、一氧化碳中毒。

（2）中毒性周围神经病：如铅中毒所致的脑神经麻痹。

8. 其他症状：恶心、呕吐、少尿、无尿。

二、急性中毒的现场急救

1. 迅速脱离中毒环境。

（1）吸入性中毒：应立即将病人撤离中毒现场，转移到空气新鲜的地方。

（2）接触性中毒：应立即将病人撤离中毒现场，脱去被污染的衣物，接触的黏膜、皮肤、指甲、毛发等用大量清水冲洗或肥皂水彻底冲洗。

2. 清除尚未吸收的毒物。食入性中毒应尽早清除胃内的毒物，清除得越早，越彻底，病人愈后效果好。

（1）催吐：对神志清醒、能配合的中毒病人，应及早催吐，尽早将已进入胃内的食物排出来，避免毒物的进一步吸收。催吐方法：给病人一次性饮入一杯清水（600 毫升左右），然后用筷子、木棍等刺激咽喉部，造成恶心的感觉，让病人将胃内食物吐出来，反复多次，直至吐出清水为止。

（2）洗胃：是彻底清除胃内毒物的有效方法。也是口服中毒病人抢救成功与否的关键措施。一般由医疗单位进行。

3. 呼救求援。立即拨打急救电话，将病人送往医院，进行下一步治疗。

4. 对昏迷的病人，注意保持呼吸道通畅，将病人头偏向一侧。

5. 对呼吸心跳停止的病人，立即进行心肺复苏。

6. 在现场要保留好病人遗留的毒物及呕吐物等相关物品，以便医院了解中毒的原因，使病人得到及时正确有效治疗。

7. 病情稳定后转送到医院。在转送途中，严密观察病人的意识、脉搏、呼吸等病情变化，同时做好心理安慰，减轻病人恐惧心理。

第一节　急性酒精中毒的现场急救

【学习目标】

通过本节的学习，应了解和掌握以下内容:

1. 急性酒精中毒的表现。
2. 急性酒精中毒的现场急救。

【任务描述】

急性酒精中毒俗称醉酒，是一次性饮入过量的酒精或含有酒精的饮料，引起的以神经精神症状为主的中毒性疾病。先是大脑皮层受抑制，后由兴奋状态转为抑制状态，重者可引起呼吸心脏抑制而死亡。

【相关知识】

一、酒精中毒的现场判断

1. 酒精中毒的患者有饮酒史，呼气、呕吐物中有酒精气味。

2. 一次性大量饮酒中毒可引起中枢神经系统抑制，症状与饮酒量及个体身体差异有关。 主要表现分为三期。

（1）兴奋期。主要表现为容易激惹、多语或沉默，行为粗鲁无礼或有攻击行为，喜怒无常，眼睛发红，脸色潮红或苍白，恶心、呕吐等，此期大多数醉酒者自认为没有醉，继续饮酒，不能克制或无视周围环境安然入睡。

（2）共济失调期。主要表现为感觉迟钝，肌肉运动不协调，躁动，步态不稳，明显共济失调，眼球震颤，复视。

（3）昏睡期。出现较深的意识障碍如昏睡、昏迷，面色苍白，口唇紫绀，皮肤湿冷，体温降低，心跳加快，呼吸变慢有鼾声，瞳孔散大，大小便失禁，呼吸衰竭死亡。

二、注意事项

1. 如果 1 周内使用过如头孢类抗生素、口服降糖药等药物，则严禁饮酒。
2. 照顾醉酒者注意避免撞伤或自己被误伤。
3. 意识不清者需侧卧或侧头，以防呕吐误吸。

【任务实施】

急性酒精中毒的现场急救:

1. 立即阻止继续饮酒。

2. 催吐，可用筷子或其他物品等刺激咽喉部引起呕吐反射，将酒等胃内容物尽快呕吐出来。对于已出现昏睡的患者不适宜用此方法。

3. 卧床休息，头偏向一侧，避免呕吐物阻塞呼吸道。给病人保暖，观察呼吸和脉搏的情况。

4. 如果患者卧床休息后，病情加重，应马上拨打急救电话或送医院救治。

5. 严重的急性酒精中毒，会出现烦躁、昏睡、脱水、抽搐、休克、呼吸微弱等症状，应立即拨打急救电话或送医院急救。

6. 低体温者要注意保暖。

7. 安全防护。兴奋躁动者要做好制动，以免伤害其他人，在运送途中要做好自身安全防护。

【任务小结】

急性酒精中毒的典型特点是呼气时带有酒味，根据这个特点立即作出判断，及早进行现场急救。

【知识拓展】

一、酒精对神经系统的危害

中枢神经系统是对酒最敏感的器官，且越高级的中枢对酒的作用越敏感。

对中枢神经系统，乙醇就像镇静催眠药一样产生抑制作用，并且随着血液浓度的增加抑制作用增强。

大脑皮质是大脑中最高级的部分，皮质下中枢总是处于兴奋状态，大脑皮质的功能就是对皮质下中枢起约束作用。少量饮酒后，大脑皮质首先受到抑制，皮质下中枢由于脱离了管束而兴奋，因此，人表现为轻度欣快、言语增多、戏谑、犹豫和谨慎解除，放纵平时被克制的行为。如果饮酒量进一步增加，皮质下中枢也受到了抑制，兴奋状态消失。饮酒量再增加时，主管觉醒的脑区以及脑干的生命中枢（呼吸中枢和心血管中枢）也受到抑制，产生意识障碍和呼吸、心血管抑制，甚至可致死。这就是饮酒后表现为先兴奋后抑制的原因。

乙醇也抑制主管平衡的小脑的功能。饮酒后平衡能力受损，表现为步态不稳、操作能力和灵活性下降，导致事故和车祸的发生。美国的研究发现，当乙醇血浓度低于 0.05% 时车祸少见，浓度达到 0.08% 时车祸增加 4 倍，若浓度达到 0.15% 时车祸增加 25 倍。美国规定司机的乙醇血浓度不得超过 0.08%。

乙醇对中枢神经系统的作用概括如下。

第一期：欣快期，所有反应的速度和精确度都受到损害，约束能力差，情绪不稳定，易激动，健谈。

第二期：功能损害明显期，口齿不清，步态不稳，各种操作完成得很不准确，自控能力下降，这些变化与当时的情绪、环境和平时的饮酒习惯有关。

第三期：深睡昏迷期，是典型的“酒醉”期，乙醇血浓度可达 0.3%，影响到生命中枢，如乙醇血浓度超过 0.4%，可因呼吸衰竭死亡。

二、酒对大脑的直接损害

神经系统是酒危害的“重灾区”，乙醇易溶于水，而脂溶性低，故乙醇在血液中的含量较高，并且选择性集中于血液供应丰富的器官。

乙醇可通过血脑屏障而进入大脑。成人大脑的重量约为体重的2%，却接受心脏血流量的15%，耗氧量占全身耗氧量的20%。大脑是血液供应最丰富、组织代谢最旺盛的器官。因此，酒在脑内的分布量最多，如果血液中的乙醇浓度为1，那么，肝脏内浓度为1.48，脑脊液中为1.59，而脑组织中的浓度为1.75。所以饮酒后，神经、精神症状最明显。另外，乙醇与卵磷脂（脑组织的主要成分）结合，沉积于脑组织中可长达0.5~1个月，产生长期的毒性作用，所以，经常酗酒，脑组织遭到的破坏也最严重。

长期大量饮酒，脑部必然会出现弥漫性或局部损害，而且会越来越严重。

三、酗酒后的遗忘

酒后忘事是常有的现象。但有些酒依赖者在饮用一定量的酒后，虽然酒量不大，饮酒者也意识清楚，言谈举止大体如常，可事后对饮酒期间及酒后一段时间内发生的事却丧失记忆，表现为顺行性遗忘。遗忘的时间可从数分钟到一两天不等，时间较长者类似于神游症（一种精神病性状态），片段性遗忘似乎与血乙醇浓度骤然增加有关，可发生于初期饮酒者。不过，反复出现片段性遗忘则是酒依赖者的特征性标志之一。

片段性遗忘的出现多无预兆。在片段性遗忘发作期间，表现与一般轻度醉酒者没有大的区别，即刻回忆能力完好，但难以形成长时记忆，因此事后无法回忆。

一般认为，片段性遗忘的诱发因素之一为空腹饮酒而且酒后不眠，继续进行各种活动。研究者进行的神经心理学测验表明，片段性遗忘的发生频率只是反映酒依赖的严重程度及酒依赖的时间，并不能反映大脑有无器质性损害及损害程度。

酒依赖者对片段性遗忘往往处之泰然，或满不在乎，很像癔病患者对症状“泰然漠视”的表现。

四、酒相关性痴呆

酒依赖者中约8%出现痴呆。这种痴呆与其他原因引起的痴呆难以区别。患者的认知能力进行性衰退，学习、利用新知识及解决问题的能力明显受损，远期记忆也受到损害。晚期患者常不注意仪表及社会行为规范，并有易激怒、情绪不稳等表现。

酒相关性痴呆发病早期很隐蔽，往往被家人甚至专业人员忽视。因为患者常常大醉，痴呆的表现往往被醉酒所掩盖，只有当患者停酒并清醒后，痴呆症状才逐渐明朗。

患者的头颅CR常显示脑萎缩，病理检查显示点片状或斑块状的神经细胞变性与死亡，病变弥散于整个大脑皮质。

五、小脑变性

步态不稳、行动笨拙、口齿不清，这几乎已经成为酗酒者的特征，这些都是乙醇对小脑损害的结果。

小脑主管平衡、共济（肌肉间的协调）运动，小脑病变表现为步态蹒跚、不稳，下肢的共济失调较重，而上肢的共济功能相对较好，发音困难及眼球震荡则相对少见。酒相关性小脑变性的病变区域比较局限，但却持久。

共济失调的发生与饮酒量没有直接关系，与个体素质和易感性有关，或与营养缺乏有关。此外，也有人通过动物实验，认为乙醇可选择性对小脑某些部位产生直接的损害。

值得注意的是，有些酒依赖者生前没有共济失调症状，可尸检却发现同样有小脑病变。

六、多发性神经病变

大部分酒依赖者都会出现。

患者的感觉神经、运动神经及植物神经系统均受到损害，神经髓鞘（类似于剑鞘）发生变性，使神经传导速度下降，感觉异常。

多发性神经病变的病变区域两侧对称，两侧肢体的损害程度相同，而且从远端（手、脚）向近端逐渐发展。多发性神经病变进展缓慢，通常先有感觉症状，如轻度感觉异常；症状渐次加重，表现为麻木感、灼热感、蚁走感，感觉异常部位呈手套、袜套样分布，患者的感觉就像总是戴着手套、穿着袜子一样，严重者出现感觉丧失，运动觉、位置觉及足背反射消失。

多发性神经病变的病因有两个：①营养缺乏，主要为维生素 B 缺乏；②创伤，主要是压迫性神经病变。

七、植物神经功能障碍

植物神经是调节内脏功能的神经，植物神经功能障碍主要表现为血压、心率及体温调节的异常。在戒酒综合征中，患者常有血压升高、颤抖、多汗、心动过速，这些都与交感神经系统功能亢进有关。此外，患多发性神经病变的患者，四肢受损区域的皮肤出汗功能丧失。研究还发现，酒依赖者体温调节功能也比正常人差。长期酗酒还可引起迷走神经变性，造成部分患者吞咽及发音困难，严重者心率减慢，且对药物（如阿托品）治疗的反应能力降低。酒依赖者常在睡眠中呼吸暂停或出现睡眠呼吸障碍。据研究，这与饮酒造成中枢神经系统及迷走神经的损害有关。酒依赖者的性功能障碍也可能由于植物神经系统的功能紊乱所引起。

八、酗酒与癫痫发作

酗酒与癫痫发作的关系早在古代就有人注意，但二者之间的复杂关系至今尚未弄明白。酒依赖者中癫痫发作的患病率约为 6.6%~10.6%，比一般人群高。

诱发癫痫发作的因素有如下几方面：①突然断酒；②低血糖；③颅脑外伤或颅内感染。有人对 195 例有癫痫发作史的酒依赖者进行分析，发现其中 59% 是由于断酒，20% 由于头部外伤，5% 由于血管疾病，2% 由于颅内肿瘤。

还有人对有癫痫发作史的酒依赖者进行研究，他们首先将其他原因（如头颅外伤）引起的癫痫发作除外，结果发现，约 90% 的癫痫发作发生在断酒后 7~48 小时，因此认为癫痫发作与戒酒综合征关系密切，并认为断酒后 22 小时是癫痫发作的高峰。但也有人对此提出不同看法，他们发现在酒依赖者中，有 16% 的首次癫痫发作不在戒酒综合征期间，因此认为癫痫发作与戒酒综合征关系不大。

不过，在人体及动物身上进行的研究表明，在戒酒综合征期间，中枢神经系统的活性增强，发生癫痫发作的危险性也相应地升高。

酒依赖者的癫痫发作分为如下几类：①单次发作的癫痫发作，既往无类似发作史，无导致癫痫发作的疾病，且与戒酒综合征无关，占 21%；②戒酒性癫痫发作，占 21%；③因其他原因所致的癫痫发作，占 20%；④复发性癫痫发作，既往无类似发作史，无致癫痫发作性疾病，且与戒酒综合征无关，占 37% 反复饮酒——戒酒——复发，多次经历戒酒综合征，会增加癫痫发作的危险性。

由于癫痫发作的原因及类型不同，治疗原则也要因人而异。对那些与戒酒综合征关系密切的癫痫发作，一般不主张过早使用抗癫痫药；而对反复发作，尤其是既往有类似发作史的患者，可考虑进行系统抗癫痫治疗。但医生必须注意，酒依赖者常常不能严格按医嘱服药，且他们的饮酒行为常干扰抗癫痫药的代谢，影响治疗效果，所以有条件者可定期进行抗癫痫药的血药浓度监测，以观察患者的用药情况。至于低血糖引起的癫痫发作，应急查血糖以资鉴别。

九、其他脑损害

包括威尼克脑病、柯萨科夫综合征等酒依赖者特有的脑病。大多数人认为，维生素 B_1 及其他维生素缺乏是这些病的主要原因。但不少人认为，乙醇对大脑的直接毒性作用也起一定的作用。

【练习题】

1. 如何在现场对酒精中毒的病人作出判断？
2. 酒精中毒的现场急救方法有哪些？

第二节　食物中毒的现场急救

【学习目标】

1. 掌握食物中毒的特点。
2. 掌握现场食物中毒的判断和现场急救。

【任务描述】

食物中毒是指所进食物被细菌或细菌毒素污染，或食物含有毒素而引起的急性中毒性疾病。急性食物中毒在急性中毒中发病率最高。食物中毒有暴发性、共食性、症状典型等特点，在现场发病急，这就要求现场救助者能迅速作出判断，进行有效的现场急救。

【相关知识】

一、急性食物中毒的特点

（一）暴发性

突然发病，发病时间集中，潜伏期短。常常一顿饭后，少则几个人、几十个人，多则上百人，与共餐共食的人数有关。

（二）共食性

吃同一种食物的人发病，没吃的人不发病。发现食物中毒的全都吃过某种相同的食物，没有吃某种食物的人一定不发病。

（三）症状典型

一次暴发中发病的人，症状相同，病人大多出现恶心、呕吐、腹痛、腹泻、头晕无力等。一般在 2~24 小时发病。

（四）停止食用引起中毒的食物，即停止发病

找到食物中毒的原因，停止食用引起中毒的食物，新的发病立即停止。

二、急性食物中毒的现场判断

食物中毒多在进食后数小时内集体暴发，发病呈暴发性，有共食性、典型性等特点。多以胃肠道症状如恶心、呕吐、腹痛、腹泻为主，可伴有发热。吐泻严重的，可引发脱水、酸中毒，甚至休克。

三、预防

1. 注意饮食、饮水卫生，尽量不要在路边摊点就餐，少吃、不吃生、冷食物。

2. 旅行者就餐前，导游一定要仔细检查食物是否腐烂变质。

【任务实施】

食物中毒的现场急救：

1. 一旦发现疑似食物中毒患者，应立即停止进食引起中毒的可疑食物。

2. 卧床休息，采取侧卧位，头偏向一侧，防止呕吐物阻塞呼吸道，引起窒息。

3. 食物中毒具有潜伏期短、时间集中、突然发作、来势凶猛的特点，应立即拨打急救电话或送患者到医院治疗，并同时报告旅游主管部门和卫生医疗部门，请求协助处理。

4. 立即催吐。对中毒不久、无明显呕吐、神志清楚的患者，可用手指或筷子等刺激舌根部引起呕吐，排出毒物。也可喝浓食盐水或生姜水催吐。取食盐 20 克加开水 200 毫升溶化，冷却后一次喝下。也可用生姜 100 克捣碎取汁，加水 200 毫升服下。

5. 导泻。如果中毒者中毒已超过两小时，神志清醒者，可服用泻药，促使受污染的食物尽快排出体外。一般用大黄 30 克一次煎服，对体质较好的老年人可用番泻叶 15 克泡水一次服下。导泻后注意适当补充点淡盐水，以防脱水。

6. 解毒。

如是吃了变质的鱼虾等引起的食物中毒，取食醋 100 毫升加水 200 毫升，稀释后一次服下。如是误食了变质的饮料，最好的方法是饮用鲜牛奶。

7. 经上述急救后，中毒者症状未见好转，或中毒程度较重，应立即拨打 120 急救电话，或尽快将中毒者送到医院。

8. 食物中毒发生后，应保留剩下的食物或中毒者的呕吐物、排泄物等，以便相关人员采集化验。

【任务小结】

掌握食物中毒的特点，在现场作出正确的判断，及时有效地对食物中毒病人进行现场急救，对减轻毒物的吸收、减轻病情起到至关重要的作用。

【练习题】

1. 食物中毒的特点是什么？

2. 怎样判断食物中毒？

3. 简述食物中毒现场急救要点。

第三节　急性一氧化碳中毒的现场急救

【学习目标】

1. 掌握急性一氧化碳中毒的特点。
2. 掌握急性一氧化碳中毒的现场判断。
3. 掌握急性一氧化碳中毒的现场急救。

【任务描述】

一氧化碳中毒又称为煤气中毒。一氧化碳是含碳物质燃烧不完全时的产物，是一种无色无味的气体，不容易被觉察，经呼吸道吸入引起中毒。在短时间内吸入过量的一氧化碳后，如救治不及时，病人很快因呼吸抑制而死亡。

【相关知识】

急性一氧化碳中毒的现场判断：

首先了解病人有无一氧化碳吸入史，再根据病人的症状判断中毒的程度。急性一氧化碳中毒的症状与空气中一氧化碳的浓度成正比，与吸入时间长短有关。

1. 轻度中毒：病人表现为头痛、头晕、四肢乏力、心悸，甚至出现短暂性晕厥等。此时，患者神志清楚，若能及时脱离现场，吸入新鲜空气，症状很快消失，常不留后遗症。

2. 中度中毒：随着中毒时间的延长，病人除上述症状外，中毒者可出现皮肤黏膜呈煤气中毒特有的樱桃红色，呼吸困难，烦躁、谵妄、昏迷。如抢救及时，中毒者可很快清醒，且无明显并发症，可完全恢复，不留后遗症。

3. 重度中毒：发现时间过晚，吸入一氧化碳过多或在短时间内吸入高浓度的一氧化碳，病人此时出现深度昏迷，各种反射消失，病人能睁眼，但大多处于无意识状态，不语、不动、不主动进食，呼之不应，推之不动，此时生命垂危，死亡率高，幸存者多有不同程度的后遗症，多遗下痴呆、瘫痪而丧失劳动能力和生活能力。

【任务实施】

急性一氧化碳的现场急救：

临床上治疗急性一氧化碳中毒安全有效的治疗方法是高压氧舱治疗法。救护者在现场给予及时处理，根据病人情况快速送往医院，以赢得后期治疗的时间。

1. 确定环境安全。判断现场环境，确保自身安全，不得贸然进入危险现场。

2. 轻度中毒患者，可采取自救，打开门窗通风，立即呼救，迅速离开现场，吸入新鲜空气。一般轻度患者离开现场，吸入新鲜空气数小时后，病人可完全恢复。

3. 对中毒较重患者，应立即将病人移到空气流通的地方，有条件的给予吸氧。有意识障碍的要保持呼吸道通畅，采取合适的体位，解开衣领和腰带，以防误吸和舌后坠。

4. 如病人无意识，无呼吸，应进行心肺复苏。

5. 及时送往医院，进行下一步治疗。

【任务小结】

掌握急性一氧化碳中毒的特点，正确作出判断，迅速将患者移到空气流通地方，根据病人情况对症处理，快速送往医院。做到早发现、早治疗，能使病人完全恢复，否则会使病人终身遗憾，丧失了生活和工作能力。

【知识拓展】

急性一氧化碳中毒常见于生活性中毒和职业性中毒。一氧化碳经呼吸道进入人体血液后，与血红蛋白结合，形成稳定的碳氧血红蛋白，使血红蛋白丧失携氧的能力和作用，造成组织细胞缺氧。中枢神经系统对缺氧最为敏感，对全身的组织细胞均有毒性作用，尤其对大脑皮质的影响最为严重。

【练习题】

1. 如何判断急性一氧化碳中毒？
2. 如何对急性一氧化碳中毒进行现场急救？

第八章

旅游意外求生技能

【学习目标】

通过本章的学习，了解和掌握以下内容：

1. 了解旅游安全的特点和表现形式。
2. 掌握旅游安全的防范措施。
3. 掌握常用求救方法的内容以及使用。
4. 掌握野外求生的技能。
5. 掌握空难事件的生存技能。

【任务描述】

旅游是处在一个开放性中的活动，旅游涉及的人和旅游的各个环节都容易出现安全问题，给旅行者和旅游企业均带来损失，甚至危害游客的生命安全，阻碍旅游企业的发展。旅游安全是旅游企业的生命线，是人们生命和财产的保障。在旅游活动中做好应急救助尤为重要。特别是重大灾难事故发生时，导游的救护技能和游客自我求生技能，在面临险境时，可增加生存能力，得以保存生命，避免更大的危险发生。

第一节　旅游安全问题

一、概述

旅游是人们根据自己的目的选择到异地旅行的活动。旅游活动是一种开放性的活动，在旅游过程中随着日常生活的规律被打破、气候的变化、饮食生活习惯改变等，很容易引起游客身体不适或疾病的发生以及意外事故发生，这些将会给游客带来痛苦，甚至危及生命。

旅游事故的出现，不仅影响旅游活动的顺利进行，而且可能带来巨额经济损失；旅游安全对旅游业来说，是旅游业发展的基础，是旅游活动顺利发展的保障，也是旅游业发展的前提。没有安全就没有旅游，所以说旅游安全是旅游业的生命线。在旅游活动中，加强防范及现场急救非常重要。

二、旅游安全的特点

做好旅游安全工作，掌握旅游安全的特点至关重要。旅游安全的特点表现在以下七个方面。

（一）集中性

从旅游活动环节看，旅游安全问题集中在旅途与住宿活动环节。按照旅游六要素食、住、行、游、购、娱的特点，旅游安全集中表现在交通事故、突发疾病、火灾、食物中毒、旅游设施事故等方面。

（二）广泛性

旅游安全广泛地存在于旅游活动的六个环节中，涉及社会生活的方方面面，几乎所有的环节都有安全隐患存在，几乎任何类型的旅游者都可能面临旅游安全问题。

（三）巨大性

旅游安全问题不仅将使旅游者蒙受经济损失和遭受生命威胁，而且旅游企业除了名誉损失和财产损失外，还会影响旅游安全问题发生地全部旅游企业的发展。例如，2008 年 5 月 12 日，四川汶川县发生的 8.0 级特大地震灾害造成团队游客 54 人遇难（其中台湾游客 1 人、国内游客 53 人），受伤 25 人；因灾受困游客达 55487 人，其中旅游团队游客 10386 人、散客 45101 人；旅游系统因灾损失 533.69 亿元人民币，其中四川损失 528.31 亿元，陕西损失 2.9 亿元，甘肃损失 1.81 亿元，重庆损失 0.25 亿元，云南损失 0.41 亿元。各类旅游安全事件给旅游企业和国家形象及声誉带来极大的影响。

由于危害和破坏的巨大性，旅游安全问题产生后，对旅游者造成较大的影响并进而影响到潜在旅游者对目的地的认知和决策行为。

（四）隐蔽性

隐蔽性表现在：旅游业由于各种社会的和自然的因素影响，潜在着许多危险和不安全因素，旅游行业和旅游活动的各个环节中都可能存在着潜在的旅游风险。

（五）复杂性

复杂性表现在：旅游是处在开放环境中的活动，多在公共场所和户外活动。例如旅游饭店作为一个公共场所，每天有大量的人流，鱼龙混杂，同时也是藏污纳垢的地方，饭店安全管理涉及的环节和人员复杂而众多。因此，旅游安全工作表现出极大的复杂性。

（六）特殊性

特殊性表现在：旅游活动中，旅游者为了追求精神的愉悦与放松，常常对安全防范有所放松，发生意外和疾病较其他行业为多，并有其自身的规律性和特殊性。

（七）突发性

发生在旅游活动中的各种安全问题，往往带有突发性。旅游活动中的许多安全问题都是在极短的时间内、在毫无防备的状况下发生的。旅游中的自然灾害也具有突发性。

旅游风险可能是来自旅游目的地的自然环境或社会环境，也可能来自旅游者自身和旅游组织者等各个方面。因此，这就要求旅游企业和导游在平时有处理各种突发事件的准备及应急知识及技能的储备。只有这样，才能在突发旅游安全问题时临危不惧。

三、旅游安全的表现形式

在旅游活动安全问题中， 涉及社会生活的方方面面。旅游安全中意外情况和疾病常表现在以下几个方面：

（一）突发疾病

旅途劳累、旅游异地性导致“水土不服”和客观存在的食品卫生问题等，可能诱发旅游者的疾病或导致食物中毒及原有疾病复发或加重等。

（二）交通事故

在旅游业运行各环节中，旅游交通是安全问题影响最大的环节之一。旅游交通事故往往具有毁灭性。按照交通形式，旅游交通事故可分为：

1. 道路交通事故。

有关资料显示，我国每年因交通事故死亡人数均超过 6 万人，20 多万人在事故中受伤，每年因交通事故所造成的经济损失达数百亿元。 中国每 5 分钟有一人因车祸死亡，每一分钟有一人因车祸伤残，每天死亡 280 多人，汽车数量占世界 1.9% ，车祸死亡人数占世界 15%, 且每年增加 4.5%。自 1899 年发生第一起有记录车祸以来，全球车祸累计死亡 3000 万人，超过第二次世界大战死亡人数。

2. 高速公路交通事故。

随着高速公路的发展，重特大交通事故呈急剧上升之势。公路越好，发生交通事故的越多。

3. 航空事故。

相对于其他交通方式而言，航空交通相对安全，但对民航客机而言，任何事故都可能是灾难性的。航空事故伤亡率高，因为一旦发生飞行事故很少有生还者，原因是事故少但严重程度高

4. 水难事故。

指在水体中出现的安全事故，随游轮、竹排等水上交通和水上旅游项目的出现而出现，包括海难、内河（湖）安全事故等。水文景观是我国非常重要的旅游资源。我国不少水文景观旅游地，因地处海、河、湖泊，客观上存在不少水上游览安全隐患。严重超载是沉船事故的主要原因。

5. 缆车等景区交通事故。

缆车索道虽然使旅游景区提高了区内交通的便力度，但容易使游客大量集中于容量有限的景区而引发安全问题。

（三）火灾与爆炸

近年来火灾事故发生频繁。虽然旅游业中因火灾与爆炸死亡的人数较低于旅游交通事故，但是火灾与爆炸往往造成严重的后续反应，如基础设施破坏、财产损失等，甚至

造成整个旅游经济系统的紊乱。

（四）自然灾害

自然灾害是旅游活动中相对于人为灾害，由天气、洪水等不可控的自然原因引起的安全问题，是旅游安全的常见表现形态之一。

四、旅游安全的防范

旅游本是一种享受大自然美好的过程，但是由于旅游安全的特点，旅游各个环节中都存在风险，旅程中可能出现各种危险，甚至危害生命，所以做好防范是关键。在旅游前，旅游者要做好充分必要的准备工作来面对意外突发情况，才能充分享受旅行的乐趣。

1. 思想上，时刻要有危险意识，防范意识，敬畏生命，尊重生命。

2. 要储备个人体能，以应对险恶环境中给人体造成的伤害。

3. 要具备基本必要救护知识及自救技能。

4. 携带安全合适的旅游用品。

（1）带足生活用品：根据旅游目的地气候选择合适的衣服和鞋子。穿宽松棉织的衣服，禁止穿化纤类衣服，以防止在火灾时，烧伤身体。准备合适的鞋子，可防止长时间不变的姿势导致的脚踝、足部肿胀。

（2）带足食品和纯净水、零食、压缩饼干、口香糖。

（3）野外宿营的帐篷、睡袋等，登山攀岩需要的用品，望远镜、多功能手表等。

（4）防晒用品：包括防晒霜和遮阳帽；此外还应带一副墨镜，墨镜的镜片以浅棕色为好，因为镜片过深、边框过宽都会影响视线。

（5）通信定位设备：

①行程表，自己带一份，给家人留一份，让家人知道自己身处何处。

②指南针、地图，以备不时之需。

③手机是出游的重要通信设备，要备足充电设备和电池。

④照明用具包括头灯和手电（备足电池）、防风打火机或防潮火柴。

⑤急救用品：在旅游中，各种意外伴随其中。带上急救用品，能帮助在意外情况下进行自救和互救。

a. 绷带和三角巾，绷带用于外伤、出血、骨折等情况；三角巾适用于全身各处外伤和出血的包扎和固定。

b. 无菌敷料、棉垫和棉球，主要用于覆盖伤口和止血。

c. 各类外用用品：消毒药水如碘伏、棉签、创可贴、胶布。

d. 各种药物：如感冒药，抗生素，胃痛药，止泻药。外伤药：如蛇药、云南白药、眼药水、烫伤膏、清凉油、风油精等。

五、迷路应对措施

当旅途身处险境或脱离旅游团队时，旅游途中常常会发生各种意想不到的情况，如天气变化、交通受阻、迷路或与团队失去联系等。

在欣赏大自然美好的风景时，不知不觉迷了路，当意识到迷了路，其实已身处绝境。因没有在路上留下任何标记，很难找到回头路。

1. 首先要冷静，停止前进。当迷路时间不长，可以大声呼叫其他队员。如果手机有信号，马上和其他队员联系，请求救援。如与同伴或救援队伍取得了联系，就要在原地或有明显标志物的地方等待救援。

2. 万一手机没有信号，未与同伴或救援队伍联系上，那就要停下来，不要到处乱窜，不到乱喊乱叫，要保存体力。

3. 冷静地仔细回忆一下刚才走过的路，是否见过有特征的泉水、大的岩石、大树、河流、洞穴、怪峰、岔路口等明显参照物，分析是在哪里走错了路，然后凭自己的记忆寻找自己走过的路，尽可能地退回到原来的路线上。千万不要心存侥幸盲目去试别的新路，只会越走越增加难度。在发现迷路的时候，自己离开原有的路径一般不超过 20 分钟。

4. 如果已经找不到原来的路，可试着找一条河流或小溪，顺着溪流走，因为道路、居民点常常是临河而筑的。

5. 如果找不到原来的山路了，再登上附近较高的山。如判断不准方向，可先登高远望，根据太阳或远方的村庄、水库、公路等参照物，判断大致方向，选择合适的并且容易辨认的目标，确定应该向什么方向走。若自己无法判定方向，则应朝地势低的方向走，寻找下山的路，这样容易碰到水源。

6. 在植物茂密的山林中判断不准方向，可爬到高树上设定远处的参照物来确定走出去的方向。

7. 如果在返回的路上看到了岔路口，首先要确定自己要去的目标，然后选择正确的道路。若几条道路方向大致相同，无法判定时，则应选择先走中间那条路，这样可以留有余地，即使走错了路也不会偏离太远。要不时回头看一看自己选择的参照物的距离和方向。

8. 如果到了晚上还没有走出去，最好不要夜行，就用手电筒发出求救信号。仍然没有得到救援，应尽快找好晚上宿营的地方，等到天亮继续朝一个方向走，从而走出险境。

六、做好迷路的预防

1. 在野外旅游时，为了避免发生迷路，在旅行前，要充分准备好通信定位装置和携带罗盘、地图等野外必备用品，找当地有经验的向导随行。

2. 在陌生的环境中前行时，走在前面的领队应注意对地点和物体特征的辨认，并做好标记。遇到岔路应做提示，并控制行进速度，防止有队员掉队。随时跟后面的队员保持联系，前后队员可通过呼喊或吹哨等方式联系。

走在后面的队员一定不要掉队，当看不到前面的队员时，应立即跟队伍联系。千万不能掉队，要紧跟队伍，看得到前面的队员或听得到前面队员的谈话声音。

3. 中途有队员身体不适或大小便需要短暂停留时，一定要告诉前面的队员停止前行，让他们等待。

4. 如是下雨、下雪或有雾的天气时，应停止野外活动。夜间如需在营地附近活动，一定要与留守人员保持联系。决不要离开营地太远或擅自活动。

5. 为应对迷路及不可预知的紧急情况，要做好充分的准备工作，记下当地居民和公安、医院等重要的电话号码。

6. 在野外中行进前都要仔细检查是否将必备物品带在身上，特别是应急食品、急救包、火柴（打火机）和刀。各小组分组活动时要随时保持联系，相互不要离开太远，便于发生意外时得到相互救助。野外旅游时电源紧张，要做好队员轮流使用手机分配计划，以节省电源。

7. 如有回光仪，在遇险时可向飞机发送反射光求救信号。使用时将镜面对着太阳，通过回光仪中间的小孔瞄准要联络的人或飞机，轻轻旋转镜面，将反射光信号传递给对方。

七、户外天气预测

在户外进行天气预测，根据天气安排行程，以减少意外事故的发生。

判断方法：

1. 远山可见，提示天晴；近山模糊，提示有雨。因为空气干燥，天气晴朗，远山才看得见。

2. 能清楚听到列车的声响，会下雨。因在天气阴沉时，白天与晚上的温差较小，声音容易传远。

3. 看到猫洗脸，会下雨。因为猫用前脚洗脸的动作，是因为下雨时，空气湿度增高，跳蚤在猫身上活动。

4. 冬天雷鸣时，会下雨。面临海岸，冬天有雷鸣时，西北季风吹来，会降大雨。

5. 春天吹南风，易引起雪崩。温暖的南风，易造成冬去后未解冻的雪崩坍。

6. 空气中有泥腥味或香味时，很可能将要下雨。而下雨时，若泥腥味特别浓，一两天之内天气很难放晴。

7. 霜受到朝阳照射，发出灿烂光彩，会天晴。

8. 朝霞不出门，晚霞行千里。

9. 夜晚，注意月亮颜色，如果青或红，一般次日可能有雷雨；倘若月亮周围有白云结成圆光，次日可能有大风。

10. 青蛙鸣叫不停，表示湿度大，会下雨。青蛙皮薄，能够敏锐感到湿度的变化，因此比平常叫得更激烈，表示湿度大，就会下雨。

11. 燕子、蜻蜓低飞，可能会下雨。

12. 鱼儿跃出水面可能会下雨。远处天气转坏，迅速传到水中，鱼吃惊而跳跃起来。

13. 蚯蚓钻出地面、蛇挪窝、蚂蚁搬家都表示可能下雨。因为天气转坏，湿度增加，地面变暖，蚯蚓就会钻出地面来。

14. 早上看到蜘蛛网上有水珠，表示今天是晴天。天气好的时候，白天与晚上的温差就会变大，遇到冷空气的水蒸气，就变为小水滴。

第二节 求救信号

在野外旅行时，生存环境非常险恶，各种灾难不期而至。对野外生存者来说，及时了解自己所面临的困境，告诉别人，寻求救援，是非常重要的。通过各种方式与别人取得联系，发出的信号要足以引起人们的注意。

获得援救的首要前提是使他人知道你的处境，告知别人你的位置，并努力取得联系。国际通用的求救信号，英文字母“SOS”（SAVE OUR SOUL）是最为人熟知的。信号可以直接在地上写出，也可通过无线电、灯光、声响等方式发出。

一、信号种类

（一）火光信号

火光作为联络信号是非常行之有效的。为能达到传递信号的可靠和有效程度，根据自身遇险时的情况，在白天，可在火堆上放些苔藓、青嫩树枝、橡皮，淋上汽油等使其产生浓烟；晚上可放些干柴或干树枝，使火烧旺，使火升高。

1. 国际通用的火光信号方式是燃放三堆大火，将火摆成三角形，每堆之间距离相等最为理想。

2. 若燃料凑不足，或者自己伤势严重，或者由于饥饿，过度虚弱，也可只点一堆火。为防火势蔓延，火堆附近应围小墙。

3. 因为野外燃料有限，所有的信号火种不可能全天燃烧，所以应随时准备好，保持燃料干燥，一旦有任何飞机路过，就迅速点燃求助。

4. 若附近有河流，也可扎三个小木筏，将火种放在上面，并在两岸固定，沿水流方向摆成箭头状。

（二）浓烟信号

浓烟是最好的定位方式，浓烟升空后会与周围环境形成反差，易引人注目。

在火堆上添加绿草、绿叶、苔藓或任何其他湿的物品，都可形成亮色浓烟，这种方式适用于丛林。在火堆上添加汽油与橡胶会形成黑色浓烟，这种方式适用于雪地或沙漠。

如果你有烟雾手榴弹，你可以使用它们，模式和用火一样。一定要保持手榴弹干燥，确保需要使用时它们有效，使用时注意不要点燃周围的植物。

（三）地对空目视信号

信号至少长 2.5 米，并尽可能使之醒目。

用布带条、保险伞材料、木片、石块之类，表面用机油涂刷或加以踩踏等，都可当作信号使用。还可同时使用其他方法，如无线电、火光、烟或反光等，以引起对上述信号的注意。

下面所列字母是国际通用的紧急求救信号，“FILL”可以帮助你记住其中主要的信号。单个一根木棒“I”最为重要。尺寸是每个信号长 10 米、宽 3 米，每个信号间隔 3 米。

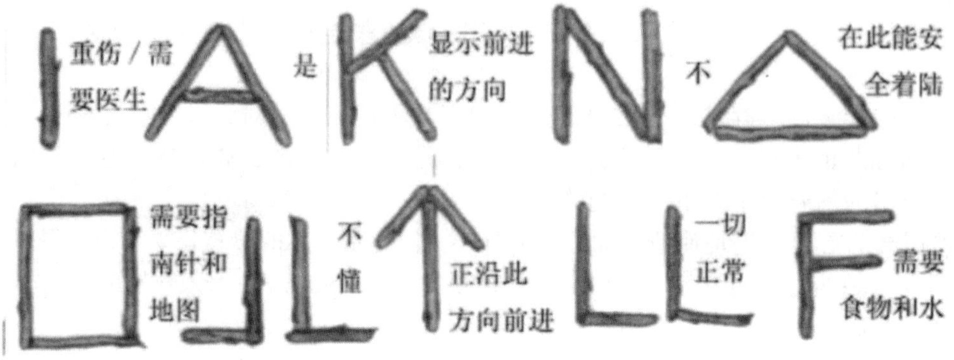

图 8-1　地对空信号

（四）身体语言信号

当搜索飞机较近时，可用肢体语言表达遇险者的意思。

当直升飞机来救援时，要用正确的信号将直升机引向平整坚固、没有植被、整洁无阻碍的地面。

准备动作：取下帽子，一只脚前跨，时刻准备转身。注意从身前到两侧的位置改变、腿与身体姿势的运用、手部的动作。

图 8-2 身体语言信号

（五）莫尔斯信号

莫尔斯信号代码是一种国际代码。每个字母间应有短暂停顿，每个词组间应有明显停顿。

通用远程表达方式：

求救方式一：发出声响，三短三长三短（. . . _ _ _ . . .）。

求救方式二：灯光，如手电，三短三长三短（开关灯）。

（六）旗语信号

用一面旗子或一块色泽亮艳的布料系在木棒上，持棒运动时，在左侧长划，右侧短划，加大动作的幅度，做“8”字形运动。如果双方距离较近时，不必做“8”字形运动，一个简单的划行动作即可：在左侧长划一次，在右侧短划一次，左侧比右侧用时要长些。

（七）声音信号

如隔得较近，可大声呼喊，三声短三声长，再三声短；间隔 1 分钟之后再重复。如隔得较远时，可击打石头或树干，方法同上。

（八）信息信号

当离开失事地点或营地时，留下一些信号物。

制作一些大型的箭头形信号，表明自己的前进方向，且这些信号在空地中也能一目了然。再制作其他一些方向指示标，使地面搜寻人员可以理解。

地面信号物使营救者能了解你的位置或者过去的位置，方向指示标有助于他们寻找你的行动路径。一路上要不断留下指示标，这样做不仅可以让救援人员追寻而至，在自己希望返回时，也不致迷路。如果迷失了方向，找不着想走的路线，指示标就可以成为一个向导。

1. 将岩石或碎石片摆成箭形。
2. 将棍棒支撑在树杈间，顶部指着行动的方向。
3. 在一卷草束的中上部系上一结，使其顶端弯曲指示行动方向。

4. 在地上放置一根分叉的树枝，用分叉点指向行动方向。

5. 用小石块垒成一个大石堆，在边上再放一个小石块指向行动方向。

6. 用一个深刻于树干的箭头形凹槽表示行动方向。

7. 两根交叉的木棒或石头意味着此路不通。

8. 用三块岩石、木棒或灌木丛传达的信号含义明显，表示危险或紧急。

（九）反光信号

在晴天，利用阳光和一个反射镜即可射出信号光。可用罐头盒盖、玻璃、水杯等，用镜子是更可靠的反光物品。持续反射将规律性地产生一条长线和一个圆点，这是莫尔斯代码的一种。即使你不懂莫尔斯代码，随意反照，也可能引人注意。无论如何，至少应掌握 SOS 代码。 即使距离相当遥远也能察觉到一条反射光线信号。注意环视天空，如果有飞机靠近，就快速反射出信号光。这种光线或许会使营救人员目眩，所以一旦确定自己已被发现，应立刻停止反射光线。

（十）手电筒或闪光灯

晚上可以使用手电筒或闪光灯向飞机发出 SOS 求救信号。

（十一）星状烟火信号弹

红色是国际通用的危险颜色，所以如果可能的话，使用红色的烟火信号弹，不过任何颜色都可以使救援人员发现你的位置。星状烟火信号弹射程高度达 200~215 米，可持续燃烧 6~10 秒钟，下落速度为每秒 14 米。

（十二）天然材料和就地取材

如果没有其他方法，你也可以利用天然材料如灌木、树叶、岩石、雪块或现场就地取材等。

1. 在积雪覆盖的地区，可以使劲踩踏雪，踩出一些字母或符号之后，将一些可以形成对比的材料，如树枝等，放入字母或符号中。

2. 在沙地，用砾石、植物或者海藻来组成图案。

3. 在灌木丛生的地区，按照想要的图案将灌木砍掉，或者将地面烧焦。

4. 在苔原地区，挖掘沟渠，或者将草皮翻过来。

5. 不管在什么地区，都要用有对比的材料来布置信号，这样才能让飞机上的机组人员看到。

6. 飞机残骸。坠机后我们可以找到很多有用的信号源，如燃油、轮胎及一些可燃或绝缘材料，燃烧它们形成大火或浓烟。还可以利用飞机的玻璃、整流罩、救生衣、滑梯等有反光作用或色彩鲜艳的物品堆放在我们周围，以引起搜寻者的注意。

7. 哨子。为声响信号的理想手段。在求援时，除通行的 SOS 信号外，还可用 1 分钟发出 6 次哨音（也包括挥舞 6 次，或 6 次闪光）间歇 1 分钟，再重复的方式。

8. 漂流瓶。在海上释放漂流瓶可能太富想象力，但是在小溪中放一个刻有 SOS 求救字样的漂流瓶或木块等，或许还是一种引人注意的方法。

（十三）使用绳索

日常生活中绳索可作系扎与固定之用。在求生过程中绳索可用来进行攀爬与救援，帮助旅游者克服各种复杂地形。以下介绍三种救援中实用的绳索方法，导游应学会并牢记正确的操作与使用方法。不正确的系扣方法，有时会引致危险的发生。

1. 单套环

单套环制作快速，承受力强，可用于各种需绳环固定的场合。

（1）用一根带子活端制作一个反手结。

（2）将带子的另一活端沿反手结的运动轨迹的相反方向穿越此结。

（3）活端应该恰好在结内，这样，拉紧时活端就不会滑落。

2. 环中环

此环用于支撑或拉出缝隙或其他难以爬出的地方的遇险者。用其中一环绕过臂部，另一环绕过上体即可；也可将两腿放入环中，手抓牵引绳索。

（1）将双股绳索弯曲成一环，将活端穿过此环。

（2）将活端向下，然后套过双层环，轻轻移至固定部分后面，拉动大的双层环，使其变紧。

3. 绳梯结

（1）此结用于光滑绳索上，按一定间隔连续打出多个反手结以利于使用绳索进行攀爬。绳索的末端留出一截合理的长绳，在一根短树枝或圆木末端用绳索打出一个半结。

（2）沿着圆木连续制作一些松弛的半结。

（3）将留出的绳端向后依次穿过所有的环，然后将所有的环滑下圆木末端；

（4）将每个绳结依次穿过半结，另一端固定，系紧每个结。

（十四）想象力

如果不幸陷入险境，努力开动脑筋，用你能想象的任何方式发出求救信号，这将有助于你走出险境。

二、辨别方向

在旅行中，迷失了方向，需要我们正确辨别方向，才能寻找正确的路程，尽早脱离危险之境。以下介绍几种实用的辨别方向的方法。

（一）确定方向

在手中没有指南针的情况下，首先要确定北方，然后按照“面北背南左西右东”的方法确定东南西北。在白天晴天时，按照北半球太阳东南升起西南落下的自然规律来辨别方向，找到出路。

（二）影钟法

无论身处南半球还是北半球都可用树影移动来确定，北半球树影以顺时针移动，南半球树影以逆时针移动。

1. 在一块平地上，在太阳足以成影的时候，竖直放置 1 米长的垂直树干。在树干影

子的顶端用石块或树棍做好标记，标明树影所在位置。树杆的影子会随着太阳的移动而移动。15 分钟后，再标记出树干顶端在地面上新的投影位置。两点间的连线会给出东西方向，再到这条线的中点划一条与之垂直的相交的直线，这条直线就是南北方向线了。左脚踩在第一标记点上，右脚踩在第二标记点上，这时站立者的正面即是正北面，背面为正南方，左手是西，右手是东。这种方法适用于经纬地区。一天中的任何时间，都可用它检测你移动的方向，只是必须有阳光。

2. 如果你有时间，还可以用另一种更精确的方法——标出第一个树影顶点，以树干所落点为圆心，树影长的半径作弧。随着午时的来临，树影会逐渐缩短移动；到了下午，树影又会逐渐变长。标记出树影顶点与弧点的交点，弧上这两点的连线会为你提供准确的东西方向——早晨树影顶点为西。

3. 手表法。传统的手表有时钟和分钟，可用来确定方向，前提是它表示的是确切的当地时间（没有经过夏时制调整，也不是统一的跨时区标准时间）。越远离赤道地区，这种方法越靠谱，因为如果阳光几乎是直射的话，很难精准地确认方向。

（1）北半球：将表水平放置，时针指向太阳，时针与 12 点刻度之间的夹角平分线指明南北方向。

（2）南半球：将表水平放置，将 12 点刻度指向太阳，12 点刻度与时针指向间的夹角平分线指明南北方向。

4. 简易指南针。一截铁丝（缝衣针即可）反复同一方向与丝绸摩擦，会产生磁性，悬挂起来可以指示北极。磁性不会很强，间隔时间需要重新摩擦，增强磁性。

如果你有一块磁石，会比用丝绸更有效。注意沿同一方向将铁针不断与磁石摩擦。

用一根绳子将磁针悬挂起来，以便不影响平衡，但不要用有纽结绞缠的绳线。

5. 晴朗的夜晚，是利用星宿识别方向的最好方法。在北半球，通常以北极星为目标，认识北极星的方法有很多种，其中简单有效的方法是：找寻勺状的北斗七星，把斗头上的两颗星之间的连线，从斗底向斗口方向延长五倍，就能找到北极星了，因此这两颗星被称为“指极星”。北极星所在的方向就是正北方。

6. 阴天的时候，可以靠树木或石头上苔藓的生长状态获取方位。在北半球以树木而言，树叶生长茂盛的一面是向南的方向，树叶稀疏的一面是向北的方向；以植被而言，植被较少的一面是朝阳的方向，植被较多的一面是背阴一面；以岩石上的青苔而言，岩石上布满青苔的一面是向北的方向，干燥光秃的一面是向南的方向；如果找到树桩，年轮辐度较宽的一方是向南的方向。

7. 其他。我国稳定的季风现象也可以用来辨别方向。冬季多是西北风，夏季多是东南风，利用当地定向风的特点，查看树干倾斜方向也可以辨别方向，即如果定向风是西南风，树干倾斜的方向就是东北方向。还可以按蚂蚁穴的洞口方向辨认，多数的蚂蚁洞口是朝南的。

方向的辨别技巧是平常生活的积累和总结。平时外出要养成随时参考地图和指南针的习惯，同时注意观察周围的地形以及植被，来判断正确的位置，这样野外旅行时就会有一些辨别方向的经验，不至于迷路慌张。

三、误入沼泽的急救方法

野外旅游时，无论是在高地还是在低处，都有可能遇到沼泽地，不小心掉进去，就会有生命危险。在潮湿、松软、泥泞的荒野地带，如看见寸草不生的黑色平地，就要留心这个地方就可能是沼泽。此外，有青色的苔藓，苔藓像地毯一样布满泥沼表面，这是沼泽最危险的陷阱。

1. 当你在行走过程中，一旦发生双脚下陷，身体立即后倾，轻轻向后倒下躺在地上，尽量张开双臂以分散重心，并能增加浮力。不要放下背包或脱下外衣，这些物品可以增加浮力。

2. 如果有手杖或木棍，可插在身体下面的泥土中，也可将手中的水壶、雨伞放在身下。移动身体时一定要小心谨慎，快速地移动会使泥土之间产生空隙，把身体吸进深处，因此每做一个动作都要慢慢进行，让泥有时间流到四肢下面。

3. 如有同伴同行，应躺着不动，等同伴抛绳子、皮带、棍子等过来，把自己拉出来。自己不要乱动，要保存体力。

4. 如果只有自己一人时，朝天躺下后，轻轻拨动手脚下面的泥土，用仰泳的姿势慢慢移向硬地。

5. 如果身旁有树根、草丛，可借外力移动身体，但要有耐心，千万不要惊慌害怕，冷静地移动，直到移出危险地带。在身体感到疲倦时，可伸开四肢，这个姿势会保持身体不下沉。

第三节　野外求生技能

遇到紧急意外情况时，幸存者必须面对诸如地形和气候之类的困难，竭尽全力以保全生命，求得生存的机会。

生存的首要条件是要有强烈的求生的欲望、求生的知识和技能，以及拥有强健的身体。现场人员必须有能力使自己和其他共同患难者保持乐观的精神；作为导游和空中乘务员还应懂得如何获得水、食品、火种等生存的必须物品和容身之地，如何呼救以吸引营救人员，如何在没有援助时获得安全的保护或脱离险境；乘务员还应掌握保存体能的方法，以及避免受伤和对付疾病的方法，以便帮助那些比自己更不幸的人们。

求生技能，并不仅仅指应付空难之类的极端情况的技能。在生活中，求生技能随处可见。例如，在起飞和下降时系上安全带，这就增加了空难发生时的幸存机会；过马路时左右看一下，临睡前检查煤气阀和门窗等，实质上是本能地运用求生技能的体现。我们应该将这些技能变成一种良好的习惯。

一、空难求生方法

在空难发生后的求生过程中，必须牢记以下的求生方法。

（一）迅速撤到安全地带

1. 如果飞机有起火或爆炸的可能时，必须远离飞机（至少保持 100 米）并呆在风上侧处直至危险过去。

2. 为了便于搜救，当危险过去后，向飞机的着陆地点移动。

3. 不要惊慌失措地奔向未知区域，设法与其他幸存者保持联络。

4. 除非身处毫无遮蔽的空旷地或危险之中，否则没有必要另选安全地带。

5. 不要将山顶或山腰作为避难之所，地势低的地方更易建遮体设施。

6. 不要全体出动去寻找安全地带，应分组行动；不要单干，应相互保持联络并做好路标，以便顺利返回。

7. 离开失事地点时，应做好标记，以便营救人员寻找。

（二）携带有用物品

1. 尽可能多地带上饮料、食品、毛毯，以便更好地抵御未知的困境。

2. 带上医疗救护用品，如药箱、急救箱、氧气瓶。

3. 带上信号器具，如手电筒、麦克风、信标机，以便发求救信号。

4. 带上旅客舱单，用于确定受伤、死亡、失踪者。

5. 带上客舱乘务员手册，从中获取有关求生的指导方针，至少纸张还是一种很好的引火材料。

6. 如果飞机已无进一步危险，可设法返回机舱获取更多的有用物品。

（三）救护伤员

1. 应将伤员一起转往安全地带。

2. 区别优势，展开救护，首先是呼吸困难者，然后依次是大出血、骨折和惊恐患者。

3. 如有死者，应与生还者分开。死亡会制造恐怖气氛，这样做有利于幸存者安宁。

（四）采取保护措施——建掩体

1. 尽可能利用天然场所和手边的材料来建立、加固和扩充掩体。

2. 身处空旷地带时，利用装备与飞机残骸挖坑，也可以利用天然洼地，用浮土加固加高四周做掩体。

3. 用石块、残骸、树枝、毛毯、滑梯布等制成防火墙。

4. 掩体除可防风、防雨外，还应能遮阳。

5. 如有伤势严重、不便移动者，就地建简便掩体。

6. 生火取暖，并利用反光材料，增强热效应。大家聚在一起可减少热量散发。

二、求生要素

生存的首要条件就是要有强烈的求生欲望，尽可能地保存体能，具备保持健康与清洁的方法。

（一）强烈的求生欲望

1. 充分预见可能存在的危险和困难局面，并制订行动计划。
2. 经过训练和平时经验的积累，能增强求生的欲望。
3. 保持乐观的情绪，使自己和周围的人能放松下来。
4. 保证身体处于健康的状态，有利于增强求生的信心。
5. 尽快适应陌生的环境，并进行心理调节，排除抑郁情绪。

（二）保存体能

1. 必须保证有水和食品的供应，但不要为此过分劳累。
2. 不要无目的地走动或大声呼叫，不要做超出能力范围的事。
3. 保暖御寒，防止暴晒，避免身体过冷或过热。
4. 建造掩体，来应付寒风、烈日与风沙的威胁。
5. 避免流汗而导致体内水分流失。
6. 尽量睡觉，减少体能消耗。

（三）保持健康与清洁

1. 脚的保护措施如下：

（1）行走是求生过程中唯一的交通方法，不要让脚受伤；

（2）脚受伤后，必须立即求助；

（3）注意保持脚的清洁与温度；

（4）尽可能地穿上鞋和袜子。

2. 保护眼睛的方法如下：

（1）使用太阳镜或专用护目镜；

（2）用布片或树皮保护眼睛，中间留一条狭缝；

（3）用炭笔涂黑眼睑下方；

（4）注意保护视网膜，防止雪盲；

（5）防止外伤感染；不要揉搓眼睛；避免使用隐形眼镜，若必须使用没有专用清洁剂时，含在口中消毒。

3. 个人清洁的注意事项如下：

（1）饮食不当，会导致腹泻与呕吐；

（2）密切注意毒虫叮咬与毒蛇的攻击；

（3）注意个人清洁（尤其是女士）；

（4）注意环境清洁，将污物与废物在远离生活区的地方加以掩埋。

三、应对严寒

冬季气温通常在 0℃以下，且伴有大风。尤其在极地地区，冬季气温在零下 50℃ ~60℃，风速有时会在 40 千米 / 小时以上，大风会导致实际气温远低于温度计显示的温度。当人身体发颤时，表明体温已开始下降，体温低于 30℃对身体有害。

在冰天雪地中求生时，必须注意以下几点：

1. 不要试图在暴风雪来临时迁移；

2. 在冰雪融化的季节里注意避开浮冰，避免陷入沼泽中；

3. 防止跌入冰水中（在冰水中 4 分钟，会使暴露部分冻僵，7 分钟会丧失意识，15~20 分钟死亡）；

4. 避免将身体弄湿或长时间呆在潮湿的环境中；

5. 寻找或搭建掩体和雪房避开风、雪、冷空气、海浪等；

6. 注意清洁环境和个人健康，在体能足够时清理周围环境，饮用热饮或饮酒驱寒；挤成一团，防止热量失散；适当热身运动，防止体温下降、冻伤、足部浸水以及一氧化碳中毒；

7. 用衣物将身体、手、脚裹起来，尽量穿毛料衣服。

四、应对酷暑

夏季气温通常较高，且日照强烈，在赤道附近与亚热带地区还会出现 40℃ ~50℃的高温，且通常还伴有高湿度的情况（湿度高达 80% ~90%）。直接在阳光下暴晒，会导致疾病的发生（如日射病、中暑、热消耗等），这会加速体能的消耗，导致身体脱水或缺水，从而直接威胁生存。

（一）作为预防应注意以下几点

1. 尽量穿白色或浅色衣服。

2. 戴上遮阳帽（罩），防止阳光直射。

3. 白天注意休息（不要坐在热腾腾的地面上）。

4. 搭建掩体，或在树荫下休息。

5. 尽量把工作安排在夜间，不要图快，慢慢做事。

6. 尽量多喝水，适当补充盐分。

（二）作为健康防护应注意以下几点

1. 不要光脚，以免受到水蛭和蜈蚣的攻击。

2. 点上火堆，并弄出烟来（任何湿的材料燃烧时都会有烟），这样可以驱赶蚊子和飞虫。

3. 不到休息时，不要脱掉湿衣服，这样可以防止皮肤被晒伤，并防止受到外物刮伤。

4. 穿戴衣服前把衣服抖开，并仔细检查一遍，尤其是手伸入口袋时要谨慎。

五、应对沙漠

沙漠地带通常昼夜温差很大。例如，夏季，白天有时高达 40℃左右，而夜间则降至 15℃左右；而在冬季昼夜温差也在 20℃左右，有时还伴随连绵不断的雨雪天气；而有些地区则终年没有降雨，偶尔出现的降雨可能会是滂沱大雨，并形成洪水，但很快会被地表吸干。

在沙漠中求生时，应注意以下几点。

（一）寻找水源

1. 设法从绿洲、干涸河床底部的水洞、坎儿井中寻找水源。
2. 仙人掌类植物中富含水分。
3. 在昼夜温差很大时，从凝结的水蒸气中取水。
4. 在沙丘间的最低处奋力下挖可能会找到水源。

（二）防止体液流失

1. 流汗后及时补充水分。流汗是人体的降温机制，体液减少时，依然会大汗不止。
2. 昼伏夜行或白天休息而夜间工作（如搭建掩体）。
3. 在夜间生火取暖或煮水（灌木与大型动物粪便都很易于燃烧）。
4. 全身着衣，白天不要脱下衣服，否则会增加流汗。衣服应宽松一些，以便隔热或保暖。
5. 使用头巾，可以隔热、防晒，且能防止沙暴迷眼。
6. 注意眼睛的防护，因为沙漠中会有闪烁光和风沙的危害。
7. 不要光脚走在热沙上，否则皮肤会烫起泡，也不要穿凉鞋行走。
8. 注意防止食物变质，食品开启后应尽量吃完。

六、海上求生

地球表面约 80%的面积被水覆盖着，在所有求生环境中，由于我们对海洋环境缺乏认识，海上求生就变得尤其可怕和难以存活。在寒冰的海水中，体温会迅速下降，必须设法尽快登上陆地或救生船。

（一）遇有重油

1. 用蛙泳方式。
2. 将正前方与两侧的油拔开。
3. 在越出油面前，紧闭双眼与嘴直至浮出水面。
4. 保持身体浮在水面之上，直至游出该水域。

（二）水面有油或气体燃烧

1. 拔开正前方的火苗。
2. 如水面感觉有高温时，深呼吸，潜入水下。
3. 尽快游出起火的水域，并浮出水面。
4. 在起火水域游泳时，救生衣千万不要充气。

（三）健康保护

1. 尽量使用救生船与船载设施。
2. 避开海水、海风、日晒的侵袭。
3. 保持船内干燥。
4. 收集雨水，增加淡水资源；饮用淡水与无酒精饮料，不要喝海水。

5. 保存好体能，不要做无谓的事，尽量睡觉。
6. 不因船内空间狭小而影响大小便。
7. 在很冷环境中船底垫上毛毯、衣服，并保持衣服干燥。
8. 在炎热环境中，适当用水浸湿衣服，并每日清洗，日落前晾干。

（四）对付鲨鱼

1. 用力拍打水面吓阻鲨鱼。
2. 不要将手、脚泡在水中。

七、淡水

人体的75%由水组成，呕吐、腹泻、流汗都会使体液流失。当人的体重下降20%时，生命就会受到威胁。气温低于29℃时，人可承受脱水25%，气温高于29℃时，脱水15%就会威胁生存。身体消耗的水分必须及时、不断地补充。求生中注意寻找水源。流动的水是最理想的选择。有条件的话，避免喝生水。对于水质不佳的水，必须煮沸或使用水净化片后，方可饮用。正常人仅靠饮水可维持生命20天左右，而断水3天就可能造成死亡。

（一）维持体液平衡的方法

1. 饮水或吃含水分的食物，来补充体液。
2. 多休息，少活动。
3. 不要抽烟、饮酒。
4. 呆在阴凉处，不要坐在热的地面上。
5. 若缺水，减少或不要进食，消化脂肪类食品需大量水分。
6. 不要说话，用鼻子呼吸。

（二）获取淡水

1. 寻找水源。水源通常在低洼处，植被之下常会有水（注意：对周围有动物残骸的水源要保持警惕，沙漠中的死湖往往含盐量很高，不能直接饮用）。

2. 凝结水汽。将塑料袋套在嫩枝上，让叶面蒸腾，获取凝结水。

3. 日光蒸馏。挖一大坑，坑底放一个收集器皿，坑顶覆上塑料布，周边压实，塑料布中央搁一块石头。此法适合蒸馏有毒的水、海水、尿液等，千万不要直接喝海水或尿液。

4. 冰雪化水。融冰比融雪更容易，且所需热量较少。

5. 用海冰化水。通常海冰含盐量很高，化成水也不能直接饮用，而年代古老的冰含盐较少。注意年代近的冰，轮廓粗糙，呈乳白色；年代古老的冰，边缘光滑，呈天蓝色。

6. 从动、植物中取水。植物根、茎、叶中都会含有水分。有些植物的汁液是有毒的，注意鉴别。动物的眼眶中含有较多水分，可直接吸吮，所有鱼类体内都有可饮用的流汁。

（三）缺乏饮用水时，饮用水定量使用

1. 求生第1天，不要饮水，利用体内储存的水分。

2. 求生第 2~4 天，每天饮水最多不超过 400 毫升。

3. 求生第 5 天后，每天饮水控制在 55~225 毫升，依天气而定。

4. 长期缺水后，绝不可以突然大量饮水。

5. 饮水前先浸润唇、舌、喉。

6. 此时不要吃富含蛋白质的食物。

（四）救生衣的穿法和使用

1. 塑料（普通）救生衣穿法：先检查浮力袋、领口带、腰带等，不能有损坏。穿妥后，把腰带分别从左右两头绕到身后，再绕到前面一周，在胸前打一缩帆结系牢，然后将领口带系牢。

2．水中正确使用救生圈的方法。

（1）在水中使用救生圈的方法是用手压救生圈的一边使它竖起，另一手把住救生圈的另一边，并把它套进脖子，然后再置于腋下；

（2）先用两手压住救生圈的一边使救生圈竖立起来，手和头部乘势套入圈内，使救生圈夹在两腋下面。

（五）跳水求生

1. 跳水位置的选择：

跳水位置最好选择在上风舷，并尽可能远离船体破损的缺口。大船倾斜时应选择在低舷一侧。

2. 正确的跳水姿势：

（1）穿着救生衣；

（2）深吸口一气，右手将鼻和口捂紧；

（3）左手紧握右上臂的救生衣；

（4）双脚并拢，身体保持垂直，两眼向前平视；

（5）入水时保持脚在下，头在上，两腿伸直夹紧，双手不能松开，直至重新浮于水面才可放松。

3. 未穿救生衣的落水者在水中的自救方法。

（1）仰浮姿势是未穿救生衣的落水者最适宜的漂浮姿势。

（2）落水者在水中切勿将衣服抛弃，因为衣服可以做浮具，穿着衣服可以抗御寒冷和烈日，并且可以便于让救援者拉提衣服。也可以将衣服改作临时浮具：将上衣脱下，纽扣全部扣住并扎紧袖口和领口，衣服下端也扎紧，在第二、三纽扣之间吹气使膨胀，即可支持体重；如用裤子则更理想，将两裤管倒持，裤腰迎风张开，待两裤管胀满后，即扎紧裤腰，便可做成一个非常良好的马鞍形浮具。

（3）未穿救生衣的落水者在水中应尽快捞获并利用较安全可靠的、可用作救生浮具的漂浮物，在水中保持漂浮，等待救援。

（4）除仰浮外，不宜采用运动量较大、消耗体力的游泳方式。当接近救生艇、筏或过往船舶时，应采用立泳，将双手举出水面摆动。当接近救助船在 1000 米以内时，大声呼救才有效果。除非过往船舶已发现落水者，并停船准备救援外，落水者不应做无效果

的游泳去追赶航行中的船舶。

（5）在水中保持漂浮如感到疲倦想入睡时，必须设法保持清醒，坚持时间越长，获救的机会就越大。

八、食物

食物对于短期生存并非绝对必要，尽可能多带点飞机餐，可解决食物问题，但要记住只进食不饮水会使人脱水。体力劳动与脑力劳动都会消耗人的体能。当食物缺乏时，应心境平和、放松，以免浪费能量。

（一）食物分类

1. 碳水化合物。主要包含两大类：蔗糖类和淀粉类。蔗糖类存在果汁、糖浆、蜂蜜与水果中，可直接食用；淀粉类存在于植物块根、块茎与谷物类的种子中。缺陷是无维生素 B，可引起便秘。

2. 脂肪。主要存在于动物皮下脂肪组织与器官周围，动物、蛋类、奶类、坚果、真菌及部分植物中都有。缺陷是不易消化，消化时需大量水分。

3. 蛋白质。主要存在于肉类、鱼类、蛋类、谷类、真菌类、坚果之中。缺陷是植物类蛋白质不包含人体所需的全部氨基酸。

4. 矿物质。人体需要的各种矿物质的量是各不相同的。大量元素为钙、磷、氯、钠、钾、锰，少量元素为铁、氟、碘等，微量元素为锶、铝、砷、金等。

5. 维生素。共有 40 种左右，其中有 12 种是人体所需的。植物中含有微量的维生素，皮肤照光可合成维生素 D，小肠内的细菌叶可合成维生素。多数维生素可从外界获得。缺乏维生素会造成皮肤病、坏血病、佝偻病等。

（二）尝试植物

当食物缺乏时，我们不得不寻找其他食物来源。某些植物可能有食用价值，应遵循以下的程序进行毒性鉴定，且每人每次只可尝试一种；必须按序进行，当有疑惑时，立即停止试验；当有不适时，尽快刺激喉咙呕吐出来或吞少量炭灰诱使呕吐。

1. 看。若植物茎、叶上附着有虫或其他蠕虫时，不能食用。有些植物在衰老期会代谢产生有毒物质。

2. 闻。切下一小块，若有难闻的苦杏仁或桃树皮味，应立即扔掉。

3. 抹。稍挤榨一些液汁在体表敏感处，如腹部与腋下间的前上臂，如有不适，起疹或肿胀，应立即扔掉。

4. 尝。若以上步骤进行完毕后无任何不适症，则进行一下步骤，每一个步骤之间相互间隔不少于 5 秒。

每次尝试取少量植物，按如下顺序进行：触动唇部，触动口角，舌尖舔尝，舌根舔尝，少量咀嚼。

若有任何不适，如喉咙痛痒、强烈的灼伤感及刺激性疼痛，应立即扔掉，切勿再做进一步试验。

5. 吞。吞咽少量植物，耐心等待 5 小时，其间不得饮食其他任何食物。

6. 若无口部痛痒、不停打嗝、恶心、发虚、胃痛、下腹绞痛以及其他任何不适症状，则可认为该植物是可食用的。

（三）食物定量

1. 所有食物必须分成三等份，在预定的营救日前一半时间动用其中的 2/3。
2. 应急食品、不易腐烂的食品应最后动用。
3. 体力许可时，应尽量采集野生食品。
4. 避免过度劳累使体力下降。
5. 进食时应有规律，即使水和食物已很少。
6. 应急食品中所含的碳水化合物越高越好。
7. 尽量减少进餐数，每日两餐即可。

第四节　旅游安全问题的应对措施

在日常生活和工作中，危急情况和意外灾难事故时有发生，现场急救处理和求生技能随处可见，而在旅游过程中，危急情况发生的概率更高，这就要求我们导游有必要的应急知识及技能。

一、现场急救前要思考判断的问题

1. 自身的安全性，不要使自己成为新的受害者。
2. 根据现场情况，将病人移出危险区，或消除引起危害的因素。
3. 发现单人昏迷或出血者，应先抢救，随即呼救；若受害人数众多，应立即呼救。
4. 对众多表现不同的受害者，先救严重出血、心跳或呼吸停止昏迷者。
5. 当受害者处于不能进入的密闭场所，应立即呼救，并迅速报告驾驶台；进入有害气体或空气缺乏场所，应带有安全防范措施，并尽快将病人转移至安全地带。

二、掌握旅游各个环节的安全事项

（一）乘车（机、船）安全事项

1. 游客在机、车、船停稳后方可上下机、车、船。并按机场、车站、港口安全管理规定或指示标志通行及排队上下机、车、船；要讲究文明礼貌，先照顾老人、儿童、妇女；切勿拥挤，以免发生意外；请勿携带违禁物品。

2. 在机、车、船临时停靠期间，服从服务人员安排，请勿远离。

3. 游客在乘车途中，请不要与司机交谈和催促司机开快车、违章超速和超车行驶；不要将头、手、脚或行李物品伸出窗外，以防意外发生。

4. 游客下车浏览、就餐、购物时，请注意关好车窗，拿好自己随身携带的贵重物品，否则出现遗失被盗旅行社概不负责。

5. 游客乘坐飞机时，应注意遵守民航乘机安全管理规定，特别是不要在飞机上使用手机等无线电通信工具或玩电子游戏等。

（二）住宿安全事项

1. 游客入住酒店后，应了解酒店安全须知，熟悉酒店的太平门、安全出路、安全楼梯的位置及安全转移的路线。

2. 注意检查酒店为你所配备的用品（卫生间防滑垫等）是否齐全，有无破损，如有不全或破损，请立即向酒店服务员或导游报告。如因当地条件所限，未能配备，请游客小心谨慎，防止发生意外。

3. 贵重物品应存放于酒店服务总台保险柜或自行妥善保管，外出时不要放在房间内，若出现丢失，后果自负。

4. 不要将自己住宿的酒店、房号随便告诉陌生人；不要让陌生人或自称酒店维修人员随便进入房间；出入房间要锁好房门，睡觉前注意房门窗是否关好，保险锁是否锁上；物品最好放于身边，不要放在靠窗的地方。

5. 游客入住酒店后需要外出时，应告知随团导游；在酒店总台领一张酒店房卡，卡片上有酒店地址、电话或抄写酒店地址或电话；如果您迷路时，可以按地址询问或搭乘出租车，安全顺利返回住所。

6. 遇紧急情况千万不要慌张。发生火警时不要搭乘电梯或随意跳楼，镇定地判断火情，主动地实行自救。若身上着火，可就地打滚，或用重衣物压火苗；必须穿过有浓烟的走廊、通道时，用浸湿的衣物披裹身体，捂着口鼻，贴近地面，顺墙爬走；大火封门无法逃出时，可采用浸湿的衣物披裹身体、被褥堵门缝或泼水降温的办法等待救援，或摇动色彩鲜艳的衣物呼唤救援人员。

（三）饮食卫生安全事项

1. 在旅游地购买食物需注意商品质量，发现食物不卫生或有异味变质的情况，切勿食用。

2. 不要接受和食用陌生人赠送的香烟、食物和饮品，防止他人暗算和失窃。

3. 旅游期间要合理饮食，不要暴饮暴食或贪食。

4. 为防止在旅途中水土不服，游客应自备一些常用药品以备不时之需。切勿随意服用他人所提供之药品。

5. 旅行社不提倡、不安排饮酒，并对游客因饮酒发生的意外不承担责任。喜欢饮酒的游客在旅途中应严格控制自己的酒量，饮酒时最好不超过本人平时的三分之一；若出现酗酒闹事、扰乱社会秩序、侵害他人权益以及造成自身损害的事件，一切责任由肇事者承担。

（四）游览观景安全事项

1. 听取当地导游有关安全的提示和忠告，主要应预防意外事故和突发性疾病的发生。

2. 经过危险地段（如陡峭、狭窄、潮湿泛滑的道路等）不可拥挤；前往险峻处观光时应充分考虑自身的条件是否可行，不要强求和存侥幸心理。

3. 游客登山或参与活动中应根据自身身体状况进行，注意适当休息，避免过度激烈运动以及自身身体无法适应的活动，同时做好防护工作。

4. 在水上（包括江河、湖海、水库）游览或活动时，注意乘船安全，要穿戴救生衣；不单独前往深水水域或危险河道。

5. 乘坐缆车或其他载人观光运载工具时，应服从景区工作人员安排；遇超载、超员或其他异常时，千万不要乘坐，以防发生危险。

6. 游览期间游客应三两成群，不要独行。如果迷失方向，原则上应原地等候导游的到来或打电话求救、求助，千万不要着急。自由活动期间游客不要走得太远。带未成年人的游客，请认真履行监护责任，管好自己的孩子，不能让未成年人单独行动，并注意安全。

7. 在旅游行程中的自由活动时间，游客应当选择自己能够控制风险的活动项目，并在自己能够控制风险的范围内活动。除特殊团队外，旅行社不安排赛车、赛马、攀岩、滑翔、探险性漂流、滑雪、下海、潜水、滑板、跳伞、热气球、蹦极、冲浪、跳伞等高风险活动，也敬请游客在旅游中的自由活动期间尽量不要去参加这些活动，如若游客坚持参与，请自行承担风险。

（五）购物娱乐安全事项

1. 不要轻信流动推销人员的商品推荐。无意购买时，不要向商家问价或还价。

2. 要细心鉴别商品真伪，不要急于付款购物。购物时应向商家索取正式发票。

3. 不要随商品推销人员到偏僻地方购物或取物。在热闹拥挤的场所购物或娱乐时，注意保管好自己的钱包、提包、贵重的物品及证件；不要单独行动，不要前往管理混乱的娱乐场所。游客在购物、娱乐时，主要应防止诈骗、盗窃和抢劫事故的发生。

4. 在景点内娱乐时，应根据自身的条件参与适合的项目；在自由活动期间外出娱乐活动不要单独行动，不要参与涉嫌违法的娱乐活动。

（六）其他安全注意事项

1. 注意听从导游的安排，记住集合的时间和地点；认清自己所乘坐的车型、车牌号及颜色；不要迟到，因迟到造成的后果由个人负责。

2. 在旅游活动中，为了防止火灾事故的发生，请不要携带易燃、易爆物品；不要乱扔烟头和火种；遵守各交通运输部门、酒店等有关安全管理规定及各种法律、法规。

3. 游客乘坐飞机旅游时，应带好自己的有效身份证（小孩应带户口本原件，满 16 岁未办理身份证的需持派出所带照片户籍证明原件），并注意保存好。导游发给机票时应先行核对自己机票上的姓名、往返时间、抵离目的地、航班号是否正确；请注意保存好机票和火车票并配合导游把票收回。如因游客原因造成不能登机（车），旅行社概不负责。

4. 游客在旅途中发生人身或财产意外事故时，按有关机构（如交通运输部门、酒店、保险公司、风景区管理单位）订立的条例或合同规定处理或交公安部门查处。

【任务小结】

本章主要介绍了旅游安全问题及旅游过程中安全问题的急救方法和在野外旅游中出

现险境时各种求救信号的使用和求生方法，重点介绍了在旅游过程中遇到险情的应急处理。

本章内容的学习，对于遇到险情时，积极开展自救和互救，最大程度减少人员伤亡，保护生命起到较大的作用。

【练习题】

1. 旅游安全问题的特点是什么？应该如何应对？
2. 莫尔斯代码的具体内容和使用方法是什么？
3. 野外旅游时如何辨别方向？
4. 野外旅游时怎样才能避免不迷路？
5. 热带丛林、沙漠、海上和寒区的求生技能是什么？

参考文献

[1] 邹圣强. 实用急救教程[M]. 北京：科学出版社，2014.

[2] 崔学民. 机上急救[M]. 北京：国防工业出版社，2014.

[3] 徐惠梁. 实用现场急救手册[M]. 复旦大学出版社，2015.

[4] 杜严明. 实用现场急救技术[M]. 人民出版社，2014.

[5] 救护之翼组织，湖北省急救技能培训中心，武汉大学中南医院急救中心. 自助急救手册[M]. 2010.

[6] 高野. 新编现场急救教程[M]. 北京：中国人民公安大学出版社，2013.

[7] 圣约翰救护机构. 急救手册[M]. 旅游教育出版社，2012.

[8] 王正国. 灾难医学[M]. 北京：人民出版社，2013.

[9] 姚红光. 航空卫生保健与急救[M]. 北京：旅游教育出版社，2013.

[10] 湖北省旅游局人事教育处. 导游实务与案例[M]. 湖北教育出版社，2014.

[11] 吴志功，李雪莲，杨文茹. 大学生危机自救手册[M]. 高等教育出版社，2006.

[12] 北京急救中心编写组. 教你急救[M]. 华文出版社，2001.

[13] 姜秀云，孙战力，王庆利. 急危重症的院前急救[M]. 北京：中医古籍出版社，2002.

[14] 王卫，王辉. 急救护理[M]. 北京：高等教育出版社，2015.

[15] 高泽川. 急症与急救[M]. 学苑出版社，2001.

[16] 李清亚，王晓慧. 第一目击者[M]. 中国计量出版社，2001.

[17] 张翔宇. 急救手册[M]. 上海科学技术出版社，2011.

[18] 克里斯·麦克耐卜. 化险为夷[M]. 海南出版社，2002.

[19] 胡爱招. 应急救援[M]. 浙江大学出版社，2020.

[20] 中国红十字会总会. 救护师资教程（二）心肺复苏与创伤救护[M]. 人民卫生出版社，2015.